KB141891

나는 진실이 궁금했다

| 이광우 저 |

나는
진실이
궁금했다

마음
서재

프롤로그

나는 30년 동안 '기록하는 사람(記者)'과 '말과 글을 통해 생각을 드러내는 사람(言論人)'으로 살았다. 지금도 그렇고, 앞으로도 그럴 것이다. '기자'와 '언론인'은 나의 업(業)이다.

그동안 적지 않은 경험을 했다. 40개국 정도를 다녀왔고, 차 한 잔 마신 정도에서 긴 인터뷰까지 2만 명 이상을 만났다.

부산일보 사회부 사건기자 시절에는 '초원복국 사건'의 도청 과정을 특종 보도했고, '휴거 소동'의 현장에도 서 있었다.

경제부 금융담당 기자 시절에는 'IMF'의 와중에 시중은행과 4개 종합금융회사가 무너지는 모습을 지켜보았다.

문화부 문학담당 기자 시절에는 '분단문학의 현장'이라는 답사기를 1년 동안 연재했고, 요산 김정한한테서는 자신에 대한 세평과는 전혀 다른 진솔한 이야기를 들었다.

특집부에서는 시베리아횡단열차(TSR)의 실정을 취재하기 위해 영하 40도 안팎의 겨울 시베리아를 누볐고, 동남아 5개국을 돌아다니면서 '중화경제권'의 실태를 들여다보기도 했다.

그리고 보고 들은 것들을 적어서 기록으로 남겼다.

하지만 그 실체를 오롯이 다 적을 수는 없었다. 적절한 지면을 확보할 수 없었던 적도 있었고, 데스크한테 막힌 적도 있었다. 사회적 분위기를 살펴서 자기검열을 한 탓도 있었다.

나는 그게 늘 마음에 걸렸다.

다른 기자/언론인들이 쓴 기사와 칼럼 같은 것들을 보면서 진실은커녕 사실과도 부합하지 않는다는 생각을 한 경우 역시 적지 않았다. 그럴 때면 그건 그렇지가 않고 그런 게 아니라고 말하고 싶었으나, 여러 가지 이유로 그리 하질 못했다.

해야 할 말, 기록해야 할 것들을 흘려보낸다는 건 참으로 난감한 일이었고, 마침내 부채의식으로까지 남았다.

나는 이 난감함과 부채감을 털어내고 싶었다.

그래서 인터넷신문 《뉴스아고라》를 창간한 뒤 기획물 〈이광우의 세설신어(世說新語)〉를 통해 현재 상황과 과거 상황(혹은 나의 경험)을 대비시키면서 못다 한 이야기들을 풀어냈다. 그 이야기 중에는 고발도 있었고, 비판도 있었고, 백브리핑도 있었다.

독자들은 놀라기도 했고, 신기해하기도 했고, 재미있어하기도 했다. 어떤 독자들은 그 덕분에 세상을 여러 각도에서 볼 수 있게 되었다며 고마움을 전해오기도 했다.

몇몇 독자들은 이 이야기들을 단행본으로 엮어내어, 손이 쉽게 닿는 곳에 두고 읽을 수 있도록 하면 좋겠다는 의견을 주었다.

나는 이를 고맙게 받아들였고, 그리하여 〈이광우의 세설신어〉에서
다룬 이야기들을 단행본용으로 다듬어 세상에 내어놓게 되었다.

바람이 있다면, 이 책이 독자들로 하여금 사고의 스펙트럼을
다양화하고 진실의 문으로 다가가게 하는 데 하나의 단초가 되
었으면 하는 것이다.

독자들은 부디 건승하시라.

2022년 1월

금바다(金海)와 해운대(海雲臺) 바다를 오가며, 이광우

차례

2

우리는
네가 한 일을
알고 있다

5
___

그곳에서
만난 사연들

1부

정치가 수상하다

'청와대 울산시장 선거 개입 의혹'과 '초원복국 사건'

2020년 어느 시점에 '청와대의 울산시장 선거 개입 의혹'이 불거졌다. 그러자 '민주사회를 위한 변호사모임' 소속 권경애 변호사가 페이스북에 다음과 같은 글을 올렸다.

"공소장에 기재된 범죄사실을 보면 1992년의 '초원복집 회동'은 발톱의 때도 못 된다."

여기에서 권경애가 말한 '초원복집 회동'은 무엇을 말하는 것인가. '초원복집 회동'의 정확한 명칭은 '초원복국 사건'이다. 그 시절로 한번 돌아가보자.

제14대 대통령선거를 일주일 앞둔 1992년 12월 11일, 법무부 장관직에서 막 물러난 김기춘 씨와 부산의 주요 기관장들이 복요리 전문점인 '초원복국'에서 만나 불법 관권선거를 모의했다. 그리고 누군가가 이들의 대화 내용을 도청해 폭로했고, 정치·사회적으로 엄청난 파문이 일었다.

이 사안을 '초원복국 사건'이라고 하는데, 나는 부산일보 사회부 기자로서 이 사건의 도청 과정을 특종 보도한 바 있다.

당시 대선에는 집권당인 민자당에서 김영삼이, 야당에서 김대중, 정주영, 박찬종 등이 나섰다. 4파전이었다.

선거가 막바지에 이르렀을 때의 판세는 오리무중이었다. 특히 민자당은 영남 표가 김영삼·정주영·박찬종으로 갈리는 바람에 무척 곤혹스러워했다. 판세를 결정지을 수 있는 결정적 '한방'이 필요해 보였다. 그 시점에 '초원복국 사건'이 터졌다.

그날 초원복국 지하방에는 김기춘과 김영환 부산시장, 정경식 부산지검장, 박일룡 부산경찰청장, 이규삼 안기부 부산지부장, 우명수 부산시교육감, 박남수 부산상공회의소 회장 등 주요 기관장이 모두 참석했다. 참고로 초원복국은 영도와 해운대에도 있는데, 사건이 난 곳은 현 부경대 후문 앞에 있는 초원복국이다.

이들은 이곳에서 김영삼의 당선을 위해 지역감정 조장과 공무원 동원 등 불법 선거운동을 모의했는데, "우리가 남이가!" 하는 유명한 대사가 나온 곳도 바로 여기였다.

정주영의 아들 정몽준은 전직 안기부 직원과 현대 직원들을 시켜 불법 관권선거 모의 현장의 목소리를 도청했다. 그 후 정주영

캠프의 선거대책본부장이었던 김동길 전 연세대 교수는 기자들 앞에서 의기양양하게 녹취록을 공개했다. 녹취록을 보니 민망한 아부성 대사도 여럿 눈에 띄었다. 예를 들어 이런 대사가 있었다.

"아이고 장관님, 제가 제일 열심히 띕니다."

여기까지는 알 만한 사람들은 다 아는 내용이다. 지금부터는 신문과 방송에서 다루어진 적이 없는 이야기들을 듣게 될 것이다.

김동길이 녹취록을 공개하자 사람들은 대개 '김영삼은 끝났다'고 생각했다. 관권선거는 심각한 범죄행위이기 때문이다.

그런데 김동길이 녹취록을 공개한 그 순간에, 민자당에서 외려 만세를 불렀다는 소식이 들려왔다. 의아했다.

친여 성향이었던 KBS에서도 비슷한 풍경이 펼쳐졌다. KBS 부산총국의 한 기자는 저녁 9시 전국뉴스 시간에 도청에 초점을 맞춰 리포팅을 했다. 그러자 본사 보도국장이 그 기자에게 전화를 걸어, 해당 보도 덕에 김영삼이 50만 표를 얻게 됐다며 칭찬을 했다. 나는 고개를 갸웃했다.

그 이유는 이내 드러났다. 언론은 거의 다 '관권선거'보다 '불법 도청'을 더 크게 문제 삼았고, 여론은 도청 행위를 비난하는 쪽으로 쏠렸다. 프레임이 '불법 도청'으로 왜곡된 것이었다.

이 와중에 김영삼·정주영·박찬종으로 갈려 있던 영남의 표는 거짓말처럼 김영삼 쪽으로 결집했다. 김대중의 어부지리를 막겠다는 것이었다. 영남권에서는 아예 이런 말이 공공연히 나돌기도 했다.

"이라다가 대중이 대통령 시키겠다."

지역감정이 극심하던 시절이었다. 박찬종은 특히 부산을 중심으로 100만 표를 확보했다는 말이 있었는데, 이 사건이 터지면서 그 기세가 눈에 띄게 수그러들었다. 부산경남 시민들은 박찬종에서 김영삼으로 표심을 옮기면서 이런 말을 하곤 했다.

"찬종이는 아직 50대고 젊으니 다음이 있다 아이가."

이처럼 분위기가 야릇하게 흘러가고 있어서 나는 도청 과정을 찬찬히 되짚어보았다. 미심쩍은 부분이 적지 않았다.

도청을 한 두 사람은 사건 3일 전에 식당을 찾아와 일반인들은 잘 모르는 지하방을 찾았고, 매일 들러 그곳에서 식사를 했다.

식당 종업원들의 말을 들어보니 이들은 늘 선글라스를 썼고, 검정 양복에 검은색 007가방을 들고 있었다. 당시로서는 큰 금액인 3만 원을 종업원들에게 팁으로 건네기도 했다. 스스로 이상한 낌새를 풍긴 것이었다.

대선 국면이었으니 매우 민감한 시기였지만, 모임 참석자들도 별 거리낌이 없었다. 이들은 비서를 시켜 공공연히 약속을 잡았고, 식당 문을 나설 때도 단체로 좁은 골목길을 자유분방하게 걸어 나왔다. 회동 사실을 일부러 노출하려는 것처럼 보였고, 누구든 사진을 찍을 테면 찍으라는 투였다. 실제로 누군가는 골목길 정면 낡은 상가의 조그만 화장실 쪽문을 통해 이들을 찍어 유포

했다.

도청 방법과 도청 도구도 코미디에 가까웠다. 명색 법무부 장관 출신과 정보기관의 수장 등이 참석한 자리였는데, 범인들은 지하방의 창문 틈으로 소형 녹음기 '마이마이'의 마이크 선을 넣어 도청을 했다.

결과적으로 김영삼은 대통령에 당선됐고, 도청에 관여한 정몽준과 범인들은 법적 처벌을 받았지만 처벌 수위는 벌금형 등으로 경미했다.

이 일련의 과정이 지역감정을 자극하기 위한 고도의 선거전략에서 비롯된 것인지 어떤지는 모르겠지만, 어쨌든 김영삼·김기춘 등과 경남고 동문이었던 부산일보 간부들이 도청 소식을 듣고 반색을 하던 모습만은 늘 의문으로 남아 있다.

나의 특종 기사가 물색없이 남의 장단에 맞춰 깨춤을 춘 데 불과했던 건 혹 아닐까?

한편 '초원복국'은 일약 전국적 명소가 됐다. 민자당 지지자들은 강원도에서도 버스를 전세 내어 복국을 먹으러 왔다. 하루는 내가 초원복국 여사장한테 말했다.

"유명해져서 좋겠네요."

그러자 여사장은 이렇게 대꾸했다.

"이런 식으로 유명해지는 건 달갑지 않고… 저는 그저 평범한 밥집 아줌마로 남고 싶어예."

'창원터널 디도스 의혹 사건'과
김태호의 운(運)

김태호 국민의힘 의원이 2021년 8월 17일 페이스북에 글을 하나 올렸다.

"걸음을 여기에서 멈추려 한다."

20대 대통령선거 출마를 중도에 포기한다는 얘기였다. 출마를 선언한 지 33일 만이었다.

사실 김태호는 별반 관심을 받지 못했다. 그는 세계일보와 미래한국연구소가 7월 31일 PNR리서치에 의뢰해 실시한 국민의힘 당내 대선후보 적합도 여론조사에서 고작 0.8%의 지지율을 얻는 데 그쳤다.

나는 이 상황 앞에서 문득 '김태호의 운(運)'에 관한 생각을 해보았다.

김태호의 궤적을 더듬어 보면 그는 운이 좋은 편이었다. 저 2011년에도 그러했다. 그는 그해에 '4·27 국회의원 경남 김해을 보궐선거'에 출마했던 것인데, 마치 온 우주가 나서서 그를 돕는 듯했다. 내가 보기에 '창원터널 디도스 의혹 사건'은 그런 정황을 뒷받침하는 증거 중 하나일 수 있다.

'창원터널 디도스 의혹 사건'은 4·27 보궐선거 당시 여당인 새누리당(현 국민의힘) 측이 창원터널에서 고의로 교통체증을 유발해 창원에서 김해 장유로 퇴근하는 유권자들의 투표를 방해하려한 의혹을 말한다.

그해에 김해을 선거구에서는 최철국 통합민주당(현 더불어민주당) 국회의원이 '박연차 게이트'에 연루돼 중도 하차하는 일이 일어났다. 그래서 보궐선거가 치러졌다.

김해을은 노무현 전 대통령의 고향인 진영이 포함돼 있어서 정치적으로 상징성이 큰 곳인데다, 젊은 유권자들이 많고 야권 성향이 강한 곳이어서 새누리당은 공천에 무척 신경을 썼다.

새누리당은 마침내 중국에 체류 중이던 김태호를 귀국시켜 후보로 내세웠다. 김태호는 김해에 연고도 없었고 국무총리 청문회 때 거짓말을 한 사실이 들통나 낙마를 한 처지였지만, 경남도지사를 지냈고 인지도가 높다는 점에서 논란 끝에 낙점을 받았다. 운이 좋은 셈이었다.

양쪽 후보는 김태호와 이봉수 국민참여당 경남도당 위원장(전 노무현 대통령 농업특보)으로 정리됐다. 이봉수는 국참당과 민주당, 민노당의 야권 단일후보였다.

애초에는 야권 단일후보, 즉 이봉수가 무난히 당선될 것이라 예상됐다. 국민일보가 리서치뷰에 의뢰해 실시한 여론조사 결과는 이봉수 55.4%, 김태호 34.6%였다. 무려 20.8% 차였다.

그러나 김태호는 운이 좋았다. 상황이 상황이었던지라 당으로부터 보기 드물게 총력 지원을 받은 것이었다. 저간의 사정은 이러했다.

당시 이명박 정부는 거듭된 실정 탓에 인기가 바닥이었다. 그래서 김태호는 '나 홀로 선거' 방식을 채택했다. 그러면서 "(이명박 정부를) 용서해 달라. 잘할 기회를 달라"고 읍소하고 다녔다. 철저히 감성에 호소한 것이었다. 실제로 그를 두고 측은하다 여긴 유권자들이 있었다.

하지만 내막은 그런 게 아니었다. 이는 선거전략의 하나였다. 당에서는 은밀하게 조직을 최대한 가동했다. 경남도당과 부산시당은 1만 명 이상의 김해지역 연고자 찾기 및 접촉을 통해 바닥표를 훑었다. 부산에서는 김무성 원내대표가 부산 의원들에게 김해지역의 지인들을 찾아 선거운동을 하도록 독려했다. 겉은 '나 홀로 선거'였지만 속은 '총동원 체제'였던 것이다.

반면에 야권은 '형식상 단일화, 내용상 분열' 양태를 보였다.

이봉수가 단일화 경선에서 승리하자 민주당 후보를 밀었던 노무현의 형 노건평 씨의 '친노' 그룹은 사실상 선거를 외면했다. 유시민 국참당 대표와 민주당 쪽 인사들의 갈등도 심각한 수준이었다.

민주당 쪽에서는 일부러 선거를 포기했다는 말까지 나왔다. 보궐선거는 1년짜리밖에 안 되니 내년에 다시 찾아오면 된다, 이번에 야권 후보가 패배할 경우 다음 선거 때는 야권 연대가 한결 공고해질 것이다, 같은 정치공학적 셈법까지 거론됐다.

그러니 캠프가 제대로 돌아갈 리 없었다. 이봉수 캠프를 다녀온 한 기자는 "캠프가 어둑어둑하고 활기가 전혀 없더라"라고 전해주었다.

아침 출근길 인사 장면은 한 편의 블랙코미디였다. 유시민은 김해에 상주하면서 온 힘을 다해 이봉수의 선거운동을 지원했다. 출근 때는 유동인구가 많은 창원터널 앞 같은 곳에서 직접 인사를 했다. 그런데 우습게도 유시민은 90도 인사를 하는데 이봉수는 옆에 서서 소박한 표정으로 가볍게 손만 흔드는 모습이 자주 목격됐다. 시민들의 반응은 당연히 좋지 않았다.

게다가 유시민은 인기가 없었다. 유시민의 선거운동은 오히려 역효과를 내고 있다는 평이 많았다. 김태호는 운이 좋은 것이었다.

김태호의 좋은 운은 엉뚱한 데서 한 번 더 확인됐다. 민주당의 유력 인사였던 김맹곤 김해시장이 그를 지원한 것이었다.

김맹곤은 노골적으로 김태호를 도와주었다. 그는 이봉수를 안 좋게 보고 있던 터라서, 시청 간부회의 석상에서 공개적으로 이봉수를 폄하하기도 했다. 심지어 측근들을 김태호 캠프에 보내 선거운동을 도와주고 있다는 말까지 나돌았다. 야권으로서는 단일화를 이루긴 했지만, 실제로는 적전 분열 상태에 놓여 있었던 것이다.

결국 김태호는 1773표 차(김태호 51.0%, 이봉수 49.0%)로 당선됐다.

그런데 김태호의 운은 거기서 끝난 게 아니었다.

이듬해에 손인석 전 새누리당 청년위원장이 자필 문건 하나를 공개했다. 공직선거법 위반 혐의로 구속되기 직전에 특정 사안을 폭로한 것이었다. 그 문건에는 이런 내용이 있었다.

"지난해 4·27 경남 김해을 보선을 앞두고 당으로부터 TH(김태호)에게 1억 원을 전달하라는 요청을 받고 김해를 찾아가 안 모 씨에게 돈을 줬다. 창원터널을 막아 출퇴근하는 근로자들의 투표 참여를 방해하기 위한 목적이라고 들었다. 그 돈으로 차량을 동원할 것이라고 했다. 오전·오후에는 유권자를 실어 나르고, 저녁에는 교통체증을 유발해 투표장에 못 가게 하는 전략이었다."

이른바 '창원터널 디도스 의혹 사건'의 시발이었다.

손인석의 말은 신빙성이 있었다. 실제로 김해에서는 창원터널의 교통체증이 투표율과 당락에 영향을 미칠 것이란 인식이 팽배해 있었다. 요컨대 장유면 유권자 8만 6594명 중 3분의 2가량이 창원터널을 통해 출퇴근하는 직장인이고, 이들은 대체로 야권 성향일 것인데, 퇴근길 교통체증 탓에 투표를 못 할 경우 김태호가 유리해진다는 논리였다.

손인석의 폭로는 커다란 파문을 일으켰다. 민주당을 비롯한 야권은 국정조사를 강하게 요구했다. 인터넷 포털에서는 '창원터널 디도스 사건'이란 단어가 실시간 검색어 1위에 오르기도 했다.

그러나 그뿐이었다. 이 사건은 시나브로 기억의 저편으로 사라져버렸다.

어쨌든 내가 아는 한, 당락 여부와는 별개로, 창원터널을 염두에 둔 교통체증 유발 시도는 사실이었다. 나는 김태호 캠프의 한 운동원한테서 직접 이런 말을 듣기도 했다.

"나를 비롯한 운동원 여러 명이 교통체증을 유발하기 위해 차를 타고 창원터널을 계속 오갔다."

엉뚱하게도 나는 김맹곤한테서도 비슷한 말을 들었다. 한번은 나와 김맹곤, 시청 공보관 세 명이 불암동의 한 장어구이집에서 점심을 같이 했다. 그 자리에서 김맹곤이 자랑 삼아 이런 말을 한 것이었다.

"4·27 보선 투표 날 사람을 시켜 창원터널에서 일부러 접촉사고를 일으키도록 해 투표율을 떨어뜨렸다. 김태호는 내게 고마워해야 한다."

역시 김태호는 기가 막히게 운이 좋았던 셈이다. 내가 앞에서

'김태호를 온 우주가 나서서 도와주었다'라고 한 건 그런저런 사연 때문이다.

한편 언젠가 추석을 앞둔 어느 날 나는 김태호와 이상희 가야대 총장을 비롯한 몇 사람과 저녁을 같이 했다. 김태호는 재선 국회의원이었다. 이상희는 그 자리에서 "오늘은 김 의원에게 덕담 대신 고언을 좀 해 드리도록 하자"고 제안했다.

나는 이렇게 말했다.

"덕담을 하고 싶지만, 고언을 하라고 하니 고언을 하겠다. 내가 보기에 김 의원은 두 가지 측면에서 문제가 있다. 첫째, 김해 국회의원이면서 김해에 대한 애정이 없다. 김해를 이용만 한다. 둘째, 말과 행동에 진정성이 없다. 이젠 김해 시민들이 그걸 다 알아버렸다. 다음 선거는 기대를 안 하는 게 좋을 거다."

그러자 김태호는 가슴에 슬며시 손을 얹으면서 "그 말을 가슴에 잘 새겨두겠다"고 말했다. 진정성은 안 느껴졌지만, 아무튼.

그리고 김태호는 다음 선거 때 불출마했다.

지금의 나로서는 김태호의 운이 다했는지 어떤지 알 수 없다. 다만, 안 좋은 운도 명상과 진심 어린 선행을 이어가면 어느 정도 극복할 수 있다는 말을 떠올려볼 따름이다. 김태호의 행운을 빈다.

김영삼의 백발과
낙동강의 엄지손가락

'한보 사태'와 대통령의 차남 김현철 씨의 국정농단 등으로 세상이 어수선하던 1997년 초의 일이다. 하루는 집권당 당 3역(원내대표, 사무총장, 정책위의장) 중 한 명의 보좌관이 나를 찾아왔다. 나는 정치부 소속이 아니었기 때문에 약간 의아했다.

우리는 부산일보 인근 수정시장 안에 있는 돼지국밥집으로 가 이야기를 나누었다. 보좌관은 김영삼 대통령에 대한 정확한 민심을 알고 싶어서 찾아왔다고 말했다. 그때는 대통령 지지율이 곤두박질치고 있었고, 민심 이반이 심각한 상황이었다.

왜 나한테 왔느냐고 물었더니, 그는 나한테 가면 있는 그대로 얘기를 해줄 거라고들 해서 찾아왔다고 말했다. 그래서 듣고 느낀 그대로 얘기해주었다. 대화 내용은 대략 이러했다.

"나는 누가 뭐래도 하나회 척결, 전두환노태우 구속, 금융실명제 실시 같은 선 굵은 개혁 작업은 거리낄 게 없고 배짱이 두둑한 YS라서 가능했다고 믿는다. 그런데 지금은 경상도에서도 민심이 완전히 돌아선 상태다. 우스갯소리로, 낙동강에 엄지손가락이 둥둥 떠다닌다고들 하지 않느냐. 경상도 사람들이 YS 찍은 자신의 손가락을 잘라내는 바람에."

"그건, 경상도식 나무람, 그러니까 '잘 쫌 해라' 하는 애정 어린 질타가 아닐까?"

"그런 식으로 아전인수를 하고 유리하게만 해석하니까 이 지경까지 이른 게 아니냐."

"그래도 경상도는, 특히 부산은 내심으로는 여전히 지지하고 있지 않을까?"

"부산 사람들이 한번 '이거 아이다' 하면 어떻다는 건 잘 알 거 아니냐. 개인적으로는 9시 뉴스 때 YS가 염색 안 한 백발로 나와서 창밖을 쓸쓸히 바라보는 모습을 연출하는 것, 즉 '쇼쇼쇼'를 하는 게 더 보기 싫다. YS의 장점은 솔직담백하고 당당한 것 아니냐. 그런데 지켜보는 사람들까지 초라하게 만들고 결국은 화가 나게 만드는 이런 식의 연출, 누가 조언을 한 거냐. 대체 뭘 하자는 거냐."

보좌관은 돼지국밥을 다 비우지 않았다. 그는 헤어지면서 착잡한 표정을 지었다.

이 사연을 떠올린 것은 대한민국 보수정당의 '착각'과 '무반성' 유전자(DNA)를 한번 짚어봐야겠다는 생각이 들어서이다.

2020년 8월, 맥을 못 추던 미래통합당(현 국민의힘)의 정당 지지도가 눈에 띄게 향상됐다는 여론조사 결과가 나왔다. 리얼미터 조사에서는 36.5% 대 33.4%로 더불어민주당을 앞섰고, 한국갤럽 조사에서는 27% 대 33%로 밀렸지만 격차가 크게 줄어들었다.

한국갤럽은 문재인 정권의 총체적 실정과 오만함 탓에 미래통합당이 반사이익을 본 것으로 해석했다. 타당한 해석이었다. 그 결과는 누가 봐도 미래통합당이 미더워서가 아니라 정권을 견제하기 위해 차선의 선택을 한 데 불과했다.

이런 사정 때문에 미래통합당 지지자나 중도층에서는 미래통합당의 '착각'을 우려하는 목소리가 팽배했다.

2020년 8월 13일 공개된 〈미래통합당 제21대 총선백서〉는 이런 '우려'가 결코 '기우'가 아니란 사실을 보여주었다. 백서발간특위는 발간사에서 이렇게 밝혔다.

"당내 인사인 출마자들이 이번 총선 전 '승리할 수 있다'는 인식을 대부분 갖고 있었던 반면, 당외 인사인 취재기자들은 이번 총선 전 '미래통합당이 패배할 것이다'라는 인식을 대다수 갖고 있었다."

출마자들이 안이했으며, 오판하고 있었다는 뜻이다. 특위는 다시 이런 지적을 했다.

"당에서는 '조국 사태' 등 정부의 실책에만 기대어 '근거 없는 자신감'만을 갖고 보수통합만 하면 대정부 투쟁 기조로 승리할 수 있다고 믿었던 것 같다."

당도 안이했으며, 오판하고 있었다는 뜻이다.

특위는 이와 함께 신종코로나바이러스(코로나19)라는 돌발변수, 중도층으로의 외연 확장 미흡, 선거 종반의 막말 논란, 후보 번복 및 특정 유력 후보 배제 등의 공천 파동, 중앙당 차원의 효과적인 전략 부재, 정부여당의 재난지원금 지급 추진 등을 또 다른 이유로 거론했다.

백서는 그러나 '반성문'의 핵심인 책임 소재를 특정하지 않아 안팎으로 비판을 받았다. 특위 위원들 사이에서조차 '남이 남 얘기하듯 쓰였다' '당 분란을 피하기 위해 총선 참패에 대한 책임을 일일이 적시하지 못했다' '백서랍시고 내긴 했지만 솔직히 부끄러워 낯을 들지 못하겠다'는 말이 나왔다고 했다.

책임 전가도 빠지지 않았다. 김세연 전 의원을 비롯한 21대 총선 공천관리위원 일부는 이렇게 주장했다.

"공관위가 전권을 갖지 못했고, 당 공천 시스템이 부실했다. 황교안 대표 책임이다."

반면 당시 당 사무총장이었던 박완수 의원은 이렇게 맞받았다.

"김형오 공관위원장 등 공관위의 패착과 '오버' 때문이다."

사실 미래통합당은 4·15 총선 전부터 다양한 각도에서 '참패' 조짐을 보여주었다. 내가 서 있던 각도에서도 그러했다.

나는 공천을 앞둔 시점에 일삼아 더불어민주당과 미래통합당 쪽의 분위기를 알아봤다. 더불어민주당은 '조국 사태'에도 불구하고 여유가 있었다. 자신들이 잘하고 있다는 말은 못 하겠지만, 그렇다고 해서 미래통합당에게 표가 가지는 않을 것이란 확신이 있는 듯했다. 미래통합당은 미래통합당대로 '조국 사태의 여파' 운운하며 여유를 부렸다. 심지어 압승을 기대하는 듯했다.

나는 '착각은 자유'란 생각을 했다. 당장 황교안 대표가 국민 앞에 내세운 '영입 1호 인재'부터가 가관이었다. 그는 안병길 전 부산일보 사장, 박찬주 전 육군 대장, 이진숙 전 대전MBC 사장 등을 '인재'라며 국민 앞에 소개했다. '인재'라고 하면 상식적으로 참신, 품격, 개혁, 헌신, 훌륭함 같은 단어들을 떠올리게 마련일 것인데 이들은 그런 상식과는 거리가 있는 인물들이었다. 결국 최고위원들이 자질을 문제 삼으며 반대했고 영입 작업은 무산됐다. 망신이자 참사였다.

나는 한심하다 여기면서 칼럼을 하나 썼다. 간추려 소개한다.

— '영입 1호 인재'들의 면면은 미래통합당 혹은 '황교안 체제'가, 흔히 이르는 바 수구에 불과하거나, 많이 봐줘서 감수성과 민심을 읽는 정무감각이 허약하다는 사실을 드러냈다.

- 안병길은 부산일보 구성원들의 절대다수로부터 퇴진 요구를 받고 물러난 인물이다. 안병길의 이름이 거론되자 부산일보 노동조합은 긴급 대의원운영위원 연석회의를 연 뒤 '더이상 부산일보를 팔지 말라'라는 제목의 성명서를 발표했다.

- 성명서에는 이런 내용이 있다. 안병길 씨는(노조는 '전 사장' 대신 '씨'라는 호칭을 썼다) 단체협약, 사원윤리강령, 편집규약, 신문윤리실천요강, 노동법을 위반해 사내 민주주의를 내려 앉혔다. 겁박, 독주불통 경영, 인사전횡으로 '갑질경영'을 일삼았다. (…) 노동조합및노동관계조정법 위반 사건, 공직선거법 위반 사건은 검찰의 기소유예 처분을 받았다. (…) 반성을 해도 모자랄 그가 사실을 왜곡하고 있다. 쫓겨난 게 아니라 엄청난 대의명분을 갖고 사장직을 스스로 그만둔 것처럼 처신한다는 얘기가 들린다.

- 이진숙은 2012년 MBC 홍보국장 시절 동료들로부터 부정적인 반응을 많이 받았다. 당시 MBC기자회는 기자 해고와 편파보도에 대한 대외 왜곡 브리핑 등의 책임을 물어 이 씨를 기자회에서 제명했다. 사상처음 있는 일이었고, 기자총회의 결과는 찬성 115, 반대 6이었다. 이진숙은 또 대전MBC 사장으로 취임한 후에는 보도 문제로 인해 구성원들의 퇴진 압박을 받다가 결국 물러났다.

- 황 대표는 어떻게 해서 이들을 '영입 1호 인재'로 판단하게 됐을까. 크로스 체킹(교차점검)을 해본 것 같지도 않고, 잠시 시간을 내 포털에서 이름을 검색해본 것 같지도 않다. 몇몇 '친박' 간신배의 이름과 '밀

실'이란 단어만 어른거리는 형편이다. 최고위원들은 당일에야 영입 사
실을 알고 집단적으로 반발했다고 한다.

나는 그 시점에 박완수 미래통합당 사무총장과 통화를 했다.
대화 중에 김해 이야기가 나왔다. 그는 "김해는 갑과 을 모두 무
난하게 승리할 것 같다고 하더라"라고 말했다.

나는 놀랐다. 실상은 정반대였기 때문이다.

그런 오판 탓인지 느닷없이 김장겸 전 MBC 사장이 김해갑에
전략공천될 것이란 얘기가 나돌았다. 그는 마산 출신이었고, 재
직 당시에는 이진숙과 안병길 유의 전철을 밟은 인물이었다. 지
역민들은 화를 냈고, 김장겸 공천설은 슬그머니 사라졌다. 한심
한 일이었다.

그리고 미래통합당은 김해에서 두 곳 다 민주당 후보에게 졌
다. 그나마 김해 한림 출신으로서 '민주화운동의 대부'라 불리는
장기표 신문명정책연구원 대표가 미래통합당 후보로 나선 덕에
일정한 '바람'이란 게 불었고, 비참한 패배는 면할 수 있었다. 이
건 나만의 생각이 아니다.

이런저런 이유로 나는 미래통합당에게 이런 조언을 하지 않을
수 없다. 물론 더불어민주당도 들어두어서 해가 되지는 않을 것
이다.

먼저 알베르트 아인슈타인의 이 말을 늘 염두에 두길 바란다.

"문제를 초래한 사고방식으로는 문제를 해결할 수 없는 법이다."

인물 검증을 제대로 하고, '좌클릭 정책'도 마다하지 말란 뜻이다.

나아가 저울추는 깃털 하나로 인해 올라가기도 하고 내려가기도 하는 것이니, 늘 낮추고 삼가고 물으면서 일일삼성(一日三省, 하루에 세 번 반성함), 일신우일신(日新又日新, 나날이 새로워짐) 하길 바란다.

여론조사, 믿어도 될까요?

2021년 3월, '여론조사' 두 개가 국가적 관심사로 부상했었다.

하나는 '4·7 서울시장 보궐선거' 야권 단일화 여론조사였다. 오세훈 국민의힘 후보와 안철수 국민의당 후보는 그해 3월 22일부터 야권 단일화 여론조사를 실시했다. 무선전화(휴대전화)를 통해 경쟁력과 적합도를 물은 뒤 두 결과를 합산하는 방식이었다.

두 후보는 여론조사 방식을 놓고 갈등을 빚었다. 오세훈은 여론조사 문구를 '적합도'로 하고, 무선전화와 유선전화(10%) 조사를 병행하자고 주장했다. 안철수는 '경쟁력'과 '무선전화 100%' 안을 제시했다. 그러다 마침내 절충안을 만들어냈다.

다른 하나는 문재인 대통령의 직무수행평가 여론조사였다. 사람들은 흔히 '직무수행평가=지지율'로 생각하는데, 따지자면 같은 개념이 아니지만, 아무튼.

여론조사 회사 한국갤럽은 2021년 3월 16~18일 전국 18세 이상 1005명을 대상으로 문재인의 직무수행에 대한 여론조사를 실시했다. 긍정평가는 37%, 부정평가는 55%. 긍정평가는 취임 후 최저치, 부정평가는 취임 후 최고치였다. 이를 두고 대다수 언론은 '40% 선이 무너졌다'고 썼다.

나는 새삼 의문이 들었다. 여론조사가 이토록 큰 힘을 가져도 무방한 것인가, 하는 것. 여론조사를 통해 특정 사안을 판단하고 결정하는 게 바람직한가, 하는 것. 그리고 여론조사를 액면 그대로 믿어도 되는가, 하는 것.

나는 지금부터 아니라는 이야기를 해보려 한다.

부산일보 자회사 '김해뉴스' 사장 시절이었다. 기자들의 정보보고가 올라왔다.

- A 신문사가 김해시장의 직무수행에 대한 여론조사를 실시했다.
- 영세한 경남지역 회사가 여론조사를 맡았다.
- 조사 결과 부정평가가 50% 넘게 나왔다.
- 김해시 대변인이 신문사를 찾아가 협찬을 제의하며 재조사를 요청했다.
- A 신문사는 위 여론조사 회사와 의논해서 다시 여론조사를 실시했

고, 긍정평가 50% 이상의 결과를 만들어내 보도했다.

며칠 뒤, 사석에서 김해시 대변인을 만났다. 얼마를 주고 무마했느냐고 슬쩍 물었다. 그는 겸연쩍어하면서 "조금 낮게(많이) 줬다"고 말했다.

나는 그의 말을 들으면서 여론조사를 의뢰하는 쪽과 언론사 간의 '청부 여론조사'도 가능하겠다는 생각을 했다.

여론조사는 태생적인 한계도 있다. 정직하게 해도 틀릴 수 있다는 얘기다. 우선 여론조사 회사들이 스스로 밝히는 바 '오차'라는 게 있다. 통상 '± 5%'라고 한다. 몇백 표짜리 경쟁도 허다한데, 무려 5%라니!

또한 표본(응답자 수)은 300~1500명 안팎에 불과하다. 유권자 수가 1000만 명이라고 해도 그렇다. 상식적으로 이 300~1500명이 대표성을 가질 수 있을까? 아직까지는 이 부분을 완벽하게 보완할 수 있는 기법이 없다고 한다.

이런저런 이유로 김해뉴스는 2016년 4.13 총선과 김해시장 재선거 때는 여론조사를 하지 않으려고 마음먹었다.

그랬지만 시민들의 현실적인 관심을 마냥 외면하기는 힘들었다. 여론조사를 4회 정도 실시하기로 하고, 부산일보 정치부 후배들을 통해 서울에 있는 여론조사 회사 A를 추천받았다. 이 회사의 인적 구성을 보니 더불어민주당 쪽과 가까워 보였다.

하루는 여론조사 회사 A가 김해뉴스로 전화를 걸어왔다. 그리고 이런 대화가 오갔다.

"경남지역에도 여론조사 회사들이 있다. 왜 우리한테 의뢰하나?"

"객관성과 공정성 때문이다. 이곳 회사들은 후보들과 인연이 있을 수 있다."

"김해뉴스가 원하는 답을 낼 수 있다. 최소한 5% 정도는 왔다 갔다 하게 할 수 있다. 어떤 답을 원하나?"

"객관적이고 공정한 조사와 정확한 결과를 원한다."

"알았다. 우리도 김해지역에 대한 정확한 데이터를 확보해둘 필요가 있다. 최선을 다해 공정하게 진행하겠다. 다만, 유무선 조사이다 보니 대면조사에 비해 정확성은 다소 떨어질 수 있다."

"알았다."

나는 사실 '최소한 5%'란 말을 듣고 약간 충격을 받았다. 이렇게나?

어쨌든 조사 결과가 나왔다. 새누리당 김성우 후보가 더불어민주당 허성곤 후보를 10% 정도 앞서 있었다. 선거 직전에 실시한 2차 조사에서도 마찬가지였다. 나는 민주당의 자체 여론조사 결과도 엇비슷했다고 들었다.

그런데 선거 결과는 완전히 거꾸로였다. 허 후보 50.20%(11만 6932표), 김 후보 40.82%(9만 5084표)였다. 여론조사의 한계를 명확하게 확인하는 순간이었다.

　새삼 '오세훈-안철수 여론조사'를 생각해 본다. 여러 가지 의문이 생긴다. 오차 범위가 5% 안팎이고 두 후보의 득표율 차가 1~2%라면, 그 결과도 순순히 받아들여야 하는가? '후보 결정'이란 엄청난 일을 여론조사라는 허망한 방식에 맡기는 게 과연 온당한 일인가? 그렇다면 삼세판 가위바위보는 왜 안 되는 것인가?

　문재인 관련 여론조사도 마찬가지다. 오차 범위 5%를 감안하면, '40% 선' 운운이 과연 무슨 의미가 있는가? 오차 범위를 감안하면 40%가 넘는다고 볼 수도 있는 것 아닌가?

　나아가 이런 숫자놀음이 국민들을 호도할 수 있다는 생각도 든다. 예를 들어 다른 여론조사에서 40%가 넘는 결과가 나오면, 역시 지지층이 견고하며 내 생각과는 다르게 문재인이 잘하고 있나 보다, 하는 착각이 들게 할 수도 있다는 뜻이다.

　나는 애당초 여론조사를 석연치 않게 여기는 터라서 이래저래 마음이 불편한 것이다.

영화 〈남산의 부장들〉과 '부마 사태'

〈남산의 부장들〉이란 영화가 있다. '박정희 대통령 시해 사건'을 다룬 영화다. 영화를 보면 '부마 사태(부마민주항쟁으로 명칭이 바뀌었지만 당시의 분위기를 살리기 위해 부마 사태로 쓴다)'와 '10·26'이 나온다. 영화를 보다 보니 박근혜 전 대통령에 얽힌 일화가 하나 생각났다.

나는 박정희 전 대통령의 공보비서관 출신으로 '영애 박근혜'를 보좌했던 최필립 전 정수장학회 이사장(작고)으로부터 부마 사태 당시의 상황을 들을 기회가 있었다. 그는 이렇게 말했다. 기억력이 대단한 사람이었다.

큰영애 박근혜는 테니스를 즐겼다. 한 달에 한 번 정도 출입기자들과 테니스를 친 다음, 차를 마시면서 세상 돌아가는 이야기를 들었다.

1979년이었다. '부마 사태'가 터졌다. 박근혜는 자청해서 기자들과 간담회를 갖고 의견을 들었다. 그런데 기자들이 "대통령의 탁월한 영도력 덕에 나라가 잘 돌아가고 있는데, 북한과 연결된 불순분자들이 일을 벌였다. 곧 조용해질 거다"라고 했다. 박근혜는 언짢은 표정으로 일어서더니 "앞으로 저 사람들하고 자리 만들지 마라. 기자들이라면 제대로 말을 할 줄 알았더니"라고 했다.

내가 기자실 간사(KBS)를 따로 만나 "영애의 성격을 모르느냐. 왜 그랬느냐. 앞으로는 당신들 안 보겠다고 한다"고 전했다. 그러자 기자들끼리 의논을 하더니 "영애를 다시 불러 달라. 솔직히 기자실 안에도 김재규 중앙정보부장의 '간첩'이 없다는 보장이 없지 않느냐. 아까는 그래서 그랬다"라고 하더라.

그래서 박근혜와 기자들이 다시 만났다. 기자들이 이번에는 김재규와 그 동생의 전횡과 비리, 대통령과 정부에 대한 민심 이반 등을 격렬하게 전달했다. 박근혜는 당황하면서 "그럼 어떻게 되는 거냐?"라고 물었고, 기자들은 "부마 사태를 제대로 해결하지 못하면 대통령과 당신은 (수갑 찬 시늉을 하며) 이거다"라고 했다.

박근혜는 "고맙습니다" 하고는 벌떡 일어나 박정희 대통령의 집무실로 향했다. 나한테는 빨리 기자들이 한 말을 타이핑하라고 했다. 타이핑을 하고 있는데 박근혜한테서 독촉 전화가 여러 번 왔다.

타이핑 한 자료를 들고 서둘러 집무실로 달려갔더니 대통령이 2층에서 내려오고 있었다. 박근혜는 "아버지, 이것 좀 보셔야겠다"고 했다. 대통령은 박근혜한테서 개략적인 구두보고를 받았던지 얼굴이 어두웠고 굳어 있었다. 그러면서 특유의 차가운 어조로 "두고 가"라고 했다.

나는 집무실을 나서면서 박근혜에게 "이제 어떻게 할까요?"라고 물었다. 박근혜는 "뭘 어떻게 해요. 공수특전단 병력 당장 철수시키라고 하세요"라고 했다.

나는 차지철 경호실장에게 특전단을 철수시키라고 한다고 전했다. 차실장은 "누구 명령이오?"라고 물었다. 나는 박근혜가 그러더라고 하기가 뭣해서 각하의 명령이라고 둘러댔다.

차 실장은 즉시 정병주 특전사령관에게 전화를 걸어 부산마산에 투입된 공수특전단을 당장 철수시키라고 말했다. 정병주는 공수특전단 편제상 철수하는 데 시간이 걸린다느니 어쩌고 하는 것 같았다. 그러자 차지철이 "무슨 개소리야. 당장 병력 빼!" 하고는 수화기를 쾅 내려놓았다.

박근혜에게 저간의 사정을 보고하자 "다 잘될 거예요"라고 했다. 나는 대통령이 김재규를 정리하겠다고 한 것으로 이해했다. 그게 10월 23일이다.

그리고 사흘 뒤인 10월 26일 삽교천방파제 준공식이 있었다. 애초에는 김재규가 대통령이 타는 헬기에 동승하기로 돼 있었는데, 막판에 명단에서 빠졌다.

삽교천방파제에 다녀온 대통령은 만찬을 한다며 궁정동 안가로 김재규 등을 불렀다. 대통령은 쓰던 사람을 내보낼 때면 늘 안가에서 술을 따라주곤 했다.

나는 그런저런 정황 때문에 대통령의 마음이 떠난 걸 알고 김재규가 시해 결심을 한 것이라 생각한다.

훗날 청와대 비서실장은 빌딩을 다섯 채나 가지고 있는 게 드러났으나, 차지철은 목동에 장모와 함께 사는 20평대 아파트 하나밖에 없었다. 차지철은 무리한 짓을 많이 했지만 치부를 할 줄은 몰랐고, 주군이 자기를 알아주는 데 대한 맹목적인 충성심밖에 없었다고 본다. 부인은 이 사건으로 충격을 받아 미국으로 떠났다.

이상이 내가 최필립한테서 들은 내용이다.

한편 성한용 한겨레신문 선임기자는 대선을 앞둔 2011년 8월 《한겨레신문》에 비슷한 내용을 썼다. 성한용은 박근혜에게 유리한 기사를 썼다며 여기저기서 싫은 소리를 들은 것으로 안다. 상호 보완을 위해 내가 들은 내용과 중복되는 부분을 첨부해둔다.

1970년대 말 청와대 출입기자단은 1주일에 한두 차례 박근혜 전 대표와 테니스를 쳤다. 테니스를 친 뒤에는 저녁식사를 하곤 했다. 이 자리에는 박정희 당시 대통령도 한 달에 한 번꼴로 참석했다. 기자들로서는 매우 중요한 취재 현장이었다. '큰영애 보좌'를 주 임무로 하던 최필립 공보비서관(현 정수장학회 이사장)도 참석했다.

1979년 10월 15일 부산대를 시작으로 시위가 터져 온통 나라가 어수선했다. 《뉴스위크》에 군인들이 시위대의 귀를 잘랐다는 보도가 나왔다. 박근혜 전 대표는 테니스를 치는 대신 기자들에게 '부마 사태'에 대한 민심을 들었다. 민심이 뒤집혀 '혁명'이 일어날 수도 있다는 말이 나왔고, 《뉴스위크》 보도는 사실이라는 말도 나왔다.

박근혜 전 대표는 최필립 비서관에게 기자들의 얘기를 타자로 치라고 한 뒤, 아버지(박정희 대통령)에게 공수특전단 철수를 건의했다. 박정희 당시 대통령은 불쾌한 듯 아무 말도 하지 않았다. 그러자 박근혜 전 대표가 최필립 비서관에게 "비서관님, 경호실장(차지철)에게 지시하세요. 특전단 당장 철수시키라고 하세요"라고 말했다.

박근혜 전 대표는 당시 정부에서 하는 일 가운데 잘못된 것을 주로 아버지에게 건의한 것으로 알려져 있다. 심지어 부가가치세 도입에 대한 부정적 여론, 김영삼 신민당 총재 직무집행정지 가처분 및 의원직 제명이 잘못된 것이라는 의견도 아버지에게 전달했다고 한다.

문재인의 '운명'

2020년 7월, 박원순 서울시장이 스스로 목숨을 거두었다. 전 여비서가 성추행을 당했다며 고소를 한 게 이유라고 알려져 있지만, 정확하게 확인된 것은 없다. 유서에도 이유는 나와 있지 않다.

하여간 이 사건을 보다 보니 노무현 전 대통령의 죽음과 그가 남긴 유서 생각이 났다. 노 전 대통령과 문재인 대통령의 '운명'도 새삼 곱씹어보게 되었다.

문재인은 청와대에 있을 때나 나온 뒤에나 늘 "정치는 하지 않는다"고 공언했다. 하지만 대통령선거에 두 번 나왔고, 마침내 당선이 됐다. 문재인은 과연 정치에 뜻이 없었을까. 이 물음에 답을 하고자 할 때, 참고가 될 만한 일화가 두 건 있다.

첫 번째는 한 교수의 전언이다. 2010년 즈음에 나는 부산일보

자회사 김해뉴스에 초대사장으로 파견돼 나가 있었다. 그해 말경 인제대의 한 보직교수와 점심을 같이 했다. 그와 나 사이에 이런 대화가 오갔다. 2년 뒤인 2012년에는 대통령선거가 있을 예정이었다.

▶교수=문재인 씨가 대선에 나올 것 같습니까?

▶나=안 나온다고 누차 이야기하지 않았습니까. 사람이 진실해 보이던데, 안 나오겠죠.

▶교수=내기할까요? 저는 '나온다'에 걸겠습니다. 제가 부산시장 선거를 앞둔 시점에 문재인 씨와 점심을 같이 했습니다. 문재인 씨는 부산시장 후보로 거론되고 있었지요. 부산시장 선거에 나올 생각이 없느냐고 물어봤습니다. 그랬더니 뭐라고 한 줄 아세요? 이럽디다. "에이~ 내가 권력 서열 2위인 대통령 비서실장을 지냈는데 어떻게 (급이 낮은) 부산시장 선거에 나갈 수가 있습니까." 그 말과 분위기로 봐서 '아, 큰 때를 기다리고 있구나'라는 생각을 했지요. 두고 보세요. 2년 뒤 대선에 나올 겁니다.

두 번째는 김해뉴스 2011년 3월 22일자에 실린 문재인 노무현재단 이사장 와이드 인터뷰 기사다. 현재 한겨레신문 기자로 활동 중인 서영지 김해뉴스 기자가 인터뷰를 했다. 이런 질문과 대답이 있다.

▶서영지=정말 정치는 하지 않을 생각입니까?

▶문재인=(잠시 고민하다가) 음, 아마도 많은 분들이 노 대통령 서거 (2009년 5월 23일)를 안타까워하고 이명박 정부의 실정을 보면서 그분의 가치를 다시 높이 평가하게 된 건데, 저를 그분의 정신이나 가치를 잘 따를 사람으로 봐주는 거죠. 그래서 과분한 기대들을 하시는 것 같아요. 그러나 정치는 좋은 뜻을 갖고 있다는 것만으로 되는 게 아니라고 봐요. 특히 선출직 공무원으로 나가서 선거라는 과정을 치러내고 자신의 뜻을 현실에서 지켜내고 하려면 많은 어려움을 극복할 수 있는 능력, 결기 등이 필요한데 저 자신은 제가 제일 잘 알지 않습니까. 저는 그런 게 부족하다고 생각하는 거죠.

문재인의 대답은 알 듯 모를 듯했다. 나는 서영지에게 "서 기자는 어떻게 받아들였느냐?"라고 물었다. 서영지는 "(정치를) 할 것 같다는 느낌을 받았다"고 말했다.

서영지는 그렇게 말했으나, 나는 반신반의도 아니고, 문재인의 말을 여전히 액면 그대로 믿었다.

그런데 인터뷰를 한 그해 '노무현 2주기' 때부터 문재인은 광폭 행보를 보이기 시작했다. 6월에는 《문재인의 운명》이란 책을 펴내기도 했다. 책에는 이런 대목이 있다.

그를 만나지 않았으면 적당히 안락하게, 그리고 적당히 도우면서 살았을지도 모른다. 그의 치열함이 나를 늘 각성시켰다. 그의 서거조차 그러했다. 나를 다시 그의 길로 끌어냈다. 대통령은 유서에서 '운명이다'라고 했다. 속으로 생각했다. 나야말로 운명이다. 당신은 이제 운명에서 해방됐지만, 나는 당신이 남긴 숙제에서 꼼짝하지 못하게 됐다.

그는 책을 낸 뒤 전국적으로 북콘서트를 다녔고, 곧바로 중앙 정치무대에 등장했다. 그다음은 모두가 아는 바와 같다.

새삼 노무현과 박원순의 유서를 꺼내 읽으면서 생각한다. 문재인의 '운명'은 무엇이었을까. 정해져 있었던 것일까, 정하게 되었던 것일까. 앞으로는 어떻게 될 것인가. 노무현의 운명은 무엇이었을까. 박원순의 운명은 또 무엇이었을까.

- 노무현 유서 전문 -

너무 많은 사람들에게 신세를 졌다.

나로 말미암아 여러 사람이 받은 고통이 너무 크다.

앞으로 받을 고통도 헤아릴 수가 없다.

여생도 남에게 짐이 될 일밖에 없다.

건강이 좋지 않아서 아무것도 할 수가 없다.

책을 읽을 수도 글을 쓸 수도 없다.

너무 슬퍼하지 마라.

삶과 죽음이 모두 자연의 한 조각 아니겠는가?

미안해하지 마라.

누구도 원망하지 마라.

다 운명이다.

화장해라.

그리고 집 가까운 곳에 아주 작은 비석 하나만 남겨라.

오래된 생각이다.

– 박원순 유서 전문 –

모든 분에게 죄송하다

내 삶에서 함께 해주신 모든 분들에게

감사드린다

오직 고통밖에 주지 못한 가족에게 내내

미안하다

화장해서 부모님 산소에 뿌려달라

모두 안녕

"조국은 겉멋이 잔뜩 든, 붕 떠 있는 친구다"

조국 전 법무부 장관에 얽힌 일화를 하나 소개한다.

2019년 8월 어느 날부터 한동안 '조국 사태'로 온 나라가 시끄러웠다. 나는 그즈음에 지인의 소개로 박수영 전 경기도 부지사와 식사를 했다.

박수영은 서울대 법과대학 82학번이다. 서울법대 82학번 중에는 널리 알려진 사람들이 더러 있다. 조국 전 장관과 나경원 전 자유한국당 대표, 원희룡 전 제주도지사 그리고 《강철서신》으로 유명한 '주사파 대부' 김영환 씨 등이 그런 경우다.

시국이 시국이었던지라 조국 이야기를 안 할 수 없었다. 이러구러 이야기를 나눠보니 일반인들이 궁금해할 법한 것들이 꽤 있었다.

나는 먼저 조국은 어떤 사람이냐고 물었다. 박수영은 거리낌 없이 이렇게 말했다.

"겉멋이 잔뜩 든, 붕 떠 있는 친구다."

다시 조국의 학창시절은 어땠느냐고 물었다. 박수영은 이렇게 전했다.

"조국은 집안, 학벌, 외모 모두를 갖춘 친구였다. 외모는 남학생 중 조국이 1위, 지금 나경원의 남편이 2위였다. 여학생 중에서는 나경원이 단연 돋보였다. 학창시절에 나와 조국, 나경원, 원희룡, 김영환 등은 함께 사회과학 공부를 했다. 조국이 가장 불성실했다. 모임에 잘 나오지도 않았고 책도 잘 안 읽었다. 그런데도 집회만 있으면 마이크를 잡고 싶어했다."

박수영은 조국과 같은 기숙사에 있었는데, 자신은 행정고시를, 조국은 사법고시를 준비했다고 했다. 박수영은 이 부분에 대해서 이렇게 말했다.

"조국은 사시 준비도 대충대충 했다. 1차에서만 세 번 떨어졌다. 당시 서울법대생이 1차에서 세 번 떨어진 건 희귀한 경우였다."

박수영은 말을 이어갔다.

"조국은 국회의원도 시답잖게 여겼다. 대통령선거로 바로 가면 되지 뭘 의원이란 과정을 거치느냐고 말하곤 했다."

그 말을 들으니 조국이 법무부 장관 임명을 앞둔 시점에 사회적관계망서비스(SNS)에 올렸던 사진 하나가 생각났다. 부산에서 친구들과 술을 마시면서 술병을 '대선-진로-좋은데이' 순으로 놓아두고 찍은 사진이었다. 이 사진이 신문에 소개되자 사람들은 '대선-진로-좋은데이'를 '장관을 마친 뒤 대통령선거로 직행하면 좋은 일이 될 것'이란 뜻으로 해석했다.

박수영은 조국의 학문적 성취에 대해서도 의문을 표했다.

"조국은 서울법대에서 형법학을 가르쳤다. 서울법대에서는 형법학이 가장 약하다. 그를 서울대로 이끌어준 몇몇 형법학 교수들도 학문적으로나 인격적으로나 바람직한 이들이라 하기 힘들다. 학교에서는 수업을 아예 전폐하다시피 했으면서도 사회적으로는 높은 지위를 누린 이도 있다."

박수영은 그러면서 이렇게 말했다.

"우리 동기들은 조국이가 이 정도일 거라곤 상상조차 못 했다. 간헐적으로 접한 바로는 늘 정의로운 얘기를 해왔기 때문이다. 자기가 있는 자리에서만큼은 열심히 깨끗하게 사는 줄 알았다. 우리는 보도를 통해 조국이 연루된 불미스런 일들을 접하면서 다들 놀랐다."

박수영과 나는 그 정도 하고 헤어졌지만 '조국 사태'는 현재진행형이다. 재판이 진행 중이어서다. 내가 보기에 재판이 종료되더라도 조국은 특별한 사례로서 자주 현장으로 소환돼 나올 것이다. 그러므로 조국은 한국 사회의 현재이자 미래일 텐데, 먼 훗날의 사람들이 조국을 어떻게 평가할지 나는 그것이 궁금하다.

사족이 되겠지만 박수영이 그날 내게 건넨 책에 들어 있는 칼럼의 일부를 첨부해둔다.

　　"조국 청문회는 역설적으로 진보라는 단어가 주는 착시현상을 교정할 수 있게 됐다는 점에서 의미가 있다. 지금부터라도 단어에 현혹돼 진영논리에 빠지는 한국 사회의 집단적 병리현상이 조금이나마 나아지기를 기대해본다. 진보 중에도 (보수와 마찬가지로) 정의도 있고 불의도 있음을 이번에 깨닫게 됐기 때문이다. 극단화한 진영논리로 상대 진영은 무조건 욕하고, 자기 진영은 무조건 옹호하는 후진적인 모습을 탈피해야 한다. 개인이 스스로 팩트를 찾아내고 성찰한 뒤 스스로 결론을 내리는 선진화된 모습으로 바뀌어야 한다."

국민의힘의 '쪽방촌 예능'

2021년 여름, 폭염이 이어지던 터라서 쪽방촌 사람들, 가난한 사람들 걱정을 하던 참이었다.

문득 2017년 부산일보 자회사 김해뉴스 사장 시절에 쓴 칼럼 생각이 났다. 칼럼 제목은 〈어느 날 부원동에서〉다. 일부 내용을 소개한다.

점심을 먹으러 부원동의 한 골목으로 접어들다가 무참한 광경을 보게 되었다. 몸이 앞으로 굽은 왜소한 한 할머니가 골목길 구석에서 한가 운데로 비칠비칠 걸어 나오더니 느닷없이 맨 엉덩이를 드러낸 채 오줌 을 눴다. 말라비틀어지고 어두운 성기가 다 보였다. 염치고 뭐고 아무 것도 없었다. 이 거리에서 간간이 폐지를 줍던 할머니였다.

서로 연락조차 않는데 자식들이 있다는 이유로 기초수급대상자에서 제외된 노인, 대장암에 걸린 부인을 먼저 떠나보낸 뒤 청각장애와 식도암을 앓으면서 자신의 장례비용으로 모아놓은 돈을 생활비로 쓰고 있는 노인, 일용직 사위와 병든 딸 때문에 늙은 몸으로 손녀를 키우느라 힘들어하는 노인, 인제대 뒤쪽 산 중턱에서 판자와 현수막 천을 덧대 집을 짓고 전기도 없이 생활하는 노인 등등이 있다.

묵자(墨子)는 서민들의 고통을 크게 세 가지로 정리했다. 굶주린 사람이 먹지 못하는 것, 헐벗은 사람이 입지 못하는 것, 노동을 한 사람이 쉬지 못하는 것. 묵자는 이 세 가지 고통을 제거함으로써 최소한도의 생존을 보장해주는 것을 목표로 삼았다.

동의대 박문현 명예교수는 자신이 번역한 책 《묵자》에서 "힘이 남아도 약한 사람을 도우려 하지 않거나, 쓰고 남는 재물을 쌓아두기만 하고 필요한 사람에게 나눠줄 줄 모르는 사람을 묵자는 개, 돼지와 같다고 봤다"고 적었다.

이 칼럼을 떠올린 이유는 국민의힘 이준석 대표와 일부 대선주자들이 8월 4일 서울 용산구 동자동 내 쪽방촌에서 봉사활동을 했다는 기사를 읽었기 때문이다.

들자니 이 행사는 이준석이 당내 경선 흥행 차원에서 기획한 것이었다. 그렇든 어떻든 국민들은 행사가 끝난 뒤 주거복지 문제에 관한 당 차원의 '진지하고 참신한' 무언가가 나올 것이라 기대했을 법하다. 그런데 과문(寡聞)한 탓인지 그런 애기는 듣지 못했다.

고작 국민의힘 공보실에서 '이준석 당 대표, 대선 경선 후보자 봉사활동 마무리 말씀'이란 제목의 보도자료를 낸 게 다였다. 보도자료를 보니 별 내용이 없었다. 이준석은 보도자료를 통해 이런 말을 했을 따름이다.

"오늘 우리 경선버스의 출발을 국민을 위해 봉사하는 자세로 시작하게 된 것을 저는 국민들께서 좋게 봐주셨으면 좋겠다. 아마 이번에 정책경쟁, 그리고 혁신경쟁을 통해서 대통령선거 경선, 볼거리를 많이 제공하겠다."

기실 하나 마나 한 얘기였다.

그러다 보니 이들이 '서울시립 서울역쪽방상담소' 앞에서 파이팅을 외치며 찍은 기념사진과 얼음물과 삼계탕을 운반하는 모습을 담은 활동사진도 그다지 유쾌한 이미지로 다가오질 않았다. 무슨 TV 예능을 한 것인가? 은근히 속이 뒤틀렸다.

그나마 대선주자 중 한 사람이었던 장기표 김해을 당협위원장의 '반성문'을 접하고 나니 조금은 뒤틀린 심사가 누그러졌다. 그는 이날 페이스북에 이렇게 적었다. 주요 부분만 소개한다.

국민소득이 3만 달러를 넘어 '선진국' 대열에 들어섰다는 대한민국의 수도 서울 한복판에 이렇게나 비참하게 사는 국민들이 있다는 것은 너무나 부끄러운 일이다.

생활상 전체가 사람이 사는 삶이라고 말하기가 어렵지만 특히 수도 한복판에 3평도 안 돼 보이는 좁은 방에 온갖 가재도구를 다 방안에 넣어두고서 냉방장치라고는 없이 이 더운 여름을 보내고 있으니 지옥이 따로 없었다.

30, 40년 전 목동과 사당동, 동소문동, 신대방동 등의 판자촌들을 돌아다니면서 주거권, 나아가 주거복지만은 꼭 보장되어야 한다고 엄청나게 많이 주장했었는데 아직도 이보다 나아지기는커녕 오히려 더 못해 보이는 곳들이 수도 서울 한복판에 즐비하게 있으니 그동안 무얼 했나 하는 자괴감마저 들었다.

이것은 문재인 정부만 탓할 일이 아니다. 역대 정부, 특히 역대 서울시장 모두의 책임이라고 말하지 않을 수 없다. 비록 공직을 맡은 일이 없다 하더라도 오래 정치활동을 해온 나 같은 사람한테도 크나큰 책임이 있음은 물론이다. 부끄럽기 그지없다.

주민들의 의견 대립 곧 민간사업을 주장하는 주민들과 공공주택사업을 주장하는 주민들의 의견 대립 때문에 '개발'이 늦어진 점이 있겠으나, 설사 그렇더라도 이런 갈등도 하나 해결하지 못하는 정부라면 이런 정부를 어떻게 국민의 정부라 말할 수 있겠는가?

나는 장기표의 페이스북 글을 읽고 나서 일삼아 다른 참석자들의 사회적관계망서비스(SNS)도 확인해봤다. 거의 다 아무런 소회도 남기지 않았다. 한 참석자가 "오늘 봉사활동은 정말 뜻 깊었다. 많은 생각을 하게 했다. 더 따뜻한 나라를 만들어가야겠다"라는, 기껏 초등학생 일기 수준의 글을 올렸을 뿐이다.

이런 상황에서 심상정 정의당 의원이 다음 날 SNS에 '쪽방촌 봉사활동'을 힐난하는 글을 하나 올렸다. 심상정은 먼저 이렇게 비판했다.

"창문도 주방도 화장실도 없고 단열도 환기도 안 되는, 그래서 바깥 온도가 35도면 실내는 40도에 이르는 곳이 있다. 바로 쪽방촌 어르신들의 이야기다. 이준석 대표는 동자동 쪽방촌 공공주택 공급에 대한 기자 질문에 '현안을 파악하고 있지 못하고 있다'라고 했다. 명색이 제1야당 대표인데, 현장 봉사활동을 가면서 그렇게 첨예한 현안조차 파악하지 않았다는 얘기다. 정말 국민의힘이야말로 냉수 먹고 속 차려야 한다."

그리고 또 이렇게 일갈했다.

"잘 알려져 있듯 서울 동자동 쪽방촌은 주거환경이 가장 열악하기로 악명 높은 곳이다. 최근에는 공공 주도 재개발이 첨예한 현안으로 되어 있다. 하지만 국민의힘 이준석 대표와 대권주자들은 쪽방촌 어르신들의 주거권을 약속하는 대신, 생수 한 병으로 때운 셈이다."

나는 심상정의 말에 동의하는 쪽이다. 그날 국민의힘은 최소한 '사람이 먼저다'란 말 한마디만이라도 남겼어야 한다. 국민의힘은 여전히 갈 길이 멀어 보이는데, 나만 그런 생각을 하는 건 아닐 것이다.

홍준표는 부디
역지사지(易地思之)하시라

2021년 5월 어느 날이었다. 함께 운동을 하던 한 분이 문득 이렇게 개탄했다.

"어이가 없다. 무슨 놈의 진보, 보수냐, 지금 중요한 건 '변통(變通)'과 '변화'다."

나는 집으로 돌아와 국어사전에서 '변통'을 찾아보았다. "형편과 경우에 따라서 일을 융통성 있게 잘 처리함"이라고 돼 있었다. 《주역(周易)》에서 비슷한 말을 본 것 같아서 찾아 읽어보았다. 옳거니, '窮則變 變則通 通則久 是以自天祐之 吉無不利(궁즉변 통즉변 통즉구 시이자천우지 길무불리)'가 나왔다. 뜻을 헤아려보니, 매우 난처한 지경에 처하면 마땅히 변해야 할 것이고, 변하면 길이 열릴 것이며, 열린 길은 오래 이어질 것인데, 이로써 하늘이 알아서 도울 것이며, 그렇게 되면 마침내 바람직하게 될지언정 이롭지 않음이 없을 것이다, 정도로 이해되었다. 요컨대 '변통'과 '궁즉변…'은 사촌지간이었고, 실행에 옮기면 좋은 일이 생길 처세나 방편이었다.

'변통'과 '궁즉변…'을 공부하다 보니 홍준표 국민의힘 의원 생각이 났다.

무소속이었던 홍준표는 2021년 5월 10일 기자회견을 열어 국민의힘 복당을 선언했다. 그는 2020년 4·15 총선 당시 미래통합당(현 국민의힘)의 공천 대상에서 배제되자 무소속으로 대구 수성을에 출마해 당선됐다. 이후 400여 일 동안 무소속으로 남아 있었다. 홍준표는 이날 기자회견에서 이런 말로 복당을 정당화했다.

"무엇보다 당원과 국민들의 복당 신청 요구가 빗발치고 있어 이제 돌아가야 할 때가 되었다고 생각한다."

하지만 부정적인 기류가 만만찮았다. 당 대표 선거에 나섰던 김웅 의원(초선)은 페이스북에 이렇게 썼다. 홍준표의 복당에 반대한 것이었다.

"시들지 않는 조화(造花)에는 오직 먼지만 쌓인다. (홍) 의원님은 시들지 않는 조화로 사시라."

하태경 의원(3선)은 좀 더 직설적으로 반대 의사를 밝혔다.

"우리 국민의힘은 갈라졌던 보수가 탄핵의 강을 건너 새로운 미래를 열기 위해 만든 기사회생의 집이다. 과거 홍 의원이 막말

퍼레이드로 망가뜨렸던 자유한국당이 아니다. 정권교체를 방해하지 말고 깨끗하게 물러나라."

나는 일삼아 다섯 명의 초선의원과 통화를 해봤다. 백종헌 의원은 찬성, 김희곤 의원은 반대였다. 박수영 의원은 좀 더 구체적으로 반대 입장을 밝혔다. 그는 이렇게 전했다.

"홍 의원이 한동안 초선의원들을 개별적으로 접촉했는데, 해당 초선의원들의 반응은 '홍 의원이 달라진 게 없다'는 것이었다. 초선의원 70%는 홍 의원의 복당에 거부감을 갖고 있는 것으로 안다."

나는 박수영의 말 중에서 "달라진 게 없다"는 부분에 특히 관심이 갔다. 홍준표의 언행이 대체 어떠했기에? 흔히들 홍준표를 두고 "오만방자하다"고 한다. '오만방자'는 젠체하며 남을 업신여기고, 삼가는 태도가 없이 교만하며 제멋대로인 것을 말한다. 실제로 홍준표는 기자, 경비원, 파출소 직원, 도의원 등을 상대로 그런 모습을 보여왔다. 홍준표는 또한 좌충우돌하기도 했다. 개인적으로도 홍준표한테서 그런 걸 느낀 적이 여러 번 있다. 홍준표가 경남도지사였을 때 이야기다.

홍준표는 2014년 김해시를 방문한 자리에서 성기홍 김해교육장에게 막말을 했다. 무상급식비 문제를 거론하던 중 성기홍이 말을 자르고 들어오자 "건방지다"며 고함을 지른 것이었다. 그러자 성기홍은 "내가 지사 부하냐"라며 반발했다. 나이는 성기홍이 더 많았다.

흔히 하는 말로 '피아 구분'이 안 되는 좌충우돌도 있었다. 홍준표는 2015년 김해시 장유복합문화센터 기공식에서 해괴한 말을 던졌다. 당시 김맹곤 김해시장(새정치민주연합, 현 더불어민주당)은 공직선거법 위반 혐의로 징역 6개월 집행유예 2년을 선고받은 상태였다. 그런데 홍준표는 김맹곤을 이렇게 두둔했다.

"김 시장이 정치적 음모에 말려서 선거 송사를 당하게 돼 유감스럽다. 나도 검사를 해봐서 아는데 2심, 3심은 증거 중심이어서 항소심에 가면 억울함이 밝혀져 좋은 일이 있을 것이다."

그러자 새누리당(현 국민의힘) 시의원들이 반발했다. 경남도당을 항의 방문하고 성명서를 냈다. 이들은 성명서에서 홍준표를 이렇게 비판했다.

"(홍준표는) 정치적 음모란 증거가 있는지, 무슨 이득이 있어서 검찰과 법원의 권위를 흔들면서까지 타 당 소속인 김 시장의 혐의를 희석하는 것인지 답을 해야 한다. (홍준표가) 새누리당 당원으로서 해당 행위를 하면서까지 김 시장을 돕는 이유를 우리는 도저히 모르겠다."

사실 이들은 홍준표가 그렇게 한 이유를 짐작하고 있었다. 두 가지였다. 잘 안 알려진 이야기들이다.

이 사안이 발발하기 직전 홍준표와 김맹곤은 도지사 접견실에서 단둘이 만났다. 흘러나온 말을 종합해보면, 우선 김맹곤은 새누리당 김정권 전 국회의원의 음모에 휘말려 자신이 곤경에 처했다고 말했다. 홍준표는 김정권에 대해 심한 개인적·정치적 배신감을 느끼던 터여서 김맹곤의 말을 곧이곧대로 받아들였고, 공식 석상에서 '(김정권) 음모론'을 거론하기에 이른 것이었다.

참고로 덧붙이자면 홍준표는 당 대표 시절에 '1.5선'의 김정권에게 사무총장 자리를 맡겼다. 파격적이었다. 김정권이 '박연차 게이트'로 재판을 받았을 때는 직접 변론을 해 무죄판결을 이끌어냈다. 김정권은 그러나 새누리당 경남도지사 경선 때 박완수 후보 편에 서서 뛰었다. 이후 홍준표는 공사석에서 김정권을 공공연히 비난했다.

다른 하나는 김맹곤이 경남지역에서는 유일한 야당 시장이었는데, 독대 자리에서 홍준표에게 전폭적인 협력을 약속했다는 것이었다. 김맹곤은 실제로 독대 이후 무상급식 문제를 비롯한 홍준표의 정책에 대해 옹호하고 지원하는 행보를 보이기 시작했다.

홍준표는 파문이 커지자 "특정인을 두둔한 말이 아니다. 김정권을 염두에 둔 말이 아니다"라고 해명했다. 언행에 거침이 없던 그로서는 '가오(위신)'가 좀 상하는 장면이었는데, 스스로가 화를 불러들인 셈이었다.

이런 일도 있었다. 2014년 김해시장 선거를 앞두고 가야문화축제가 열렸다. 홍준표는 경남도 기획조정실장 출신인 허성곤 새누리당 예비후보(현 김해시장, 더불어민주당)와 함께 17개 읍면동 부스를 돌았다. 허성곤을 지원하기 위한 행보였다.

그런데 그의 언행이 듣기에 민망했다. 그의 발언은 신문에도 났는데, 신문에 난 내용과 실제 발언은 괴리가 컸다. 신문에는 이렇게 돼 있다.

"홍 지사가 (…) 김해시민들에게 '허 후보는 내가 경남도 기획조정실장을 맡긴 인물이다. 이 사람만큼 일을 잘하는 사람을 보지 못했다. 김해시장이 되면 일을 아주 잘 할 것'이라고 치켜세웠다."

이건 신문기사라서 '마사지(순화)'를 좀 한 것이었다. 실제 발언은 이랬다.

"성곤아, 일로 와봐라(여기로 와라). (…) 야거치 일 잘하는 아는 첨 봤어요. 시장 하면 잘할 낍니다(이 사람처럼 일 잘하는 사람은 처음 봤습니다. 시장이 되면 일을 잘할 것입니다)."

현장에 있었던 사람들 사이에서는 "나이 60 먹은, 그것도 명색 시장 후보인 사람을 저런 식으로 막 대해도 되는 것이냐" 하는 비판이 있었다.

이 밖에도 홍준표는 경남지역 새누리당 국회의원들과도 한동안 심각한 갈등을 빚었다. 다 아는 이야기다. 사정이 이렇다 보니 당의 변화를 바라는 초선의원들을 중심으로 복당 반대 정서가 형성된 건 어쩌면 당연한 일일 수도 있겠다는 생각이 들었다.

그렇다면 홍준표한테 필요한 건 뭐? 개인적으로는 '반성' '겸손' '배려'를 기반으로 한 '변통'을 생각했다. 내가 2020년 4·15 총선 공천 당시에 쓴 칼럼도 떠올렸다. 칼럼 제목은 〈홍준표는 부디 '역지사지(易地思之)'하시라〉이다. 이런 당부의 말이 보인다. 일부를 소개한다.

　– 홍준표가 '역지사지(易地思之)'를 해보았으면 바람직하겠다는 생각을 한다.
　– 홍준표가 시쳇말로 잘나가던 시절에는 그의 오만방자한 언행 탓에 상처를 입은 사람이 적지 않을 터이다. 그러니 이번의 수모를 겸허하게 되짚어봄으로써 부디 한층 단단하고 기품 있게 변모했으면 좋겠다.
　– 홍준표는 언젠가 반대편 사람의 비판을 두고 "개가 짖어도 기차는 간다"고 한 적이 있는데, 그가 비난한 김형오와 황교안인들 그 말을 쓰지 말란 법이 없겠기에 하는 말이다.
　– 맹자 왈, 하늘이 크게 쓰고자 할 때는 반드시 그 몸과 마음을 수고롭게 한다 했으니, 홍준표는 부디 맹자의 이 말을 염두에 두었으면 한다.

　오늘 나는 맹자의 말에 한마디를 더 보태어 고언을 했으면 한다. 그건 '변통'과 '窮則變 變則通 通則久 是以自天祐之 吉無不利'다. 홍준표가 크게 무언가를 할 수 있는 위치에 가서 제대로 일을 해주기를 바라는 저 수많은 지지자들의 얼굴이 눈에 밟혀서 하는 말이다. 오늘의 이 글이 앞으로의 행보에 도움이 되었으면 한다.

"전두환이 실수한 겁니다"

"YS(김영삼 전 대통령)와 전두환은 마주 보고 달리는 기차와 같습니다." 이 말을 떠올린 이유는 다음과 같다.

법무부의 검찰 인사 다음 날인 2021년 6월 5일, 김의겸 열린민주당 국회의원(비례대표)이 페이스북에 글을 하나 올렸다.

"1979~1980년 쿠데타를 기획하고 작전을 짜는 데 허화평이 있었다면 이번에는 그 자리에 한동훈이 있다고 생각한다."

한동훈 검사장은 2019년 대검 반부패·강력부장 시절 조국 전 법무부 장관 일가 비리사건 수사 등을 지휘했다. 김의겸은 이를 '검찰 쿠데타'로 인식하면서, 한동훈이 전두환 전 대통령과 함께 '12·12 군사반란'를 주도한 허화평 씨와 비슷한 역할을 했다고 주장한 것이었다.

그러자 한동훈은 언론사에 입장문을 보내 이렇게 응수했다.

"김 의원이야말로 그토록 욕했던 허문도 씨를 닮아가는 것 같아 안타깝다."

김근식 경남대 교수도 한동훈 편에 서서 페이스북에 글을 썼다.

"지금의 김 의원을 굳이 5공에 비유하자면, 언론통제와 거짓 홍보의 달인, 전두환 쿠데타에 부역한 허문도다."

김근식은 나치 선전상 괴벨스를 거론하기도 했다.

설명을 좀 하자면, 허문도 씨는 조선일보 기자 출신으로, 신문사를 나와 국가보위입법회의 문공분과 위원으로 참여하면서 전두환의 환심을 샀다. 언론통폐합, 언론인 강제해직, 보도지침 마련 등을 주도했으며, 그로 인해 '전두환 정부의 괴벨스'라 불렸다. 5공화국 때는 청와대 정무제1수석비서관과 통일원 장관 등 여러 요직을 거쳤다.

그러니까 나는 '허문도'란 이름 때문에 서두에서 밝힌 저 말을 기억해낸 것인데, 저 말을 한 사람은 작고한 천금성 소설가다.

1995년 12월 2일 저녁 나는 부산 중구 중앙동의 참치 전문점 '동신참치'에서 천금성과 마주 앉아 있었다. 그는 참치를 한 점 먹더니 무릎을 탁 치면서 이렇게 탄복했다.

"이거… 진짜네! 이 집은… 참치를 녹일 줄 아네!"

그는 참치에 관한 한 품평을 할 자격이 있는 사람이었다. 원양 참치 연승어선 선장 출신에다 독보적인 '해양소설가'였던 것이다. 참치 덕분에 이야기는 술술 풀렸다.

우리들의 이야기는 그러나 참치에 오래 머물러 있지는 않았고, 자연스레 천금성이 쓴 전두환 전기 《황강(黃江)에서 북악(北岳)까지-인간 전두환, 창조와 초극(超克)의 길》(1981. 동서문화사)로 넘어갔다.

그는 이 전기로 인해 사회인으로서나 문인으로서나 '폐인'이 되다시피 했다. 사람들은 독재자에게 부역한 인물이라며 노골적으로 외면했고, 출판사나 문예지들은 작품 발표 기회를 주지 않았다. 그는 근 10년 정도 어쩌다 파도만 와서 잠시 핥다 가는 외딴섬이 되어버렸다.

이 부분과 관련해서 그와 나눈 대화 내용은 대략 이러했다. 언론에서 다룬 내용은 가급적 제외했다.

"전두환 전기를 쓰게 된 계기가 뭡니까?"

"10년 정도 배를 탔지요. 육지에서 일어나는 일에는 무지했습니다. 허문도 중앙정보부장 특별보좌관한테서 연락이 왔어요. 전두환이 대통령 취임하기 얼마 전, 그러니까 1980년 8월 중순경입니다. 허문도는 서울농대 2년 선배였고, 학보사 일도 함께 한 사이였죠. 중정을 찾아가 만났더니 '전두환 장군' 전기를 써보라는 겁니다. 내심 큰돈이나 괜찮은 자리를 줄 것이란 기대감이 있었죠."

"전기를 쓸 때 힘든 일은 없었습니까?"

"힘든 일은 크게 없었습니다. 광화문에 있던 서린호텔에 방을 잡고 집필을 했는데, 무슨 '별(장군)'들이 그렇게 많이 찾아오던지. '전두환 예비 대통령 전기'를 쓴다고 하니까 저마다 전두환과의 인연을 들먹이면서 자기 이름 하나만 넣어 달라고 통사정을 하더군요. 별들이 참 하찮게 보이더라고…."

"집필료는 얼마나 받았습니까? 솔직히."

"취재비와 인세 조로 받은 1000만 원 정도가 답니다. 누구는 내가 10억 원 정도를 받았다고 헛소리를 하던데, 그 정도 돈 받은 사람이 10년 동안 이토록 없이 삽니까? 마누라 얼굴 보는 게 할 짓이 아니구먼."

"허문도 씨가 안 챙겨주던가요?"

"챙겨주는 건 고사하고 책이 나온 뒤로는 만나주지도 않습디다."

"후회되십니까?"

"그 일 때문에 심적·경제적으로 심한 고통을 겪었습니다. '뱃놈(그는 이 단어를 좋아했다)'이 멋모르고 육지의 잡담에 휩쓸린 소치일 텐데… 제가 어리석었습니다."

우리는 그러다 그날 낮에 있었던 전두환의 '골목 성명'을 소재로 이야기를 이어갔다.

서울지검은 그날 오후 3시 전두환을 피의자 신분으로 소환해 조사하려 했다. 그러자 전두환은 서울 연희동 자택 골목에 나와 허문도를 비롯한 측근들을 둘러 세운 채 성명서를 읽어 내려갔다. 검찰 조사는 정치보복이므로 인정하지 않겠다는 것이었다. 언론은 이를 '골목 성명'이라 불렀다.

전두환은 성명서를 다 읽은 뒤 해볼 테면 해보라는 듯 경남 합천 생가로 내려가버렸다.

나는 천금성에게 어떻게 될 것 같으냐고 물었다. 그랬더니 '마주 보고 달리는 기차' 운운하는 말이 나온 것인데, 그는 거기에다 몇 마디를 더 보탰다.

"저는 전두환 전기를 쓴 사람입니다. 그를 잘 알지요. 그리고 저는 경남중고를 나왔습니다. YS는 중고 선배지요. 그를 꽤 잘 아는 편입니다. 두 사람은 성정이 불같습니다. 지고는 못 사는 성격이기도 하지요. 지금 두 사람은 마주 보고 달리는 기차와 같습니다. 그런데 칼자루를 누가 쥐고 있습니까? YS는 정치적 부담 같은 걸 신경 쓰는 사람이 아닙니다. 내기할까요? YS는 '이것 봐라' 하면서 즉각 체포해 올 겁니다. 전두환이 실수한 겁니다."

그의 말대로 검찰은 전두환의 합천행을 '도주'로 간주하고, 다음 날 새벽 수사관들을 급파해 자고 있던 전두환을 일으켜 세운 뒤 안양교도소로 압송해 갔다. 그다음 일어난 일들은 알려진 바와 같다.

자, 그건 그렇고 김의겸과 허문도(혹은 괴벨스)의 관계는 어떻게 되는 것인가. 둘은 과연 닮은 점이 있는가.

김의겸은 한겨레신문 기자 출신이다. 한겨레에서 문재인 정권을 응원하는 글을 쓰더니, 신문사를 나와 청와대 대변인으로 갔다. 대변인 시절 "문재인 정부 유전자(DNA)에는 애초에 민간인 사찰이 존재하지 않는다"는 명언(?)을 생산하는 등 정권에 충성을 다했으나, '흑석동 부동산 투기' 문제가 불거져 불명예 퇴진했다.

그 후 그를 '흑석 김의겸 선생'이라 비아냥거리면서 위선과 '내로남불(내가 하면 로맨스, 남이 하면 불륜이란 뜻)'의 대명사로 삼는 사람들이 생겨났다.

김의겸은 그 후 2020년 411 총선 때 더불어민주당에 국회의원 공천을 신청했으나 퇴짜를 맞았다. 이후 2021년 47 재보궐선거의 와중에 공석이 된 열린민주당의 비례대표 자리를 승계해 국회의원이 됐다.

김의겸은 국회의원이 된 뒤 해괴망측한 언행을 일삼았다. 일례로 2021년 4월 27일에는 한 토론회에 참석해 '관제 포털'을 주창하기도 했다. 그는 네이버·카카오에 맞서 공영포털을 만들어야 한다면서 이렇게 말했다.

"정부는 공적 기금을 이용해 공영포털을 지원해야 한다. 시민사회 각 전문가들이 모여 신뢰할 만한 편집위원회를 구성해 원칙을 가지고 편집하고, 공영포털에 들어오는 신문사에는 정부 광고를 우선 집행하자."

그러면서 이런 말을 덧붙였다.

"공영포털에 로그인해서 들어온 사람들에게 일정 금액을 주고 그 사람들이 언론사를 후원할 수 있도록 하자."

'관제 포털'을 가동하자는 말을 아무렇지도 않게 내뱉은 것이었다. 당연히 김의겸을 꾸짖는 목소리가 비등했다. 그중 일부분만 소개한다.

— 정부는 예산만 지원하고 편집은 관여 안 한다는데, 김 의원이 제시한 시민단체·학계·언론사 등으로 구성된 별도의 편집위원회는 당연히 정부에 우호적인 친정부 인사로 구성되게 된다. 그리고 관제 포털에 뉴스를 제공하는 언론사에 정부 광고를 우선 집행한다는 것 역시 당연히 정부 예산으로 언론사를 길들이는 광고 권력화가 되는 것이다.

— 언론개혁이라는 이름으로 독재시대 때나 가능한 포털 장악을 할 거면, 차라리 그냥 (흑석동 부동산 투기처럼) 부동산 투기를 해라. 그게 나라를 위해 덜 해악이 될 거 같다.

— 전체주의를 지향하는 여권의 대변인으로 비친다.

이쯤에서 돌아보니 김의겸과 허문도는 기자를 하다 청와대에 들어갔다는 점, 언론통제를 획책했거나 주도했다는 점, 괴벨스에 비유된다는 점 등 여러 분야에서 닮은 점이 있다.

그리하여 나로서는 '윤석열=전두환, 허화평=한동훈'이란 등식보다는 '김의겸=허문도=괴벨스'란 등식에 더 마음이 가는 걸 어찌할 수 없다.

한편으로 나는 천금성 버전으로 이렇게 단언할 수도 있다.

"김의겸은 '윤석열=전두환' 프레임을 또 제기할 것입니다. 내기할까요?"

나는 왜 이렇게 단언하는 것인가. 괴벨스는 다음과 같은 말을 한 바 있는데, 김의겸도 이 말을 잘 알고 있으리라 여기기 때문이다.

"거짓말은 처음에는 부정되고, 그다음에는 의심받지만, 되풀이하면 결국 모든 사람이 믿게 된다."

하지만 김의겸이 그러든 말든 별문제는 없을 것이란 생각을 한다. 김의겸과 괴벨스는 정치적 비중과 영향력 그리고 내공의 측면에서 많이 다르고, 지금은 국민들이 전반적으로 '깨시민(깨어 있는 시민)'이 되어 있다고 보기 때문이다.

노무현 전 대통령과 형상의학

　나는 2003년과 2004년 2년 동안 부산일보에서 의료담당 기자로 일했다. 그때 〈스크린 속의 의료〉 〈이광우기자의 의료 현장에서〉 그리고 〈형상으로 보는 의학〉이란 기획물을 선보였다.

　〈형상으로 보는 의학〉은 한의학의 한 분야인 '형상의학(形象醫學)'을 다룬 기획물이었다.

　형상의학은 개개인의 형상적 흠을 제거함으로써 질병을 예방하고 치료하는 데 주안점을 두고 있다. 여기에는 기본적으로 두 가지의 틀이 적용된다. 얼굴 형태로 판단하는 정기신혈(精氣神血) '과(科)'와 동물의 특성을 적용해 판단하는 주조어갑(走鳥魚甲) '유(類)'다. 최종적으로 "A란 사람은 정과와 갑류다"라고 판단한다.

　일반적으로 정과는 둥근형, 기과는 마름모처럼 각진형 혹은 네

모꼴, 신과는 역삼각형, 혈과는 둥글면서 긴 계란형이거나 삼각형을 말한다.

주류는 호랑이·개·표범 등 달리기를 잘하는 짐승으로, 코가 쭉 뻗고 허리가 긴 형이다. 조류는 새를 닮아 눈이 크고 이마가 발달했다. 어류는 물고기 형태인데, 입이 발달해 있고 얼굴은 둥글다. 갑류는 거북처럼 등이 발달해 있다.

이 시리즈에서는 노무현 전 대통령, 안상영 전 부산시장, 김정일 전 국방위원장, 박세리 프로골퍼, 조수미 소프라노, 이건희 삼성그룹 회장 등 다양한 인물을 다루었다.

〈형상의학으로 보는 의학〉을 연재하게 된 건 노무현 전 대통령 때문이었다.

하루는 부산 사상구 주례동에서 '성진한의원'을 운영하던 강성호 원장(작고)과 이야기를 나누었다. 강성호는 당시 한의사들 사이에서 '공부를 많이, 열심히 하는 한의사'란 말을 들었고, 추나요법에 관한 한 한강 이남에서 최고의 실력자로 통했다.

이런저런 이야기를 나누던 중에 노무현이 서울 우리들병원의 이상호 원장한테서 디스크 수술을 받았다는 얘기가 나왔다. 강성호는 이렇게 단언했다.

"재발할 겁니다."

이유를 물었더니 이렇게 설명했다.

"노 대통령은 형상의학적으로 보았을 때, 전형적인 기과와 갑류라서 기본적으로 허리와 폐가 안 좋을 겁니다. 따라서 수술은 큰 의미가 없습니다. 평소 운동으로 허리 근육을 강화하고 일로써 무리를 하지 말아야 하는데 대통령이 그러기가 쉽겠습니까. 그러니 재발한다고 보는 것이지요."

그러고 나서 얼마 뒤, 노무현이 허리디스크가 도져 그 좋아하는 골프를 못 치게 됐다는 보도가 나왔다. 나는 형상의학에 흥미를 느꼈고, '형상학회'에 의뢰해 연재를 시작하게 된 것이었다.

다음은 당시에 소개된 '노무현 편'이다.

노무현 대통령은 형상의학적 측면에서 살폈을 때 기과(氣科)와 갑류(甲類)에 해당한다. 얼굴이 네모꼴, 각진형이므로 기과로 판단한다.

기과에 속하는 사람들은 마음씨가 고우면서도 고집이 세다. 명랑하지만 매우 예민한 면도 있어서 슬픈 장면을 보면 남들보다 더 많이 운다. 노 대통령은 눈물로 감성을 자극해 대통령선거에서 이겼고, 서해교전 현장을 방문했을 때도 눈물을 보였다. 또한 고집에 가까운 뚝심을 자주 보여주고 있다.

체질적으론 기(氣)가 승해서 항상 부지런히 일하고 끊임없이 노력한다. 그렇게 기를 순환시키고 소모해야 심신이 편안해진다. 쉬거나 한가해지면 오히려 병이 잘 생길 수 있다.

기가 울체되면 가슴이 답답하고 아픈 증상이 생기는데, 이 증상은 배·옆구리·허리 쪽 통증을 유발한다.

갑류는 살이 두껍고 등이 넓은 게 특징이다. 갑류에 해당하는 사람은 기억력이 좋고 영감이 뛰어나며, 거짓말을 잘 못 한다. 의리를 중시하지만 잘 따지고 드는 편이다. 노 대통령이 '동지' 운운하고, 토론을 즐기는 것은 이와 무관하지 않아 보인다.

갑류는 물을 잘 마시는 편인데, 기본적으로 폐가 좋지 않을 수 있는 형상이므로 찬물은 피하는 게 좋다. 피부는 흴수록 좋으므로 햇볕에 장시간 노출하는 것은 바람직하지 않다.

노 대통령의 형상적 흠은 이마에 깊게 팬 주름이다. 주름은 폐와 콩팥의 기능이 약화해 진액이 부족할 때 주로 생긴다. 따라서 노 대통령은 몸 전체의 부기나 대·소변 장애, 치질, 불면증 등으로 고생할 가능성이 있다.

노 대통령은 지난해에 허리디스크 수술을 받았는데, 폐와 콩팥의 진액을 보충해주는 약물로 보완을 해주면 보다 건강한 생활을 영위할 수 있을 것이다.

나는 부산일보 사회부장 시절에 노무현의 죽음을 맞았다. 당시 이명박 정권이 노무현을 심하게 압박하는 모습을 보면서 사회부원들에게 이런 말을 했었다.

"이런 식으로 하면 노무현은 스스로 목숨을 거둘 수도 있다."

이 우려가 현실이 되자, 사회부원들이 무슨 예지 능력이 있느냐며 놀라워했는데, 실은 형상의학적 관점에서 짐작을 해본 것이었다. 예컨대 노무현은 특유의 뚝심 때문에 강한 듯 보이지만 기실은 여린 사람이고, 주위 사람들을 지키려는 의협심이 강하며, 자존심이 매우 센 체질이라서 이 상황을 감내하기 힘들 것이라 여긴 것이었다.

나는 문상도 하고 취재도 할 겸 경남 김해 봉하마을로 향했는데, 고속도로 위에서 보니 전하동 임호산 위에 저녁 해가 한참 걸려 있었다. 크고, 둥글고, 시뻘건 해였다. 그런 해는 처음이었다.

한편 이른바 '진보진영'에서 "노무현 정권과 문재인 정권은 결이 다르다, 노무현 같았으면 안 그랬을 것이다"란 말이 나오고 있다. 문재인 정권 사람들을 두고 "진보를 참칭(僭稱, 분수에 넘치는 칭호를 스스로 이름)하는 위선자들이다"(김경율 전 참여연대 집행위원장)라는 말까지 하고 있다.

노무현의 생각이 궁금하다.

오세훈은 과연 생태탕 매운탕을 먹었나

2021년 '4·7 서울시장 보궐선거'가 열렸다. 선거는 끝났으나 '생태탕 매운탕'과 '페라가모 구두'의 여진이 남았다. 미각, 후각, 시각을 모두 자극했기 때문일까. 전모는 이러하다.

더불어민주당은 오세훈 국민의힘 후보(당선)의 부동산 관련 투기 및 특혜 의혹을 제기했다. 오세훈이 과거 서울시장 재직 때 처가가 소유한 개발제한구역 내 내곡동 땅을 보금자리택지지구로 지정, 거액의 '셀프 보상'을 받았다는 것이었다.

이 과정에서 오세훈의 처가가 개발정보를 사전에 알고 2005년 측량을 실시했으며, 오세훈이 이 측량 현장에 동행했다는 증언이 나왔다.

오세훈이 이를 부인하고 진실공방이 전개되자, 땅 부근 생태탕집에서 식사를 함께 했다는 사람과 그 생태탕집에서 오세훈을 봤다는 사람들이 등장했다. 겸상을 한 사람은 이 땅의 무단 경작자였고, 목격자는 생태탕집 주인과 아들이었다.

생태탕집 아들은 선거 직전인 4월 2일 TBS라디오 〈김어준의 뉴스공장〉에 출연해 당시의 상황을 구체적으로 설명했다.

"(오세훈의 의상은) 반듯하게 하얀 면바지에 신발이 캐주얼 로퍼, 상당히 멋진 구두였다. 페라가모 브랜드."

그는 '하얀 면바지', '페라가모 캐주얼 로퍼'를 기억했다.

아들은 이틀 뒤(4월 4일) 한겨레신문과도 인터뷰를 가졌다. 그는 이렇게 전했다.

"가게에 계단이 있고 소나무가 큰 게 있는데, 그때 키 크고 멀쩡한 분이 하얀 로퍼 신발을 신고 내려오는 장면이 생각나 '오세훈인가 보다' 했다."

이때는 구두 색깔에 대한 기억이 추가됐다.

아들은 다음 날(4월 5일) 중앙일보와도 통화를 했다. 그는 이렇게 증언했다.

"2005년엔 오 후보한테 관심도 없었고 선글라스를 착용하고 있어서 얼굴이 기억나진 않는다. 최초 의혹 기사가 보도되고 어머니 식당이 나와 어머니한테 전화하니 당시 백바지, 선글라스 차림의 사람이 오 후보라고 하더라. 그 말을 듣고 보니 당시에 나도 본 것 같더라."

그러면서 이렇게 덧붙였다.

"야당에서 당시 메뉴가 '지리'였는지 '매운탕'인지 묻던데, 매운탕이었다."

이날은 '지리가 아니라 매운탕'이란 기억이 더해졌다.

개인적으로는 언론이 전한 아들의 말에서 기시감(既視感, 처음인데 친숙한 느낌, 데자뷔)을 느꼈다. 뭐였더라? … 아, 기억났다. 《스키너의 심리상자 열기》라는 책에 비슷한 내용이 있었다.

이 책에는 기억심리학자인 미국 워싱턴대 엘리자베스 로프터스 교수의 '쇼핑몰에서 길을 잃다'란 실험 이야기가 나온다. 로프터스는 피실험자들에게 '어릴 적에 쇼핑몰에서 길을 잃은 적이 있다'는 암시(이 말은 매우 중요하다)를 주었다. 그러자 피실험자 중 한 명인 청년 크리스는 그때의 상황을 '세세하게' 기억해냈다.

"제가 잠시 형제들과 함께 있다가 장난감 가게를 구경하러 들어간 것 같아요. 음… 그리고 길을 잃었어요. 전 주변을 두리번거리며 큰일이 났다고 생각했죠. 다시는 가족을 보지 못할 것 같았어요. 정말 무서웠죠. 그때 파란색 옷을 입은 한 할아버지께서 제게 다가왔어요. 꽤 나이가 드신 분이셨죠. 머리는 벗겨지셨고요. 할아버지의 주변머리는 희끗희끗한 회색이었어요. 안경을 쓰고 계셨고요."

크리스의 이 기억은 사실일까? 아니다, 거짓이었다! 크리스는 쇼핑몰에서 길을 잃은 적이 없었다. '암시'를 받고 기억을 '제작'해낸 것이었다. 물론 여기서의 '제작'은 의도적인 '거짓말'과는 다른 개념이다.

요컨대 나는 생태탕집 아들이 생태탕 매운탕과 하얀색 페라가모 로퍼를 언급한 데 이어, "어머니한테 전화하니 (…) 오 후보라고 하더라. 그 말을 듣고 보니 당시에 나도 본 것 같더라"라고 하는 장면을 보면서, 이게 크리스의 사례를 닮은 듯하다는 생각을 한 것이었다.

더불어 개인적인 경험도 하나 생각났다. 나는 기억력이 대단히 좋았다. 오래전의 특정 장면과 특정 대사 같은 것들을 정밀하게 복기해내 주위를 놀라게 하곤 했다. (그래, 과거에 그랬다.)

여하튼 그런 내가 스스로에게 놀란 적이 있다. 정반대의 기억을 갖고 있었던 것이다. 리영희 전 한양대 교수(작고)와 냉면에 관한 것이다.

리영희는 오래전 한 칼럼에서, 냉면집에서 무슨 냉면 드릴까요 물으면 냉면에 ○○냉면 말고 무슨 냉면이 있느냐, 라며 역정을 낸다고 한 적이 있다. 고향에 대한 애정과 자부심을 드러내는 말이었다.

그런데 나는 이 칼럼에 나온 지명과 냉면을 함경도와 함흥냉면(비빔냉면)으로 기억하고 있었다. 그러다 하루는 왠지 미심쩍어서 자료를 찾아보았더니 평북 삭주와 평양냉면(물냉면)이었다. 허, 참.

그 뒤로 나는 기억 앞에 겸손해야겠다는 생각을 하게 되었다.

다시 생태탕 이야기로 돌아가보자. 생태탕집 아들의 말은 참말일 수도 있고 거짓말일 수도 있고, 그의 기억은 맞을 수도 있고 아닐 수도 있을 것이다. 오세훈의 대답과 기억도 마찬가지.

다만 바라는 건, 두 사람이 의도적으로 거짓말을 한 건 아니었으면 하는 것이다. 그리고 새삼 다짐하건대, 기억 앞에 겸손해지자.

이정옥 여가부 장관과 '헛소리'

한번은 경남의 한 지방자치단체 부시장이 망측하고 해괴할뿐더러 요사스럽기까지 한 말을 주워섬기기에, 〈헛소리에 대한 단상〉이란 제목으로 칼럼을 쓴 적이 있다. 일부분을 소개한다.

'bullshit(불싯)'은 영어단어입니다. '헛소리(혹은 개소리)'로 해석되지요. 국어사전에서는 헛소리를 1. 실속이 없고 미덥지 아니한 말 2. 잠결이나 술김에 하는 말 3. 앓는 사람이 정신을 잃고 중얼거리는 말로 정의하고 있습니다. 고든 페니쿡은 캐나다의 한 대학 박사과정 연구원입니다. 그는 지난 11월에 '뉴 에이지 헛소리 생성기(New Age Bullshit Generator)'란 사이트를 활용한 재미있는 논문을 발표했습니다. 제목은 〈심오한 듯 보이는 헛소리(pseudo-profound bullshit)에 대한 식별능력과 수용현상에 관하여〉입니다. 논문의 요점은 사물을 분별해서 인지하는 능력, 즉 인지능력이나 지적능력이 부족한 사람일수록 '헛소리 문장'을 대단하게 받아들이거나 쉽게 분간하지 못한다는 것입니다.

페니쿡은 이런 사람일수록 광신도적 성향이 강하고, 자기반성의 능력이 약하며, 음모론을 신봉하는 경향이 있다고 보았습니다.

그러면서 '헛소리 생성기'로 만든 '심오한 듯 보이지만 헛소리에 불과한' 사례를 몇 개 들었는데, 그중에 이런 게 있습니다. "숨겨진 의미는 비할 데 없는 추상적 아름다움을 변형시킨다(Hidden meaning transforms unparalleled abstract beauty)."

이 칼럼을 소개하는 이유는 이정옥 전 여성가족부 장관이 장관 재직 시절에 보여준 '심오한 듯 보이는 헛소리' 때문이다.

현장을 환기해 보자. 2020년 11월 5일 열린 국회 예산결산특별위원회 종합정책질의에서다.

▶윤주경 국민의힘 의원=(4·7 서울·부산시장 보궐선거는) 공직사회의 폐쇄적 문화 속에서 최고 지위의 남성이 가장 약한 처지의 여성 직원을 성폭력한 사건으로 인해 치러지는 선거다. 이 838억 원이나 드는 선거가 피해자나 여성에겐 어떤 영향을 미칠지 생각해본 것이 있느냐.

▶이정옥=이렇게 국가에 굉장히 큰 새로운 예산이 소요되는 사건을 통해서 국민 전체가 성인지성(성인지 감수성의 잘못)에 대한 집단학습

을 할 수 있는 기회가 역으로 된다고 생각한다.

▶윤주경=(정말) 전 국민 학습비라고 생각하느냐?

▶이정옥=꼭 그렇게 생각하지는 않지만 어떠한 상황에서도 저희가 국
가를 위해서 긍정적인 요소를 찾아내려고 노력해야 한다고 생각한다.

고백하건대 나는 이정옥의 말을 들었을 때, 평소에도 그를 신
통찮게 여겨오던 터라서, 그냥 "숨겨진 의미는 비할 데 없는 추
상적 아름다움을 변형시킨다" 같은 '헛소리'를 한 것쯤으로 치부
하고 넘어갔다.

그런데 '오거돈 성추행 사건'의 피해자가 관련 영상을 본 뒤 먹
은 걸 토해냈다고 하고, 인터넷 포털사이트의 클린봇(악성 댓글
을 자동으로 걸러내는 인공지능)이 보기 드물게 욕설 댓글들을 허겁
지겁 삭제해 나가는 모습을 보면서, 아차 내가 안이했구나, 하는
생각을 하게 됐다. 나는 강하게 분노했어야 했다.

나는 그러면서 이정옥이 사퇴하는 것은 물론 자진해서 이른바
'참교육'을 받았으면 좋겠다는 생각도 했다.

따지자면 '이정옥 사태'의 발단은 '4·7 서울·부산시장 보궐선
거' 공천을 위한 더불어민주당의 당헌·당규 개정인데, 이를 두고
민주당 쪽에서 민망한 말들이 난무했다.

이 말들은 '헛소리'보다는 '궤변(詭辯)'에 가까워 보였다. '궤변'
을 국어사전에서는 "상대편의 사고를 혼란시키고 거짓을 참인

것처럼 꾸며대는 논법"이라 설명하고 있다. 당헌 개정의 정당성을 주장하는 궤변을 일별해보자. 직책은 당시의 것이다. 이낙연 당 대표의 말이다.

"후보 공천을 통해 시민의 심판을 받는 것이 책임 있는 공당의 도리다. 후보를 내지 않는 것은 유권자의 선택권을 지나치게 제약할 수도 있다."

하지만 문재인 대통령은 당 대표 시절에 귀책사유가 당에 있는 경우 재보궐선거에 후보자를 내지 않는다는 내용의 당헌을 만들었다. 이낙연의 말이 맞는다면 문 대통령은 당시 무책임한 결정을 한 것이 된다.

신영대 대변인은 이런 말을 했다.

"국민의힘의 전신인 새누리당은 헌정 사상 최초의 탄핵을 야기하고도 조기 대선에서 뻔뻔하게 자유한국당으로 당명을 바꿔 대통령 후보를 공천했다."

장경태 의원도 가세했다.

"(국민의힘이) 오세훈 시장이 사퇴하거나 박근혜 대통령이 탄핵돼서 발생한 선거비용은 사과조차 않는다. 본인들을 거울에 비춰봤으면 좋겠다."

그런데 국민의힘은 자유한국당 시절이나 지금이나 국민들에게 '귀책사유 시 무공천' 약속을 한 적이 없다. 아예 비교 대상 자체가 아니니, 신영대와 장경태의 이 말을 어떻게 받아들여야 하나.

앞으로는 글을 쓰면서 오늘 언급한 사례들을 다시 인용하는 일이 없었으면 하는 바람이 있다. 부디 껍데기도 가고, 가짜도 가고, 헛소리도 가고, 궤변도 가라.

국군통수권자가 '소시오패스'라면?

　국민의힘 대선 예비후보였던 원희룡 전 제주지사의 아내이자 정신건강의학과 전문의인 강윤형 씨가 이재명 더불어민주당 대선 예비후보(전 경기지사, 현 대선 후보)를 두고 "소시오패스(sociopath) 경향을 보인다"고 말했다. 2021년 10월 20일 대구 매일신문 유튜브 방송에 출연해서다. 그 장면을 한번 보자.

　▶진행자=이재명 후보는 야누스, 지킬 앤 하이드가 공존하는 사람 같다.

　▶강윤형=지킬과 하이드, 야누스라기보다는 소시오패스나 안티소셜(anti-social) 경향을 보인다. '반사회적 인격장애(antisocial personality disorder)'라고 하는데 자신은 괴롭지 않고, 주변이 괴로운 것이어서 치료가 잘 안 된다.

강윤형의 말을 듣다 보니 부산일보 의료담당 기자 시절 생각이 났다.

나는 당시 양의와 한의의 현장을 다양하게 경험했다. 대학병원 중앙수술실 수술 현장에 입회하기도 했다. (사회부 시절에는 부검 현장에 입회하기도 했다.)

〈스크린 속의 의료〉〈형상으로 보는 의학〉이란 기획물을 선보였고, 〈이광우기자의 의료 현장에서〉란 칼럼을 집필했다. 〈스크린 속의 의료〉는 영화와 의료를 접목한 것이었다. 여기에서 '〈뷰티풀 마인드〉와 정신분열병(조현병)' '〈지구를 지켜라〉와 과대망상증' '〈이보다 더 좋을 순 없다〉와 강박증' '〈라스베가스를 떠나며〉와 알코올중독' '〈꽃잎〉과 외상후스트레스장애' '〈레인맨〉과 자폐증' 등을 다루었다. 정신질환을 소재로 한 영화가 의외로 많았다.

이런 영화들을 보고 있으면 마음이 안 좋아졌다. 정신질환이란 게 겉으로 드러나는 게 없으니 남들의 오해 속에 자신만 고통스러워하는 질환이란 생각이 들어서였다.

영화 〈웰컴 투 동막골〉을 볼 때도 그랬다. 영화를 보면 머리에 꽃을 꽂은 소녀가 나온다. 정신적으로 문제가 있어 보인다. 같은 마을 아이 동구가 아무렇지도 않게 말한다.

"이 마을에 미친년이 너 말고 또 있나?"

소녀는 어른들의 전투 중에 유탄을 맞고 죽는다. 소녀는 총알 맞은 가슴을 가리키며 이렇게 말한다.

"여기가 뜨거워… 마이 아파….".

이 소녀를 지켜보는 일은 고통스러웠다. 오래전 어느 마을에나 한 명쯤은 있었던 '미친년'과 그에게 돌을 던지며 놀려댔던 아이들 모습이 생각나서였다.

죄인도 아니면서 돌을 맞아야 했던 그들, 그들에게는 대체 무슨 일이 있었던 것일까? 원인을 알 수 없는 뇌의 질서 교란 때문이었을까, 아니면 외부의 충격 탓에 정신의 기둥이 무너져버린 탓이었을까? 〈꽃잎〉과 '외상후스트레스장애' 편을 보니 이 물음에 대한 답이 보이는 듯하기도 하다. 기사 내용을 일부 소개한다.

김추자의 춤과 노래 흉내 내기를 좋아했던 소녀가 있다. 영화 〈꽃잎〉에 이 소녀가 나온다. 소녀는 간헐적으로 눈을 까뒤집으며 발작을 한다. 군사정권 시절에 소녀의 오빠는 강제징집 당한 뒤 의문사했다. 울부짖던 엄마는 5월 어느 날 버스를 타고 광주로 향했다. '전두환 규탄 시위'에 나섰던 엄마는 계엄군의 총탄에 쓰러졌고, 소녀는 자신을 꽉 잡은 엄마의 손을 발로 밟아 뿌리친 채 혼자 도망쳤다. 그 후 행동과 정신이 이상해졌다. 충격적인 사건을 겪은 뒤 문제적 행동을 보이는 정신질환, 즉 '외상후스트레스장애'다.

그런데 정신건강의학 분야의 말을 들어보면 정신질환은 딱 부러지는 이유가 없이 감기처럼 찾아오기도 하고, 기실은 환자 수가 엄청나게 많다. 특히 우울증의 경우 세계보건기구(WHO)가 당뇨병, 고혈압과 함께 세계 3대 만성질환으로 분류한 바 있다.

인류가 당면한 세계 10대 보건문제 중 절반을 우울증, 알코올 남용, 조울증, 정신분열병, 강박장애 같은 정신질환이 차지하고 있으며, 전 세계적으로 4명 중 1명꼴로 다양한 정신질환을 앓고 있다고도 한다.

이름이 알려진 사람 중에서도 정신질환을 겪는 사람들이 적지 않다. 국내에서는 방송인 이경규·정형돈 씨와 가수 김장훈 씨를 비롯한 여러 사람이, 해외에서는 영화배우 짐 캐리와 브룩 쉴즈, 영화감독 스티븐 스필버그, 화가 빈센트 반 고흐와 에드바르 뭉크, 과학자 아인슈타인, 종교인 마틴 루터 킹, 간호사 나이팅게일, 올림픽 수영 8관왕 마이클 펠프스, 작가 톨스토이, 정치가 윈스턴 처칠 같은 사람들이 다 정신질환을 겪었거나 겪고 있다.

이들한테서 정신분열병, 주의력결핍과잉행동장애(ADHD), 조울증, 우울증, 공황장애(불안장애) 같은 병명들이 보인다.

요컨대 정신질환은 누구나 겪을 수 있는 것이므로, 한 사회가 진지하고 따뜻한 태도로 환자와 질환을 대할 필요가 있어 보인다.

하지만 중요한 공인을 두고 이야기한다면 논의의 내용이 달라질 수도 있을 것이다. 예를 들어 정신적 문제가 있는 사람이 행정 수반이자 군통수권자인 대통령이 된다는 건 심각한 문제일 수 있다. 그가 권한을 잘못 사용하면 온 국민이 위험에 처할 수 있기 때문이다.

따라서 대통령을 비롯한 고위공무원들에 한해서는 정신건강 여부를 공적으로 살펴볼 필요가 있어 보인다. 기실 전과 조회와 부동산 검증보다 정신건강을 점검하는 일이 어떤 면에서는 훨씬 더 중요한 일이 아니겠는가.

개인적으로는 대통령 후보쯤 되는 사람들이라면 그들이 소시오패스인지 아닌지, 분노조절장애가 있는지 아닌지 하는 것들을 의학적으로 정밀하게 점검하고, 그 결과를 국민의 판단 근거로 제시했으면 한다. 아닌 게 아니라, 정책 걱정 안 하고 편안한 마음으로 생업에 종사하고 싶어서 그러는 것이다.

참고로 웨스턴오스트레일리아주(Western Australia, 서호주)의 제프 갤럽 전 총리는 우울증을 앓았는데, 제대로 치료를 받아야겠다면서 스스로 사임을 한 바 있다. 한창 성공 가도를 달리던 중이어서 용기 있는 행동이란 칭송이 쏟아졌었다.

의료계에서는 아예 격찬을 했다. 시드니의대 이안 학기스 교수는 이렇게 논평하기도 했다.

"호주인 6명 중 1명이 우울증에 시달리고 있지만 대체로 쉬쉬하며 숨기고 있다. 갤럽의 결단은 우울증 환자들에게 희망의 메시지를 전달했다."

나라와 국민을 위하는 정치인이라면 이런 행위도 옳은 역할 가운데 하나일 수 있지 않을까 싶은 것이다.

'역사왜곡단죄법'을 단죄하라

    책장에 꽂혀 있던 《권력과 필화》를 끄집어냈다. '인권변호사' 출신으로서 김대중 정부 시절에 감사원장을 지낸 한승헌 씨가 쓴 책이다. '권력의 횡포에 맞선 17건의 필화 사건'이란 부제가 보인다.

    이 책에는 1965년에 발생한 '소설 〈분지(糞地)〉 사건'이 나온다.

    소설가 남정현은 정부의 부패와 미국의 패권주의에 의해 상처 받은 한 가족의 이야기를 소설로 풀어냈고, 검찰은 '반공법 위반'이란 죄목을 걸어 그를 기소한 터였다.

    법정에서는 변호인 측 증인으로 나선 이어령 교수와 검사가 이런 공방을 주고받았다.

▶검사 : 나는 이 소설을 읽고 놀랐는데, 증인은 용공적이라고 보지 않았는가?

▶증인 : 나는 놀라지 않았다. 병풍 속의 호랑이를 진짜 호랑이로 아는 사람은 놀라겠지만, 그것을 그림으로 아는 사람은 놀라지 않는다. 〈분지〉는 신문기사가 아니다.

▶검사 : 증인은 반공의식이 약해서 이처럼 증언하는 것이 아닌가?

▶증인 : 나의 저술과 나를 비평하는 글들이 그 점에 대한 증거가 되리라고 믿는다.

검사가 완패했다는 분석이 있었고, 법원은 '형의 선고유예' 판결을 내렸다. 반공법이 서슬 퍼렇게 언론의 자유와 사상의 자유를 옥죄던 시절이었던지라, '반공법 사건에서 선고유예는 곧 무죄'란 평이 많았다고 한다.

이 일을 떠올린 이유는 2021년 11월 28일 이재명 더불어민주당 대선 후보가 광주를 방문한 자리에서 이런 말을 했기 때문이다.

"광주 5·18 민주화운동을 비롯해서 국권회복을 위해 치열하게 싸웠던 독립운동, 이런 당연히 인정해야 되고 존중돼야 할 역사적 사건들을 왜곡·조작·부인하는 행위를 처벌하는 역사왜곡에 대한 단죄법을 반드시 만들어야겠다."

기존의 '5·18 역사왜곡죄(5·18 민주화운동에 관한 특별법 8조)'만으로는 부족하니, 역사왜곡에 대한 대상과 범위를 한층 넓게 적용해서 엄벌해야 한다는 취지였다.

이런 발상이 생소한 건 아니었다. 이미 2021년 5월 13일 김용민 더불어민주당 의원이 일명 '역사왜곡방지법안'을 발의한 터였다. 그는 이렇게 주장했다.

"공연히 3·1운동, 4·19민주화운동, 일본제국주의의 우리나라에 대한 폭력적·자의적 지배에 관련된 역사적 사실, 이에 저항한 독립운동에 관한 사실을 왜곡하거나 이에 동조하는 행위를 금지하고 해당 행위자에 대해서는 최대 5배까지 손해배상 책임과 함께 형사처벌하자."

그러자 역사학계가 지난 6월 9일 '역사의 사법화 현상을 우려한다 — 역사왜곡방지법안 발의에 부쳐'라는 제목의 성명서를 발표했다. 보수 중도 진보를 가릴 것 없이 총 21개의 역사학회와 역사 연구자 단체가 한목소리를 냈다.

반대 이유는 크게 △반공독재체제 시절 학문과 사상의 자유를 탄압했던 국가보안법의 독소조항(찬양 고무죄)과 유사한 조항이 있고 △일제 강점기의 역사 또한 끊임없이 재해석되는 논쟁의 영역으로서 특정 역사연구자가 유력한 의견을 제시할 수는 있지만 심판관의 역할을 하는 것은 부당하다는 것이었다.

이들은 또 "정치적 갈등과 논란을 야기하는 모든 역사적 사건들을 법으로 심판하고 단죄하려 한다면, 역사 연구와 역사교육이 정쟁에 휩싸이면서 자기 검열을 해야 하는 상황에 몰려 위축되고, 역사적 사실에 대한 시민들의 다양한 접근과 논의를 막는 부작용을 낳게 될 것이다"라고 우려했다.

나는 평소 '자유민주주의'의 시작이자 끝을 언론/표현의 자유와 사상의 자유라 믿어왔으므로, 이 성명서의 내용에 전폭적인 지지를 보내지 않을 수 없었다.

돌아보면 이와 관련된 칼럼을 여러 차례 써 왔다.

연세대 국문과 교수였던 마광수가 소설 〈즐거운 사라〉로, 소설가 장정일이 〈내게 거짓말을 해봐〉로 구속됐을 때, '헌법 정신'을 거론하며 법적 처벌의 부당성을 지적했다. 또 "검찰이 문학평론을 해서는 안 된다"는 말도 했다.

영화감독 장선우가 영화 〈너에게 나를 보낸다〉와 〈거짓말〉을 두고 '포르노'란 공격을 받았을 때도 그의 편에 서서 발언을 했다. 장선우가 "우리처럼 억압과 고통이 많은 사회가 어디 있나. 사회 내부는 굉장히 복잡한데, 사회를 주도하는 이데올로기는 굉장히 단순하고 독선적이다. 너무 억압적이어서 화가 난다"라고 한 말도 적극적으로 전파했다.

내가 이런 자세를 취한 이유는 기본적으로 타인의 생각을 재단할 권리는 그 누구에게도 없다고 믿기 때문이었다. 나아가 그걸 허용하는 순간, 틀림없이 '귀에 걸면 귀걸이, 코에 걸면 코걸이'

식의 말도 안 되는 독재가 시작된다고 여기기 때문이었다.

사정이 이러하므로 나로서는 '역사왜곡 단죄법' 운운하는 사람들은 물론 모든 '깨어 있는 시민들'에게 이런 구호를 들려드리지 않을 수 없다. 미국의 '수정헌법 1조'를 원용한 것이다.

"금지를 금지하고, 처벌을 처벌하라."

사족이 되겠지만 나는 〈권력과 필화〉와 수정헌법 1조*를 언급할 일이 더 이상은 없을 것이라 여겼다. 아닌 게 아니라, '소설 〈분지(糞地)〉 사건'이 일어난 건 56년 전인 1965년이고, 수정헌법 1조가 비준된 건 230년 전인 1791년인데, 아직도 이런 소재로 칼럼을 쓰고 있으니 스스로가 한심하고 참 안 됐다는 생각이 든다.

---

*수정헌법 1조 :의회는 종교를 만들거나 자유로운 신앙 활동을 금지하거나, 발언의 자유를 저해하거나, 출판의 자유, 평화로운 집회의 권리, 그리고 정부에 탄원할 수 있는 권리를 제한하는 어떠한 법률도 만들 수 없다(Amendment I=Congress shall make no law respecting an establishment of religion, or prohibiting the free exercise thereof; or abridging the freedom of speech, or of the press; or the right of the people peaceably to assemble, and to petition the Government for a redress of grievances).

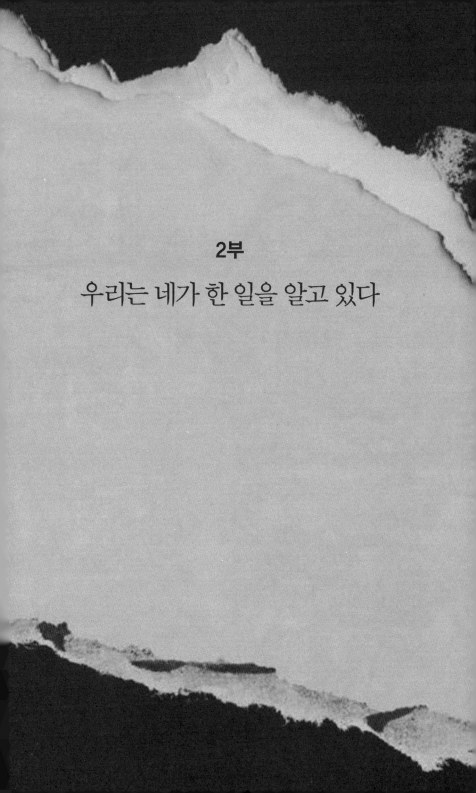

2부

우리는 네가 한 일을 알고 있다

그날, 만경봉호에서 일어난 일

북한에 얽힌 이야기이다.

2002년 9월 28일, 부산 사하구 다대포항에 북한 크루즈선인 만경봉 92호가 들어와 머물렀다. 길이 126m, 높이 20m에 8층 형태였다.

부산아시안게임(2002년 9월 29일~10월 14일)에 참가한 북측 응원단 355명이 이 배에 타고 있었다. 배 안에는 레스토랑, 영화관, 오락실, 노래방, 목욕탕 등 각종 편의시설이 완비돼 있다고 했다.

배 안에 들어가볼 기회가 있었다. 기사 공동취재단의 일원으로서였다.

북측 응원단 리명원 단장은 안상영 부산시장, 이영 부산시의회 의장, 설동근 부산시교육감, 김상훈 범시민협의회 공동대표(부산일보 사장) 등 6명을 그해 10월 7일 오후 7시 배 안으로 초청해 만찬을 가졌다.

남측 기자단은 김정일 당시 국방위원장이 머물렀다는 6층의 한 특급객실에서 취주악단 지휘자를 포함한 응원단원 4명과 인터뷰를 했다. 취주악단 지휘자 정명순 씨는 목이 쉬어 있었지만 "청년이니까, 힘든 줄 모른다"고 말했다. 씩씩해 보였지만 얼굴은 굳어 있었다.

나머지 단원들도 경직돼 있었다. 때로는 예민한 고양이처럼 앙칼진 반응을 보이기도 했다. 그래야 한다고 여기는 듯했다.그때 내가 쓴 기사를 보니 이렇게 돼 있다.

"이들은 아침에는 신의주에서 생산되는 '봄향기'란 화장품으로 화장을 하고, 밤에는 북측에서 제작한 영화를 보거나 학습을 한다고 말했다. 아파트 불빛을 보면 고향의 가족이 생각나고 또 저토록 열렬히 환영해주는 남측 주민들의 손을 잡고 실컷 이야기를 해보고 싶다고 말했다."

하지만 실제 분위기는 애매모호했다. 단원들은 정해진 틀을 안 벗어나려 애썼다. 목소리의 오르내림이 동일했으며, 왠지 위축돼 보였다. 감시의 눈길도 느껴졌다.

남측이 제공한 생필품 중에서 무엇이 가장 마음에 드느냐고 물었더니 대답을 하지 않았다. 사실 우리는 알고 있었다. 남측에서 생필품을 전달하는 사람들로부터 이미 반응을 알아보았기 때문이다. 생리대였다. 생리대를 한 번 써본 뒤로는 생리대만 보면 눈에 띄게 반색을 한다고 했었다. 이 말은 신문에 쓰지 않았다.

인터뷰가 끝난 뒤 안상영 등은 6층 연회실에서, 기자들은 4층 연회장에서 북측 사람들과 각각 만찬을 했다. 냉요리, 온요리가 세트로 나왔다. 그리고 술이 나왔는데 장뇌삼술, 평양소주, 룡성맥주 등이었다.

6층에서 폭탄주가 돌고 있다는 말이 들려왔다. 누군가가 우리도 폭탄주를 하자고 제의했다. 남북이 교대로 장뇌삼술과 맥주를 섞어서 폭탄주를 제조했다. 북측은 '민족화합주'라 부르자고 했다. 남북 모두 남성들이었다. 북측 남성들은 여성 응원단원들과 달리 거리낌이 없었다. 나름대로 정치적 지위가 있는 모양이었다.

그런데 사달이 났다. 북측 사람이 기록 업무를 담당하는 부산시 직원에게 폭탄주를 강권했다. 직원은 업무 중이라 술을 마실수 없다며 고사했다. 그러자 북측 사람 하나가 화를 내면서 "쌍, 하면 다 같이 하는 거지!" 하더니 벌떡 일어나 나가버렸다.

'민족화해협의회' 사람이었다. 그가 실세였던 듯 다른 북측 사람들은 풀이 죽어버렸다. 술자리도 자연스레 끝나버렸다. 나는 화가 났지만 이 얘기를 기사로 쓰지는 않았다. 그냥 폭탄주를 마셨다는 얘기만 쓰고 말았다. '민족의 화합'을 위해서였다. 기사를 본 사람들은 분위기가 좋았다고 여겼을 것이다.

다음은 내가 만경봉호 내부를 묘사한 당시 기사다.

만경봉 92호 6층에는 김정일 국방위원장이 머물렀다는 객실을 포함해 6개의 특급객실이 배치돼 있다. 일반객실은 31개. 응원단은 일반객실에 머물고 있다. 특급은 2인용, 일반은 4~6인용이다. 층마다 세탁기가 마련돼 있다. 조총련 승객들은 서비스를 받지만 응원단은 직접 빨래를 한다고 한다. 목욕시설은 특급과 1등실에는 딸려 있지만 일반실에는 없다.

4층에 마련된 매대(매점)에는 기념품과 간식거리 등이 진열돼 있다. 기념품으로는 경옥고, 십전대보환, 생맥꿀, 오미자 등 한방 제품이 주종을 이루고, 일제 쿠키와 초코칩 등 과자류도 진열돼 있다. 럭키스트라이크 등 외국 담배들도 눈에 띈다.

같은 층의 커피점에서는 일제 산토리 양주, 아사히 맥주, 주스 등을 팔고 있으며 가격은 300~2500엔 수준이다. 모두 엔화로 표시돼 있어서 조총련 사람들용이란 사실을 짐작케 한다. 다방 한쪽에는 '영상반주기'로 불리는 노래방 기기가 설치돼 있다.

식당 겸 연회장은 100여 명을 수용할 수 있을 정도로 크고, 의례원(종업원) 25명이 봉사를 하고 있다. 4~5층으로 통하는 계단 중간에는 코카콜라 자판기가 선명한 로고를 단 채 서 있다.

안상영과 오거돈의 사주팔자

앞날이 궁금한가요?

사람들은 대체로 자신의 가까운 미래와 먼 미래 모두를 궁금해한다. 중요한 일을 앞둔 사람, 다급한 일에 직면한 사람들은 더더욱 그럴 것이다.

작고한 안상영 전 부산시장과 김맹곤 전 김해시장 그리고 비정규직 여성 공무원 성추행 혐의로 교도소에 들어가 있는 오거돈 전 부산시장의 경우는 어땠을까.

안상영은 2004년 2월 4일 새벽 1시 부산구치소에서 목을 매 숨졌다. 그는 몇 달 전부터 'A기업 P회장으로부터 1억 원을 받고 각종 편의를 제공한 혐의'로 구속돼 있었다. 그러던 중 'B회사 대표 L씨로부터 3억 원을 받았다'는 내용이 추가로 공개됐다.

안상영은 B회사 건으로 조사를 받기 위해 부산구치소에서 서울구치소로 이감됐다. 그러나 서울지검은 아무런 조사도 하지 않았다. 모멸감을 주고 정신적 압박을 가하려는 의도로 보였다.

안상영은 하릴없이 2월 3일 다시 부산구치소로 이송됐다. 그리고 4일 새벽 스스로 목숨을 거뒀다.

이후 가족이 유서를 공개했다. 유서를 보면 무척 억울해했고, 모멸감 탓에 심하게 몸을 떨었으며, 건강 상태가 매우 좋지 않았다.

그런데 다소 특이한 이야기들도 나왔다. 안상영의 유품에서 박청화란 인물이 보아준 '사주 간명지(四主看命紙. 사주풀이)'가 나왔고, 유서에는 "박청화 원장에게 감사한다"는 내용이 들어 있는 것이었다. 어떻게 된 일일까?

안상영은 당시 측근들을 역술인 대여섯 명에게 보내 자신의 운명을 감정해 오라고 주문했다. 그때 박청화를 찾아갔던 한 측근은 내게 이렇게 전했다.

"박 원장만이 유일하게 돌파구가 생길 것이라고 했다. 그러면서 참고 견디라고 조언했었다."

이와 관련된 부분은 조용헌 강호동양학연구소 소장이 그해 6월 1일자 신동아에 실은 '박청화 청화학술원 원장 인터뷰'에 자세한 내용이 나와 있다. 두 사람은 이렇게 묻고 답하고 있다.

"안 시장의 사주가 어땠는가?"

"2004년 8월까지는 옥중을 벗어나기 어렵고 8월이 지나야만 돌파구가 생기는 운이었다. '맹호함지 팔월출문(猛虎陷地 八月出門)', 즉 '맹호가 함정에 빠졌으니 팔월이 되어야 문을 나선다'는 의미다. 그때까지 참고 인내해야 한다고 조언한 적이 있다. 결과적으로 그렇게 되지 못해 참 유감스럽다.

보통사람의 사주는 식신(食神)이 입고(入庫)하면 함정에 빠지지만 대인의 사주는 편재(偏財)가 입고(入庫)하면 함정에 빠진다. 식신은 먹을 것을 의미하고, 편재는 큰 재물 또는 활동공간을 의미한다.

보통사람은 밥 먹는 것만 보장되면 살지만, 큰 인물은 큰 재물이 있어야 사회적인 활동을 할 수 있다. 범인에겐 밥이 중요하고, 대인에겐 사회적 활동이 중요하다. 그래서 이것이 막히면 끝나는 것이다. 입고란 창고에 들어가서 갇힌다는 뜻이다.

박정희 대통령이 서거한 해가 1979년으로 기미(己未)년이다. 박 대통령 사주는 경(庚) 일주인데, 경은 금(金)에 속한다. 금은 목을 극한다. 따라서 목이 재물이 된다. 목이 입고하는 해가 바로 미(未)년이다.

안 시장도 경 일주였다. 편재가 입고하는 해가 2003년 계미(癸未)년이었다. 결과를 놓고 보니까 2003년을 못 넘긴 것이다.

운이 좋지 않을 때는 그저 묵묵히 견뎌야 한다. 그러려면 희망을 가져야 한다. 이 고비만 지나면 반드시 희망이 있다는 확신을 가질 때 인간은 참혹한 현실을 견뎌내는 용기를 가질 수 있다. 운명의 이치는 밤이

가면 낮이 오고, 낮이 가면 반드시 밤이 온다는 것이다."

여기에서 '입고'는 기운이 갇히는 작용을 의미하고, '편재'는 커다란 활동무대를 상징한다. 역학에서는 '큰 그릇'의 경우 '편재가 입고'하면, 즉 활동무대가 사라지면 극심한 침체 상황을 겪게 된다고 본다.

박청화의 말을 들어보면, 박정희와 안상영의 사주팔자는 유사한 패턴을 갖고 있었다. 편재가 입고했을 때 두 사람 다 '대흉(大凶)'을 만났다.

그건 그렇고, 유서를 보면 안상영은 묵묵히 견뎌보려 무진 애를 썼다. 하지만 잘되지 않았으니, 그것도 운명이었던 것인가.

김맹곤은 운이 좋은 사람이었다. 그가 2010년 민주당 후보로 김해시장에 당선되었을 때는, 한나라당(현 국민의힘) 표가 극심한 내홍 속에 둘로 갈려버렸다. 만약 당대당 일대일 구도였다면 김맹곤의 당선은 꿈도 꾸기 힘든 상황이었다.

득표수가 그걸 여실히 증명하고 있다. 김맹곤은 34.13%, 박정수는 29.55%(한나라당, 2위), 김종간은 29.38%(무소속, 3위)였다. 김맹곤으로서는 어부지리에 가까웠다.

내가 김맹곤과 점심을 하게 됐을 때, 그때 일을 물었더니 그는 이렇게 말했다.

"한나라당과 민주당은 표차가 많이 났지요. 사람들은 해보나 마나 한 선거라고 했지만, 나는 무조건 내가 될 줄 알았어요. 네 군데서 점을 봤는데, 네 군데서 다 내가 무조건 된다고 하더라고…."

김맹곤의 좋은 운은 한동안 계속됐다. 그는 4년 뒤의 시장선거 때 새누리당(현 국민의힘) 김정권 전 국회의원과 맞붙었는데 48.5% 의 득표율로 당선됐다. 김정권은 48.4%였다. 237표, 0.1%포인트 차였다.

하지만 운이 계속 좋았던 건 아니다. 재선에 성공하긴 했으나 이내 공직선거법 위반 혐의로 실형을 선고받았고, 폐암으로 투병하다 70대 초반의 이른 나이에 숨졌다.

오거돈도 기이하다면 기이한 경우였다. 2003년 초, 그러니까 안상영이 부산시장, 오거돈이 행정부시장이었던 시절 얘기다.

하루는 오거돈과 식사를 같이 했는데, 오거돈이 비슷한 나이의 여주인과 뭐라 뭐라 하더니 빈방에 가서 한참을 머물다 나왔다.

다음 날 나는 그 식당에 다시 들렀다가 여주인으로부터 뜻밖의 말을 듣게 되었다.

"어제 오거돈 씨가 자리를 오래 비워서 의아했지요? 실은 제가 사주를 좀 볼 줄 압니다. 오거돈 씨가 가까운 장래의 사주가 궁금하다고 해서 자세하게 봐드렸지요."

당시 안상영은 오거돈을 탐탁지 않게 여겼다. 그해 8월 부산항만공사(BPA)가 출범하면 초대사장으로 좌천성 발령을 낼 것이란 설이 유력했다.

오거돈은 심기가 불편한 상태였다. 내가 오거돈에게 BPA 사장으로 갈 거란 소문을 전했더니, 사이가 좋지 않은 다른 고위공무원을 거론하면서 "그놈이 그런 소릴 하던 모양이지?"라며 역정을 낼 정도였다.

하여간 나와 여주인은 이런 대화를 나눴다.

"사주가 어떻던가요?"

"그냥 그대로 쭉 갈 겁니다. 시장도 하고, 장관도 할 겁니다. 그 뒤에는 모르겠어요… 아, 손님 오셨네."

"BPA 초대사장으로 내정돼 있어서 다들 공직 생활은 끝났다 여기는데요?"

"아닙니다. 쭉 그대로 갈 겁니다."

여주인은 워낙 단호하게 대답을 해서 의아할 지경이었다.

그러더니 얼마 뒤 반전이 일어났다. 안상영이 구속된 데 이어 유명을 달리하는 일이 발생한 것이었다. 오거돈은 뜻하지 않게 부산시장 권한대행을 맡았고, BPA 행은 없었던 일이 돼버렸다.

오거돈은 그 후 부산시장 선거에서 낙마하긴 했으나 이내 해양수산부 장관으로 갔고, 국립대와 사립대에서 총장을 지내기도 했다. 그러다 마침내 정식 부산시장이 됐다. 그러나 지금은 날개

없이 추락한 끝에 말년을 교도소에서 회개하며 보내야 하는 처지가 됐다.

　이쯤에서 문득 드는 생각이 있으니, 사주를 보았을 때 '항룡유회(亢龍有悔)*'란 말을 들은 적은 없었던가, 하는 것이다. 미상불 세 사람은 너무 오래 권세와 부를 누렸던 듯하다.

*항룡유회 : 서대원의 《주역강의》에 따르면 "시간이 지나 때를 넘긴 늙은 용에게는 후회할 일이 생긴다"는 뜻이다. 즉 사람은 물러날 때를 잘 알아야 한다는 이야기이다.

시민단체 유감 ①
'윤미향 사태'와 '단체 이름 품앗이' 관행

시민단체들이 시민들의 마음을 불편하게 만들고 있다. '조국 사태' 때 참여연대는 조국 전 법무부장관 편을 들었다가 '불편부당의 문제'로 입길에 올랐다. 그러더니 '윤미향 사태'에 직면해서는 정의기억연대가 '회계 문제'로 도마 위에 올랐다. 문재인 대통령까지 나서서 시민단체들의 회계 투명성 문제를 거론하는 지경에 이르렀다.

이 과정에서 성명서를 둘러싼 '단체 이름 품앗이' 행태가 불거졌고, 시민단체 출신들의 정관계 진출 문제가 수면 위로 부상했다.

만시지탄(晩時之歎)이라 여기면서도, 회계부정 문제와 함께, 단체 이름 품앗이와 시민단체 출신들의 정관계 진출이란 두 문제를 확실하게 정리하고 넘어가야 하리란 생각을 한다.

내게도 시민단체에 얽힌 언짢은 기억이 있다.

노무현 정권 시절인 2007년이었다. '진실화해를위한과거사정리위원회(진실화해위)'란 기구가 한시적으로 가동됐다. 위원장은 장관급이었는데, 노무현 대통령의 '정신적 대부'라던 송기인 신부가 그걸 맡았다.

진실화해위는 정수장학회 문제를 조사한 뒤 "국가권력에 의한 강탈이므로 국가가 배상하라"고 '권고'했다.

그런데 진실화해위의 이 발표가 나오자 보고 듣기 거북한 장면이 전개됐다.

미디어오늘 같은 자칭 '진보 매체'들은, 진실화해위의 권고란 게 말 그대로 권고일 뿐이어서 구속력이 없었는데도, 반드시 실행해야 하는 '판결'처럼 몰아갔다.

조사 과정은 짜맞추기식이었고, 일부 친정부 시민단체들은 '어용 토론회'를 개최하기도 했다. 부산의 시민단체 종사자 중에는 자신들이 부산일보에 대해 일정 지분을 요구해야 한다는 말을 한 경우도 있었다.

돌아가는 모양새가 하도 맹랑하고 한심해서, 나는 부산일보 노조와 부산일보기자회 공동명의의 성명 발표를 주도했다. 거기에는 이런 내용이 있었다.

"국가가 정수장학회를 환수하는 상황이 도래한다면 장학회를 공적 독립법인화하고, 이사진 구성권을 부산일보 구성원들에게 부여해야 한다."

그러면서 한국기자협회에서 발행하는《기자협회보》에 '왜상 유
감'이란 제목으로 특별기고를 했다. '부산일보 노조위원장·전 한
국기자협회 부회장' 자격이었다. 이후 특별기고를 본 한국PD연
합회가 관련 원고를 청탁해 와 여기에도 글을 보냈다.

그때《기자협회보》에 실은 글을 쟁점별로 간추려보면 이러하다.

— 정수장학회 이사장은 불쾌해했다. 진실위가 재단에 대해서는 형식
적으로 조사를 했다고 말했다. 진실위의 한 관계자도 이 같은 사실을
확인해주었다. 요컨대 짜맞추기식 조사였다는 말이다.

— 이른바 '진보' 매체들의 보도 양태도 크게 다를 바 없었다. 어떤 매체
는 진실위 발표의 권위를 과장해서 보도하기도 했다. '수구' 매체들을
답습하고 있었다.

— 모든 이들이 기본적으로 다음 몇 가지를 염두에 두었으면 한다. (…)
부산지역에는 '정수장학회 문제 해결을 위한 공동대책위원회(공대위)'
가 있다. 부산일보 노조와 기자회가 "국가가 정수장학회를 환수하는
상황이 도래한다면 장학회를 공적 독립법인화하고, 이사진 구성권을
부산일보 구성원들에게 부여해야 한다"는 요지의 성명서를 발표하자,
이 단체의 몇몇 인물들은 자신들도 재단 운영에 관여해야 한다는 뉘앙
스를 풍기고 있다. 부산일보가 거대 신문사가 된 것은 부산시민들 덕
이므로 부산시민들에게도 일정 지분이 있고, 공대위는 그 '부산시민'

들을 대표한다는 논리이다. 그것은 가당한 일이 아니다. 정수장학회를 명실상부하게 공적 독립법인화하자는 주장의 핵심은 편집권 독립과 공공성 확보인데, 시민사회단체가 언론사 운영에 개입한다면 어떻게 되겠는가?

– 이미 '제5부'라 불릴 정도로 권력화한 시민단체들은, 미안한 얘기지만, 국민들로부터 예전 같은 사랑을 받지 못하고 있다. 부산의 경우 시민단체 ㄱ은 사고지부로 지정됐고, ㄴ은 최근 이명박 후보 지지단체를 주도한 인사를 대표로 선출했고, ㄷ은 전 핵심 간부가 열린우리당 공천을 받아 국회의원선거에 나섰고, ㄹ은 아예 관에서 선호하는 인물이 대표를 맡고 있다. 사정이 이렇다면, 시민단체들끼리 지분 다툼을 벌일 가능성이 있고, 언론사를 탐내는 정치 세력이 배후에서 조종할 가능성도 있을 터이다.

– 토론을 환영한다.

그러자 공대위는 항의 전화를 걸어오기도 했고, 입장문을 발표하기도 했다. 입장문의 제목은 '음해에 대해 즉각 사과하라'였다. 맨 아래에는 37개 단체의 이름이 적혀 있었다.

나는 공대위를 이렇게 꾸짖었다.

"내 글을 오독(誤讀, 잘못 읽거나 틀리게 읽음)하고 있으며, 나의 명예를 훼손했다. 즉각 사과하라. 그리고 입장문에 나온 37개 단체 대표들을 모두 한자리에 모아라. 37명 전원과 공개토론을 해주겠다. 시간과 장소는 알아서 하라."

공대위 쪽에서는 한동안 답이 없었다. 언제 토론을 할 거냐고 채근했더니 "대표님들이 추이를 좀 더 지켜보자고 한다"는 답이 돌아왔다. 공대위는 토론을 회피했다. 무책임하고 한심한 일이었다.

하지만 한 가지만은 분명히 확인해두고 싶었다. 과연 37개 단체가 다 같은 입장인가 하는 점이었다. 그중에는 나와 가까운 시민단체들도 꽤 있었기 때문이다.

그래서 노조 간부에게 일일이 확인을 해보라고 했더니, 몇 군데 전화를 넣어보고는 이렇게 말했다.

"다들 입장문이 나간 사실조차 모른답니다. ㄱ은 자신들이 공대위에 소속돼 있는 줄도 모르고 있는데요."

나는 왜 십수 년 전의 일을 거론하고 있는 것인가.

'윤미향 사태'의 와중에 '시민사회단체연대회의'라는 곳은 정의연을 공개지지하면서 330여 회원단체의 총의를 모았다고 주장한 바 있다. 그런데 이게 사실이 아닌 것으로 드러났기 때문이다. 특히 월드비전과 생명나눔실천본부, 사랑의장기기증운동본부 등은 자신들은 회원이 아니며 성명서 발표 때 동의 요청을 받은 적도 없다고 확인해주었다.

새삼 시민단체에 대해서 드는 의문이 있으니, 십수 년 전의 그릇된 관행이 여전히 계속되고 있는 이유는 무엇인가? 이런 걸 관행이라 우긴다면, 그 자신감의 뿌리는 어디에 박혀 있는 것인가?

이야기를 하다 보니 특히 한 사람의 얼굴이 불쾌하게 어른거린다. 부산에는 '관변 어용'의 대명사인데도 무슨 거물처럼 대접을받는 시민단체 대표 A가 있다. 이 사람에 얽힌 일화다.

오래전 부산시에서 공청회를 열었다. 법적인 요식행위였다. A는이 자리에 토론자로 나와 부산시에 유리한 말만 횡설수설 내뱉고는 도중에 나가버렸다. 당시 부산시 행정부시장은 오거돈 씨였다. 오거돈에게 A를 토론자로 부른 이유를 물었더니 이런 답변이 돌아왔다.

"A는 우리한테 소중한 사람입니다. 돈이든 민원이든 자기가 원하는 걸 조금만 들어주면 우리가 하라는 대로 다 하지요. 이기자도 잘 활용하세요."

답변이 걸작이었다.

시민단체 유감 ②
시민단체는 정관계 진출의 교두보인가

위안부 피해자들을 위한 시민단체인 정의기억연대의 윤미향 전 이사장이 여당인 더불어민주당의 비례대표 국회의원이 됐다.

시민단체란 정파를 떠나 객관과 공정, 불편부당을 무기로 활동하는 게 상식일 터인데, 진보든 보수든 시민단체 출신들이 청와대를 비롯한 행정기관과 정치권에 들어가는 게 과연 온당한 일인가. '유예기간' 같은 최소한의 도덕적 장치라도 마련해두어야 하는 게 아닌가. 그런 생각을 했다.

언론개혁시민연대(언개련)라는 데가 있다. 1998년 8월 27일 창립됐다. 전국민주노동조합총연맹과 한국기자협회, 민주사회를위한변호사모임 등 48개 시민단체와 언론단체가 연대한, 말 그대로

'언론개혁'을 위한 시민운동단체이다.

내가 이 단체와 인연을 맺게 된 건 2007년 전국언론노조 부위원장 겸 중앙집행위원 시절이다.

하루는 언개련의 추혜선 사무처장한테서 전화가 왔다. 박성제 MBC노조위원장(현 MBC 사장)과 셋이서 함께 정수장학회 문제를 의논하고 싶다는 것이었다. 언개련은 정수장학회의 소유구조를 바꾸는 일을 하고 싶어했다.

정수장학회는 기업인 고 김지태 씨가 운영하던 부일장학회가 전신이다. 박정희 정권은 김지태가 1962년 부정축재자로 몰려 재판을 받을 당시, 문화방송·부산문화방송·부산일보 주식과 장학회 기본재산 등을 강제로 헌납받았다.

그 뒤 부일장학회를 '5·16 장학회'로 바꾸었고, 다시 박정희의 '정', 육영수의 '수' 자를 따 '정수장학회'로 개명했다. 그래서 정수장학회는 사실상 박근혜 전 대통령이 좌지우지해왔고, 박근혜가 정치를 하는 동안에는 늘 논란의 대상이 돼왔다.

정수장학회는 한편으로 부산일보 주식 100%(1인 주주), MBC 주식 30%(방송문화진흥회에 이어 2대 주주)를 보유하고 있다. 그래서 '언론계의 숨은 공룡'이라 불리기도 한다.

2007년 그해에 '진실·화해를위한과거사정리위원회'는 박정희 정권이 부일장학회를 강탈했다는 조사결과를 내놓으면서 국가가 환수하라고 권고했다. 언개련이 장수장학회 문제를 들고 나온 건 그 때문이었다. 여론 조성의 총대를 멘 것이었다.

그런데 박성제는 현재의 소유구조에 대해서 불만이 없다고 말했다. 나도 같은 생각이었다. 우리 둘은, 일각에서 박근혜로 인해 두 언론사의 편집권이 침해받고 논조에 영향을 받는 게 아니냐고 의심하지만 그건 사실과 다르다고 밝혔다. 우리 둘은 사전에 의논이나 한 듯 견해가 비슷했다.

나는 두 사람 앞에서 이런 말도 했다.

"부산일보는 박근혜가 정수장학회 이사장이었을 때 한겨레신문보다 먼저 '5·16 군사쿠데타'란 표현을 썼다. 그 글을 쓴 장본인이 바로 나인데, 사장도 편집국장도 데스크도, 누구도 문제 삼지 않았다."

추혜선은 상황을 정리했다.

"두 위원장님 뜻이 그렇다면 우리가 적극적으로 나설 일은 아니겠다."

당시 언개련 대표였던 김영호 전 세계일보 편집국장과 추혜선은 합리적이었고 대화가 되는 사람들이었다. 추혜선은 이후 언개련의 사무총장으로 승진하는 등 계속해서 언론개혁 활동을 전개했다.

그런데 세월이 좀 흐르고 나서 당혹스런 장면을 접하게 되었다. 2016년 20대 총선 당시 정의당은 비례대표 경선을 통해 당선권인 1~3위를 발표했는데, 거기에 이정미 부대표, 김종대 국방개혁기획단장에 이어 추혜선이 들어 있었던 것이다.

추혜선은 그 후 당 대변인이 됐다. 그런 추혜선을 방송을 통해 지켜보면서 나는 이런 생각을 하게 되었다.

"이렇게 되면 언론개혁운동이 정파적이고 불순한 것이란 얘기가 되는데…."

나와 추혜선은 호의적인 관계였지만, 마음이 불편해지는 건 어쩔 수 없었다.

노무현 정권 시절인 2003년에는 대통령의 의지도 강하고 해서 지방분권에 대한 관심이 무척 높았다. 나도 《부산일보》에 〈지방분권-우리 힘으로〉라는 장기 시리즈를 썼다.

그때 박재율 부산참여자치시민연대 사무처장이 지방분권운동의 앞자리에서 일했는데, 기자들 사이에서는 그가 정치권에 들어가려 한다는 말이 돌았다. 나도 그가 국회 근처에서 청와대 출입기자를 만나는 장면을 본 터였다. 시민단체 사람이 청와대 출입기자를 왜?

한번은 지방분권 관련 1면 톱기사를 쓰고 있는데 그가 멘트를 하고 싶어했다. 나는 물었다.

"정치권에 들어가려 한다는 말을 들었다. 그렇다면 시민단체 사람으로서의 멘트를 써줄 수 없다."

그는 "절대로 정치를 하지 않는다"고 다짐했고, 나는 기사 말미에 그의 멘트를 달았다.

박재율의 말은 사실이 아닌 것으로 드러났다. 그는 이듬해 총선 때 여당인 열린우리당의 공천을 받아 부산 부산진구을에 출마했다 낙선했다. 2007년에는 민원제도혁신비서관으로 청와대에 들어갔다.

나는 언짢았다. 거짓말도 거짓말이었지만, 그보다는 시민단체 활동의 목적이 정치권 진출을 위한 발판 같은 데 있었으리란 생각이 들어서였다. 그러다가 몇 년 뒤 TV 화면에서 씁쓸한 장면을 접하게 되었다. 박재율이 느닷없이 다시 한 시민단체의 주축으로 등장해 구호를 외치고 있는 것이었다.

박재율은 2021년 현재 '지방분권균형발전부산시민연대 상임대표·지방분권전국회의 상임공동대표·정치개혁공동행동 공동대표'라는 직함으로 활동하고 있는데, 개인적으로는, 활동가들에게 도움을 주는 고문 역할 정도로 그치는 게 더 낫지 않을까 싶다.

이런저런 이유로 나는 시민단체 활동가들의 경우 현직에 있을 때는 물론이고 퇴직을 한 후에도 1년이든 2년이든 일정 기간 동안 정치권 등에 들어갈 수 없도록 법제화할 필요가 있다고 생각하게 되었다. 시민단체의 순수성을 담보하려면 이 문제도 회계 투명성만큼이나 상식적이고 엄정하게 이뤄져야 한다 여기기 때문이다.

윤미향이 이 문제를 해결하는 일에 나선다면 세게 박수를 쳐드리겠다.

시민단체 유감 ③
'내로남불' 선거개입

시민단체 출신인 박원순 전 서울시장은 '희망제작소(The Hope Institute)'란 곳에서 총괄상임이사로 활동한 적이 있다. 나무위키를 보면 희망제작소에 대한 설명이 이렇게 나와 있다.

"대한민국의 재단법인으로 2006년 박원순 변호사를 중심으로 한 시민, 시민사회 활동가, 사회 각 분야의 전문가들이 출범시켰다. (…) 시민 참여를 바탕으로 한 지역과 현장 중심의 실용적인 연구를 지향한다. 일종의 싱크탱크다."

요컨대 희망제작소는 비정부·비정당 시민단체이다.

그런데 어떤 일을 계기로 나는 희망제작소를 불온하고 불순한 단체로 보게 되었다.

2014년이었다. 6·4 지방선거를 불과 일주일여 앞둔 5월 26일,

내가 일하던 신문사로 야릇한 제목의 보도자료가 하나 날아왔다. '희망제작소, 김맹곤 후보를 희망후보로 선정!'이었다. 김맹곤은 민주당 소속 현직 시장이었다.

보도자료에는 "희망제작소는 김맹곤 후보를 희망후보로 선정한다. 소통과 공감으로 지역사회를 통합하는 적임자이기 때문이다"라고 적혀 있었다. 그 외 특별한 내용은 없었다.

그때까지는 잘 몰랐는데, 희망제작소는 선거 때마다 이런 식으로 '희망후보'를 선정해 발표하고 있었다. 유권자들의 판단을 돕는다는 명분이었는데, 살펴보니 대부분 특정 정당 후보들이거나 특정 정당 출신 무소속 후보였다.

어쨌든 희망제작소가 그런 내용을 공개하자, 김맹곤은 공개적으로 이런 내용의 보도자료를 냈다.

"시민의 목소리를 반영하는 시정으로 54만 대도시 김해를 더 발전시키는 계기로 삼겠다. 희망후보의 기대에 어긋나지 않는 후보가 되겠다."

이 사안을 선거용으로 이용한 것이었다.

나는 이해가 잘 되질 않았다. 희망제작소는 어떻게 해서 이토록 오만방자한 방식으로 선거에 개입하게 된 것일까.

게다가 김맹곤은 희망후보 선정 이유, 즉 '소통과 공감' '지역사회 통합' 이런 것과는 좀 거리가 있는 후보였다. 같은 당 사람들조차 '희망후보'란 말을 듣고 겸연쩍어했다면 말해 무엇 하겠는가.

선거가 끝난 뒤 김맹곤은 당선을 위해 기자들에게 돈봉투를 돌린 혐의가 인정돼 시장직을 박탈당했고, 수감생활을 하기도 했다.

이래저래 '희망제작소'의 '희망'과 '희망후보'의 '희망'이란 단어가 적잖이 공허해져버렸다.

이 대목에서 살피건대, 시중에는 일부 시민단체들의 일탈행위로 인해 특정 단어들에 대한 냉소가 만연해 있는 듯하다. 예컨대 나눔·정의·배려·봉사·이음·희망… 존중을 받아야 할 이런 단어들이 마침내 희화화의 대상이 되어버린 것이다.

사정을 이렇게 만든 사람들의 죄를 결코 가볍다 할 수 없을 것이다.

그해, 연세대의 "너거 아부지 머하시노?"

교육부는 2020년 7월 연세대와 학교법인 연세대, 홍익대와 학교법인 홍익대에 대한 종합감사를 벌인 결과 입시·예산·법인 운영 등의 분야에서 각각 86건, 41건의 부당행위가 적발됐다고 밝혔다.

교육부의 연세대 감사 결과를 보면, 이 대학 전 부총장의 딸 A씨는 일반대학원 입학전형 때 부당한 방법으로 합격했다. 평가위원 교수 6명이 사전에 모의를 해 순위와 점수를 조작했다. 이로 인해 서류평가에서 1, 2위를 한 지원자 2명은 탈락했다.

한 교수는 식품영양학 전공인 딸에게 자신이 강의하는 회계 과목을 수강하도록 하고, 집에서 시험을 풀도록 해 최고 점수인 A+를 줬다.

연세대는 4년 이상 의무적으로 보존해야 하는 대학원 입시서류도 폐기했다. 여기에는 조국 전 법무부 장관 아들의 입시서류도 포함돼 있다. 조국의 아들은 인턴활동증명서를 허위 제출했다는 의혹을 받는 상황이었다.

새삼 2001년 대학 수시모집이 처음 생겨났을 때의 일들이 떠올랐다. 나는 당시 부산일보 교육담당 기자였다.

수시모집이 도입되자 일선 고교 교사와 수험생 그리고 대학관계자들은 다 환영하는 분위기였다. 학과목의 성적만이 아니라 개인의 특기와 적성을 존중해서 대학에 진학하도록 하겠다는데 누가 반대를 하겠는가.

그런데 부작용이 속출했다. 그중 지금도 선명하게 기억에 남아 있는 게 있으니, 바로 연세대에 얽힌 일화이다.

당시 대부분의 수도권 대학들은 비수도권 수험생들의 '상경 면접'을 고수했고, 원서접수와 면접 날짜가 다 달랐다. 특히 수시2학기 모집의 경우 복수지원이 가능했고, 원서접수 일정이 8월부터 12월까지로 제각각이었다. 수험생들은 평균적으로 2~4개 대학에 원서를 내고 있었다.

이 때문에 지방수험생들로서는 시간적·경제적·심적 부담이 한층 컸다. 여러 대학에 응시할 경우 서울을 여러 번 왕래해야 했기 때문이다.

이런 상황에서 연세대와 경희대는 다른 대학들과 달리 우편접수나 대리접수를 허용하지 않고, 수험생 본인이 직접 대학에 원서를 제출하라고 요구했다. 그러니 이들 두 대학에 지원한 지방 수험생들은 원서를 내기 위해 1박 2일 일정으로 1인당 50만 원 (2001년 기준) 정도의 경비를 들여 서울로 가야 했다.

더더욱 가관이었던 것은 원서에 부모의 출신 학교와 직업을 적도록 한 것이었다. 대학 입학에 왜 부모의 출신 학교와 직업이 필요한 거지? 나는 연세대 입학관리처장에게 전화를 걸었다.

먼저, 인터넷접수나 우편접수·대리접수 등 방법이 다양하게 있을 텐데 왜 수험생 본인이 직접 원서를 접수하도록 하는가, 라고 물었다. 처장은 주저 없이 말했다.

"솔직히 말하면 지방학생들은 가급적 지원하지 말라는 뜻이다. 수도권만 해도 학생들은 차고 넘친다. 지방학생들이 많아지면 기숙사 문제, 장학금 문제 등 애로가 많이 생긴다."

나는 또 원서에 왜 부모의 출신 학교와 직업을 적으라고 하는 것인가, 라고 물었다.

이번에도 처장은 담백하게 답을 주었다.

"학부모가 중앙정부의 고위공무원이거나, 대기업의 임원이거나, 언론사의 중역쯤 되면 대학에 여러모로 도움이 되지 않겠나."

처장은 미안해하지 않았다. 이야기 도중에 "사립대가 제도를 적절히 활용해서 원하는 학생을 뽑겠다는데 뭐가 문제냐?"라고 반문했다.

나는 처장이 곤란해질 수도 있어서 이 대화를 기사화하지는 않았다.

나는 심층면접의 문제점에 대해서도 기사를 통해 문제제기를 많이 했다.

당시 대학들은 '내신 뻥튀기'를 이유로 학생부성적의 편차를 최대한 줄이는 한편, 심층면접 점수의 차별성을 강화했다.

이로 인해 어떤 대학에서는 질문의 수준이 지나치게 높아서 탈이었고, 어떤 대학에서는 평가교수의 주관이 너무 개입돼 말썽이었다. 예를 들어 한 설문조사에서 교수들은 어떤 수험생들에 대해 부정적인 판단을 한 이유를 이렇게 들었다. '겁이 많음' '요란한 옷차림' '긴 설명' '작은 목소리' '나쁜 발음'…. 모두 다 비학문적 요인들이었고, 지극히 주관적인 것이었다.

앞에서 말한 연세대 처장의 태도와 심층면접의 허점을 염두에 둔다면 부정의 소지는 이미 다분한 상태였다. 안 그래도 일부 고교에서는 특정 수험생이 부당한 경로를 통해 합격했다는 소문이 무성했었다.

지금은 그런 부조리가 다 사라졌을까, 아니면 안 좋은 쪽으로 한층 진화를 했을까?

이 글 서두에서 언급한 교육부의 감사 결과에 답이 있을 테지. 아쉽게도.

서울중앙지검, 2020

검찰에 얽힌 일들을 생각했다.

1993년 부산일보 '사회부 기자' 시절이었다.

김영삼 정권은 집권 초기에 '토착비리'를 근절하겠다고 선언했다. 문제는 '토착비리'란 단어의 개념이 모호하다는 것이었다. 정권의 뜻에 따라 사정 작업을 진행해야 할 검찰은 수사의 방향이 뚜렷하게 서질 않아 난감해했다.

하루는 부산지검 A검사실에 들렀더니 폭력조직 S파의 전 두목이 수사관 앞에 놓인 접이식 의자에 앉아 있었다. 검찰이 토착비리와 관련해서 뭔가 건질 게 있나 싶어 불렀다는데, 특별한 혐의가 있는 건 아니었다. 전 두목은 풀이 죽은 모습이었다. 아무리 조폭 관련자라지만 저렇게 임의로 소환을 해도 되나, 하는 생각을 했었다.

2002년 11월, 부산일보 '사회부 중견기자' 시절이었다.

한 폭력조직원이 부산지검에서 수사를 받다 숨지는 사건이 발생했다. 검사의 폭행치사였다. 나는 '검경 수사권 조정'을 염두에 두고 '수사권 독립'이란 제목의 칼럼을 썼다. 이런 대목이 있다.

"걸레철학자 디오게네스의 눈에 귀족 출신의 철학적 이상주의자 플라톤이 곱게 보였을 리 없다. 비가 몹시 오던 날 디오게네스는 진흙 위를 구르고는 플라톤의 집으로 들어가 바닥깔개 위를 구르는 짓을 되풀이했다. 플라톤이 물었다. '디오게네스, 왜 그러는가?'

'플라톤, 당신의 오만방자함을 이렇게 짓밟아주고 싶은 것이오.'

디오게네스의 말에 플라톤이 조용히 되물었다. '똑같은 오만방자함으로써 말인가?' (이윤기, 《무지개와 프리즘》)"

검찰이 조사하던 피의자를 '패서 죽인 일(폭행치사)'로 온 나라가 뒤숭숭하다. 그 소식을 듣는 와중에 문득 디오게네스의 일화가 생각난 것이다. (…) 불법을 저지른 검사와 판사가 자체 조사를 받는 차원에서 그치지 않고 경찰에 의해 형사처벌 되는 장면이 나와야 한다고 믿는다. 그것은 우리 사회가 견제와 균형, 분권 같은 민주주의의 원리를 상당히 이룩해낸 건강한 사회로 진입했음을 알리는 증좌로 해석될 수 있을 것이다.

이 칼럼을 본 경찰들은 기분이 좋은 모양이었다. 한 간부는 전화를 걸어와 칭송 겸 걱정을 했다.

"우리로서야 속이 후련하지만, 검찰은 기분이 나쁠 테니 해코지를 하려 들지 않겠느냐?"

나는 이렇게 대답했다.

"검찰은 엘리트 조직으로서의 자존심이 있는 것 같더라. 잘못된 기사에 대해서는 거세게 항의를 하지만, 정확히 찌른 기사와 논리적인 의견에 대해서는 불평을 할망정 액션을 하지는 않더라."

적어도 내가 겪은 바로는, 사실인즉슨 그러했다. 실제로 칼럼과 관련해서 검찰 쪽의 항의나 불만의 목소리는 들려오지 않았다.

2009년 11월, 부산일보 '사회부장' 시절이었다.

부산고등검찰청에서 조근호 고검장을 만나 이런저런 이야기를 나누었다. 그가 이런 말을 했다.

"검찰은 우수한 인재들로 구성된 조직입니다. 그런데 국민은 검찰이 내놓는 성과를 온전히 받아들이지 않는 것 같습니다. 뭐가 빠져 있느냐. 훌륭함입니다. 상대방을 배려해서 상대방의 승복을 받아내는 훌륭한 검사…. 검찰이 수사하면서 필요 이상으로 아프게 하고 상처를 내면 안 됩니다. 그런 의미에서 '수사의 신사도'는 반드시 필요합니다."

그의 말 중에서 '훌륭함이 빠져 있다'는 부분이 특히 인상적이었다.

왜 이런 이야기를 하는 것인가.

서울중앙지검 때문이다. 서울중앙지검은 대한민국 최고 최대의 수사기관이다. 검찰과 국민 모두의 자존심이기도 한 곳이다. '도쿄지검특수부'가 일본 검찰과 국민들의 자부심인 것처럼.

그런데 2020년 서울중앙지검 수사팀이 이른바 '검언유착 의혹' 사건 수사에서 보여준 행태는 망측하고 흉측했다. 법원이 인정한 채널A 전 기자에 대한 불법 압수수색, 검사장에 대한 탈법 감청과 완력을 사용한 휴대전화 압수수색 논란, 서울중앙지검의 말 바꾸기, KBS 허위보도 연루설 등등.

이 과정에서 정진웅 형사1부장을 두고는 플라잉 어택 검사*, 뎅기열 검사**라는 조롱까지 등장했다.

급기야 문찬석(사법연수원 24기) 광주지검장이 그해 8월 9일 중앙일보 인터뷰에서 이성윤(사법연수원 23기) 서울중앙지검장을 두고 "그가 검사인가. 검사라 생각 안 한다. 검사라는 호칭으로 불린다고 해서 다 검사인 건 아니다"라고 말하는 지경에 이르렀다.

문 지검장은 '검언유착' 수사에 대해서도 뼈아픈 비판을 했다.

"기소된 범죄사실을 보면 단순한데, 온 나라를 시끄럽게 만들면서 수사팀 스스로 문제를 만들고 의혹을 생산해내는 이런 수사는 처음 봤다."

사정이 이렇다 보니 '오만방자함으로써 오만방자함을 짓밟은' 디오게네스와 '신사도와 훌륭함이 빠져 있는 검사'를 아쉬워한 조근호 전 고검장을 소환하게 되는 것인데, 아닌 게 아니라 대한민국 검찰이 개선은커녕 퇴행 중이란 생각이 든다.

국민의 한 사람으로서 자존심이 상한다.

*플라잉 어택 검사 : 플라잉 어택이란 공중에 떠서 상대를 가격하는 격투기 기술을 말한다. 정진웅은 '검언유착 의혹' 사건 당시 한동훈 검사장의 휴대전화를 압수하는 과정에서 몸을 날려 한동훈을 제압했다. 이를 두고 '플라잉 어택'이란 비아냥이 나왔다. 정진웅은 이로 인해 '독직폭행' 혐의로 1심에서 유죄 선고를 받았다.

**뎅기열 검사 : 정진웅은 '완력 압수수색' 직후 전신 근육통을 호소하며 병원을 찾았고, 응급실에 누워 수액 맞는 사진을 공개했다. '뎅기열 검사'란 말이 나온 것은 가수 신정환 씨 때문이다. 신정환은 2010년 필리핀 현지에서 뎅기열에 감염됐다며 병상에 누워 있는 사진을 공개했다. 해외 원정도박 사실을 숨기기 위한 것이었는데, 훗날 거짓말로 드러났다. '뎅기열 검사'는 이 사건을 패러디한 것이다.

조국은 어떤 종류의 기생충인가?

　기생충 전문가인 서민 단국대 의대 교수는 진보진영에 서서 글을 써왔다. 박근혜 전 대통령 시절에는 대통령의 무능을 신랄하게 조롱하는 글을 써 탄핵에 힘을 보탰다.

　그런 그가 2020년에는 '진보 논객' 진중권 전 동양대 교수 등과 함께 문재인 정권을 엄중히 꾸짖는 《한번도 경험해보지 못한 나라-민주주의는 어떻게 끝장나는가》란 책을 냈다. 일명 '조국흑서'다.

　서민은 책을 낸 뒤 주간동아와 인터뷰를 했다. 그 내용을 일부 발췌해 소개한다.

　"(기생충에 빗대서 평가한다면) 조국 전 법무부 장관은 어떤가."

"조국은 앞뒤가 다른 파렴치한 기생충이다. (…) 말라리아라고 본다. 말라리아는 비열하다. 몸에 들어오면 간에 숨어 힘을 기르다 잽싸게 나와 (몸을) 때려 부순다. 그러다 상대가 뭐라 하면 숨었다 (조용해지면) 다시 나타난다. (…) 세계보건기구가 왜 말라리아를 꼭 박멸해야 하는 6대 질환 중 하나로 뽑았겠는가. 너무 비열하기 때문이다. 내가 보기에 (조국은) 말라리아와 동급이다."

"문 대통령 지지자들은 뭐라 부르는 것이 적합한가."

"그들 스스로 만든 말인데, '대깨문'이라는 말이 정체성을 가장 잘 드러낸다. 머리에 조금 금이 가 있지 않으면 저런 행태를 보일 수 없다. (…) 사안을 보고 판단하는 게 아니라, 우리 편이냐 아니냐만 따지고 있다. 머리가 깨지면서 판단 기능을 수행하는 중추가 망가진 것 같다."

이 기사를 읽다 보니, 문득 '평생 평가'란 단어가 생각났다.

《내 무덤에 침을 뱉어라》. 조갑제 전 월간조선 편집장이 쓴 박정희 전 대통령 전기다. 《네 무덤에 침을 뱉으마》. 진중권이 박정희와 조갑제를 '깐(비판한)' 책이다. 두 책에 '침'이 등장한다. 침을 뱉는다는 건 평생 평가가 부정적이란 뜻이다.

내게는 평생 평가에 얽힌 두 가지 기억이 있다.

1995년 어느 날, 우명수 당시 부산시교육감과 점심을 같이 했다. 내가 다닌 고교의 교장이 바둑 친구라면서 평이 어땠느냐고 물어왔다. 대수롭잖다는 어투였다. 별 나쁜 얘기는 안 나오리라 여긴 모양이었다. 나는 잠시 궁리를 해야 했다. 평이 안 좋았기 때문이다. 그 교장은 학생과 교사 모두에게 권위적이었고, 돈에 얽힌 누추하고 망측한 이야기가 많았다. 운동장 조례 때면 횡설수설에 가까운 장광설로 학생들을 괴롭혔다. 학생이 뙤약볕을 못 이겨 탈진해 쓰러져 업혀 가도 아랑곳하지 않았다.

나는 괜히 어색해질 수도 있을 것 같아서 에둘러 말하기 시작했다.

"교사는 평생 평가를 받는 직업인 것 같다. 세월이 지나서 보면, 훌륭한 줄 알았는데 아닌 교사도 있고, 아닌 줄 알았는데 훌륭한 교사였던 경우도 있다. 물론 당시에 이미 정확하게 알아차린 경우도 있다."

우명수는 '평생 평가'란 말을 인상적으로 받아들였다. 오후에 교사들을 상대로 특강을 해야 하는데 이 말을 꼭 써먹어야겠다면서 메모를 했다.

안상영 전 부산시장은 평생 평가를 두려워한 적이 있다.

부산일보 사회부 차장 시절이었던 2003년 어느 날, 시장실에서 안상영과 테이블을 사이에 두고 마주 앉아 있었다. 안상영은 구두를 신은 채로 테이블 위에 두 다리를 올려놓으면서 이렇게 말했다.

"어, 피곤하네… 다리 좀 올려놔도 되겠죠? 이 차장도 편하게 있으세요."

그처럼 격의 없고 편한 자리였다.

그렇게 한 시간 정도 이런저런 이야기를 나누던 중에 '금정산 골프장' 이야기가 나왔다. 이 사안은 특정 업체가 '부산의 진산'이라 불리는 금정산에 골프장을 조성하려 한 게 계기였다. 이 와중에 노태우 대통령이 배후에서 적극적으로 지원을 한 사실이 알려지면서 '희대의 사건'으로까지 비화했다.

안상영으로서는 당시 '관선'시장이었기 때문에 대통령의 의중을 거스르기 힘든 입장이었다. 하지만 그는 부산일보와 시민사회단체들이 격렬하게 반발하고 나서자 마침내 불허 결정을 내렸다.

내가 그때 일을 끄집어내었더니 안상영은 이렇게 술회했다.

"골프장 조성을 허가하면 장관 자리를 포함해서 많은 걸 주겠다고 하더라고. 그런데 하루는 부산일보 시청 출입기자였던 정서환이가 (두 사람은 부산고 선후배 사이다) 시장실 문을 박차다시피 하면서 들어오더니 '골프장 허가, 해줄 거요, 말 거요?'라고 묻는 거야. '정말 해주면 안 돼?'라고 되물었지. 그랬더니 정서환이가 '만약 골프장 허가하면 훗날 금정산을 오르내리는 사람들이, 이 명산을 안상영이가 이렇게 망쳐놓았다, 하면서 대대손손 침을 뱉을 거요'라고 하는 거야. 그 말을 들으니 고민이 되더라고. 결국은 불허했는데, 대통령이 미는 사업을 관선시장이 막았으니 옷을 벗을 수밖에 없었지. 그런데 얼마쯤 있다가 민선시장 제도가 생긴 거예요. 골프장을 허가했으면 민선시장은 꿈도 못 꾸었을 테고, 손주들도 '안상영 손주'라고 욕을 먹었을 테지. 세상 참 재미있지 않소?"

나는 안상영이 관선시장 퇴임식 날 사람들 앞에서 울먹인 사실을 거론하면서 긍정적인 추임새를 넣어주었다.

안상영은 그 후 민선시장으로서 '광안대교'라는 치적을 남겼는데, '관광 명물'과 '교통난 해소'라는 두 마리 토끼를 잡았다는 점에서 사람들은 그를 호의적으로 추억하고 있다.

앞에서 서민이 조국과 대깨문에 대해서 말한 건 '당대의 평가'일 것이다. 이때 '당대의 평가'는 '혹독하다'고 해야 할 것이다.

이런 상황 속에서 '진인 조은산'이란 일반 국민이 청와대 청원 게시판에 올린 청원 글 '시무 7조'가 엄청난 호응을 얻었다. 조은산은 이 글에서 김현미 국토부 장관, 추미애 법무부 장관, 노영민 비서실장 등의 실력과 인성을 공히 꾸짖으면서 파직을 요청했던 것인데, 이 역시 '당대의 평가'로서 혹독하다고 해야 할 것이다.

물론 '평생 평가'의 장르에서는 오해가 걷히고 나면 정반대의 현상이 나타나기도 하는 법이니, 마침내 조국과 조은산이 꾸짖은 사람들의 무덤에 꽃이 놓일지 침이 쌓일지는 두고 볼 일이다. 부디 꽃이 놓이길 바란다.

전교조의 법적 노조 복귀가 불편한 이유

전국교직원노동조합이 다시 '법적 노조' 지위를 가졌다. 2020년 9월 3일 대법원 판결이 나온 데 이어, 9월 4일 고용노동부의 법외노조 취소 결정이 내려졌기 때문이다.

고용노동부는 2013년 10월 전교조에게 '법외노조' 처분을 내렸다. 근거는 교원노조법이었다. 이 법에 따르면 교원노조에는 현직 교사만 가입할 수 있다. 그런데 당시 전교조에는 교육감선거 불법 개입과 국가보안법 등 위반으로 인해 유죄 선고를 받은 해직교사 9명이 노조원으로 가입해 있었다.

전교조는 집행정지 가처분 신청과 본안 소송을 동시에 냈지만, 1심(2014년)과 2심(2016년)은 모두 전교조의 주장을 일축했다. 전교조는 교원노조법에 대한 위헌 소송도 제기했지만, 헌법재판소는 합헌(8대 1, 2015년) 결정을 내렸다.

그랬으나 대법원(대법원장 김명수)은 전교조의 손을 들어주었다.

이 소식을 접하고 보니 전교조 부산지부에 얽힌 삽화가 하나 떠올랐다. 설동근 부산시교육감 시절의 일이다.

하루는 전교조 회원 100명 정도가 오후 4시부터 부산시교육청 정문 앞에서 집회를 개최했다. 교육청과의 단체교섭에서 자신들의 권익에 대한 부분이 진전을 보지 못하자 집단행동에 나선 것이었다. 요컨대 참교육 실현이나 교육 현장의 부조리 개선을 촉구하는 집회는 아니었다.

교육청은 청 내 진입을 막기 위해 정문을 닫아버렸다. 그러자 전교조는 왕복 2차로를 다 점거한 채 연좌농성을 벌였는데, 당연히 차도가 실종돼버렸다. 그 때문에 유림아파트 쪽으로 올라가는 차량과 큰 도로로 내려오던 차들이 깜짝 놀라면서 우회를 해야 했다.

이미 교육청 안에 들어와 있던 민원인들도 차를 뺄 수가 없어서 곤혹스러워했다. 민원인들이 항의했으나 전교조는 미안해하는 기색이 전혀 없었고, 집회는 오후 6시가 넘도록 계속됐다. 나와 몇몇 기자들은 급기야 차를 놔둔 채 택시를 타고 귀사를 해야 했다.

며칠 뒤 나는 전교조 집행부를 초대해 삼겹살로 점심을 샀다. 전교조가 민원을 유발한 데 대한 아쉬움을 전하기 위해서였다.

그 자리에는 부위원장과 몇몇 간부들이 나왔다. 대략 이런 대화가 오갔다.

"지난번 집회는 전교조와 교육청 둘만의 문제 아니냐. 그런데 왜 왕복 2차로를 점거해서 시민들에게 피해를 주느냐."

그들은 내 말을 슬쩍 외면했다. 나는 다시 말했다.

"기자 중에는 아내나 남편이 전교조 교사인 사람들이 상당수 있다. 그래서 전교조에 우호적인 경향이 있는데, 이런 식으로 하면 전교조한테 등을 돌리게 될 거다."

그들은 이번에도 내 말을 못 들은 체했다. 나는 다시 말했다.

"언론에서 특정 기사 두 번만 다루면 당신들은 설 자리가 없어질 거다."

그들이 이번에는 반응을 보였다.

"무슨 기사를 말하는 거냐?"

내가 말했다.

"첫째, 참교육학부모회가 전교조에게 등을 돌렸고 더이상 일을 같이 안 하기로 하지 않았느냐. 전교조는 참교육을 위해 일하는 단체가 아니라면서. 일반 시민들과 학부모들은 이런 사실을 모르고 있다. 참교육학부모회가 여전히 전교조를 지지하는 줄 안다. 둘째, 언론에서 최근 5년 동안의 전교조 조직률(가입률)을 그래프로 보여주면 어떨 것 같나? 가파르게 줄고 있지 않으냐? 신규 교사들은 거의 다 전교조를 외면하는 실정이고. 일반 시민들과 학부모들은 이런 사실을 모르고 있다."

그들은 눈에 띄게 풀이 죽었고, 말이 없었다. 간간이 받은 느낌으로는 일부 강성 노조원들 때문에 집행부도 어쩔 수 없는 듯 보였다.

아닌 게 아니라, 그 이후로도 전교조 가입률은 전성기와 비교하면 형편없이 낮아져 있다. 한 학교당 두세 명에 불과하거나 아예없는 곳이 상당수라고들 한다. 20~30대와 40~50대 비율이 3대7 수준이란 말도 들린다.

일선 교사들한테 전교조 가입을 꺼리는 이유를 물어보니 대답은 대동소이했다. '교육'보다는 '정치' 쪽으로 많이 편향돼 있어서 부담스럽다는 것이었다. 전교조 교사들의 부실한 실력과 이중성에 관한 이야기도 많이들 했다.

언젠가 만난 전교조 1세대 교육계 고위인사는 이렇게 토로하기도 했다.

"초창기의 전교조는 정부한테서는 탄압을 받았을지언정 동료 교사들과 국민들로부터는 대단한 지지와 사랑을 받았다. 지금의 전교조는 그때의 전교조와 많이 달라져 있다는 사실을 알게 됐는데, 아쉽고 놀라웠다."

사정이 이러하니 전교조가 '법적 노조' 지위를 얻었다고 해서 마냥 좋아할 일만은 아니란 생각이 든다. 국민들은 지금 전교조의 법적 지위 회복을 착잡한 심정으로 바라보고 있는 중이니, 전교조는 부디 환골탈태함으로써 80~90년대에 국민들과 동료 교사들이 보여주었던 애정과 격려를 회복했으면 한다.

전교조가 만약 어영부영 실기한다면, 학교 안팎에서 전교조 타도를 기치로 내건 참교육운동이 일어날 수도 있을 것이다. 장담한다.

'어룹한 기 당수 8단'과 해양경찰

경상도 말로 '어룹한 기 당수 8단'이란 게 있다. 표준말로 하면 '어수룩해 보이는데 무술 고수' 정도가 되겠다.

해양경찰(해경) 이야기만 나오면 나는 대뜸 이 말부터 떠올리곤 한다. 사연은 이러하다.

나는 1990년대 초에 부산일보 사회부의 남구담당 기자로서 부산해양경찰서를 출입했다. 지금은 해경이 부산 영도구로 옮겨가 있지만, 당시에는 남구 감만동 8부두에 자리 잡고 있었다. 8부두는 외진 곳이었다. 그때의 해경은 버스가 거의 안 다녀서 택시를 타야 했고 이래저래 불편한 곳이다 보니, 기자들은 특별히 취재할 사안이 없는 한 일주일에 한두 번 들르는 게 고작이었다. 육지 경찰(육경)의 경우 사회부 기자들이 매일 새벽부터 헤집다시피

하고 있었으니, 그에 비하면 해경은 언론 감시의 사각지대랄 수
있었다.

위치만 외진 게 아니었다. 해경은 왠지 육경에 비해 '없어' 보였
다. 그래서 나는 해경에 들를 때마다 매점에서 박카스를 몇 박스
사서 정보과와 수사과 직원들에게 안겨주었다. 그들은 반색을 하
곤 했다. 그런데 내가 완전히 '맹구'가 되어버린 일들이 일어났다.

어느 날 부산지검에서 수사 결과를 하나 발표했다. 해경 정보
계장이 수백억 원대의 뇌물을 받은 것으로 드러나 구속했다는
것이었다.

나는 정보계장의 평소 모습을 떠올렸다. 그는 머리가 하얗게
세어 있었고, 키가 매우 작았으며, 늘 허름한 점퍼를 입고 있었
다. 살짝 부성애가 일 정도로 좀 없어 보였다. 내가 박카스를 건
네면 늘 '어룸한' 표정으로 고마워하면서 받았다. 그런 사람이 천
문학적인 뇌물을 받아 챙기고 있었고, 나는 그런 사람에게 안됐
다 싶어서 박카스를 건넨 것이었다.

파문은 컸다. 서장과 수사과장은 급이 낮은 지역으로 좌천성
발령이 났고, 정보과장은 다른 해경의 함장으로 갔다. 정보과장
은 내게 이렇게 하소연했다.

"난들 계장이 그런 놈인 줄 알았겠나. 그런데 나는 지금까지 배
를 타본 적이 없는데, 나더러 함장으로 가라는 건 옷을 벗으란
얘기겠죠?"

나는 대답 대신 박카스와 '어룸한 기 당수 8단' 이야기를 했다.

그런 일이 있고 나서, 나는 바다 일과 관련된 사람들로부터 해경이 받아 챙기는 뒷돈의 규모가 육경에 비할 바가 아니란 말을 들었다.

그들은 수사과에서 뭔가 수상한 장면을 본 적이 없느냐고 물었다. 나는 한 선박회사 사람이 원양어선의 선상폭력 문제와 관련해 조사를 받고 일어서면서 자연스럽게 양담배 한 보루를 건넸고, 수사관이 그걸 서랍 속에 넣는 걸 본 적은 있는데, 양담배가 귀하긴 해도 그거 뭐 정으로 준 것일 테지, 라고 말했다. 그랬더니 그들은 힐난하듯 말했다.

"그 양담배 한 보루 안에 신권을 넣으면 천만 원이 들어간다."

내 표정은 '맹구' 같았을 것이다.

나는 더이상 정보과와 수사과에 박카스를 사다 주지 않았다.

해경이 뒷돈을 받을 수 있는 장르는 육지 사람들이 대수롭잖게 여겨서 그렇지 매우 다양했고 규모도 컸다. 해상면세유 불법유통, 불법조업, 해양오염, 살인을 포함한 선상폭력 등등.

특히 원양어선에서는 선상폭력과 실종, 살인사건이 많이 일어났는데, 사람 목숨이 참으로 소홀하고 하찮게 다루어졌다. 원양어선 측에서 상황실로 보내온 실종 관련 전통문을 보면 '사건개요'는 지극히 무미건조했다.

'저녁을 먹고 나서 각자 자러 갔는데, 다음 날 아침에 보니 없

었음.'

그 짧은 전통문에서는 무자비한 선상폭력과 상해치사와 살인이 어른거리고 있었지만, 해경은 관례적으로 무심했고 수사 의지를 별반 보이지 않았다. 물론 수사 자체가 여의치 않은 탓도 있었다. 통상 원양어선은 몇 달이 걸려서야 귀국을 했고, 귀국한다 하더라도 선장 이하 모두가 입을 맞춰둔 탓에 수사가 제대로 이루어지기 힘든 구조였다.

매번 사모아나 북태평양 같은 곳으로 수사관을 급파해 수사를 벌인다는 것도 가당한 일은 아니었다. 머나먼 바다 위의 사건은 이런 특성이 있었다.

피해자들은 필경 '힘'도 '빽'도 없고 울어줄 사람도 별로 없는 처지였을 텐데, 아쉽고 가슴 아픈 일이 아닐 수 없었다.

대신 해경은 선사를 불러 괴롭힐 수 있었다. 선사의 입장에서는 조업을 중단하고 조기귀국을 하거나 선상폭력이 확인될 경우 엄청난 부담을 져야 해서 적극적으로 무마를 할 필요가 있었다. '양담배 한 보루'는 그런 맥락에서 이루어졌을 것이다. 그러니까 애초에 부조리의 토양이 마련되어 있었던 셈이다.

그런데 해경에게 살인을 포함한 선상폭력 문제를 근절하고자 하는 의지가 과연 있긴 있었던 것일까. 해경이 피해자를 나의 친형이나 친동생이라 여기면서 사건을 집요하게 물고 늘어지고 선사들이 예방대책을 수립하도록 강하게 압박하는 관행을 가졌더라면 어땠을까.

　나를 비롯한 기자들이 해경의 처지를 이해하려 들지 말고 '공무원의 무관심'을 집요하게 질타하는 한편 선사들에 대한 사회적 비난을 고조시켰더라면 어땠을까.

　그러니까 나의 오늘 이 글은 기자로서 그 시절의 안이함에 대한 반성문이라고 해야 할 테다.

　나는 그 뒤로도 해경의 부조리에 대한 소식을 간헐적으로 듣게 되었다.

　1995년 전남 여수에서 '시프린스호'가 대형 해양오염 사고를 일으켰을 때, 여수해경서장과 감시계장 등은 사고 선박회사로부터 거액의 뇌물을 받은 혐의로 구속됐다.

　어민들은 양식 물고기들이 떼죽음을 당했는데도 보상을 제대로 받지 못했고, 방제작업은 건성건성 이루어졌다.

　2014년 '세월호 참사' 때는 해경과 유관기관, 업체 간의 질긴 유착관계가 드러나 해경 자체가 해체되기도 했다.

　해경은 3년 뒤 가까스로 부활했다.

　해경은 그러다가 해양수산부 공무원이 북한군에 의해 피살 및 소각된 사건이 터지면서 다시 비상한 관심을 받았다. 해경은 2020년 10월 22일 이 사건에 대한 중간 수사 결과를 발표했다. 해경은 이렇게 밝혔다.

"(피살된 공무원이) 도박 빚으로 인한 정신적 공황 상태에서 현실 도피 목적으로 월북한 것으로 추정된다. 이씨가 최근 15개월간 600번에 가까운 도박 자금을 송금하는 등 인터넷 도박에 빠져 작년 6월부터 실종 직전까지 빌린 도박 자금이 1억 2300만 원이다."

하지만 유족 측은 다음 날 이렇게 반박했다.

"개인의 신상 공격으로 여론을 호도하려는 무책임하고 파렴치한 수사는 이중 살인 행위다. 근거 없이 정신적 공황이라는 단어를 사용한 것 또한 명예훼손이다."

그리고 "무능한 해경이 수사하는 것보다는 검찰에 이첩해 수사해야 한다"면서 김홍희 해양경찰청장 등을 사자명예훼손 혐의로 고소하겠다고 밝혔다.

해경이 사람의 목숨을 귀하게 여기면서 공명정대하고 부지런하게 움직이는 조직인지, 아니면 '어룸한 기 당수 8단'이면서 처세에만 능한 조직인지를 계속 관심을 갖고 지켜보려 한다. 물론 지켜보기만 하겠다는 뜻은 아니다.

휴거 사태로 본
'대깨문'과 '인지 부조화'

현생인류를 '호모 사피엔스'라고 한다. '슬기로운 사람'이란 뜻이다. 그런데 호모 사피엔스는 과연 합리적이고 슬기로울까.

우리가 익히 아는 '조삼모사(朝三暮四)'에서 주인은 도토리 수로 원숭이들을 농락하고 있다. 그런데도 원숭이들은 자신들의 항의가 먹혀들었다며 물색없이 즐거워하고 있다.

생각해본다. 사람과 원숭이는 얼마나 다를까. 붉은털원숭이, 오랑우탄, 침팬지는 94~99%의 유전자를 사람과 공유하고 있다고 한다. 결정적인 그 무엇인가를 빼고는 별 차이가 없다는 뜻이다. 그렇다면 '조삼모사의 원숭이'는 비유로서의 원숭이가 아니라 무언가가 1~6% 모자라는 진짜 사람일 수도 있다는 얘기 아닌가!

나는 왜 이런 질문을 하고 있는 것인가.

한 시대를 풍미하고 있는 '태극기부대'와 '대깨문(대가리가 깨져도 문재인을 지지하겠다는 뜻의 문재인 열성 지지자 그룹)'의 언행을 보면 상식적으로 이해가 안 되는 것들이 있기 때문이다.

나는 답을 얻어볼 요량으로 심리학, 철학, 문화인류학 쪽 책을 찾아보았다. 《스키너의 심리상자 열기》《철학 VS 철학─동서양 철학의 모든 것》《사피엔스(Sapiens)》 같은 것들이었다.

한창 읽고 있는데, SBS에서 2020년 10월 29일 밤 '휴거 사태'를 방영한다는 소식이 들렸다. 읽기를 잠시 중단하고, 내가 취재했던 '휴거 사태' 생각을 했다.

1992년 한국 사회는 '다미선교회'와 '휴거' 문제로 소란스러웠다. 휴거는 '공중 들림(승천)'이란 뜻이다. 외국에서도 언론사들이 한국에서 특별취재팀을 가동하는 등 비상한 관심을 보였다.

당시 다미선교회의 이장림 목사는, 믿는 자는 예수가 재림했을 때 하늘나라로 들려 올라가고 지상에 남겨진 사람들은 7년 동안 환란을 겪다 종말을 맞이할 것인데, 1992년 10월 28일 24시가 되면 전 세계에서 10억 명이 들려 올라갈 것이라고 예언했다. '시한부 종말론'이었다.

그의 말을 전국 166개 다미선교회의 신도 10만 명이 진지하게 믿었다. 이 와중에 직장 포기, 학업 중단, 재산 헌납, 이혼, 가출 등 각종 사회적 폐해가 발생했다.

언론은 당연히 관심을 보였다. 휴거 예고일에 부산일보는 부산 지역 5개 지부에 사회부 일선기자들을 보냈다. 나는 부산진구의 다미선교회 제1지부를 맡았다. 지부는 한 골목의 주택 지하에 있었다.

언론이 현장에 간 이유는 신도들이 승천하는 모습을 취재하기 위해서가 아니라, 승천이 불발되었을 때 일어날 수 있는 정신적 공황과 그에 따른 자해 혹은 폭력적 사태를 염두에 두었기 때문이다.

그날 낮에 그런 조짐이 보였다. 한 초등학교 4학년 남매는 "천국에서 만나자"는 메모를 남긴 채 가출했다. (이들은 그날 자정을 갓 넘긴 29일 오전 0시 30분경 다미선교회 제1지부에서 부모에게 발견돼 함께 집으로 갔다.)

이 밖에 본인 혹은 부자, 모녀, 자매 들의 가출이 많았다.

오후 8시가 되자 신도들은 하나둘 모여들어 '휴거 예배'를 시작했다. 인터뷰를 해보니 세무서 직원도 있었고, 교사도 있었고, 중학생도 있었다. 이들은 자정이 되면 다 하늘로 올라갈 것이었다.

신도들은 각자 자리를 잡고 앉거나 엎드린 채 통성기도를 했다. 내게 이색적이었던 건, 요즘은 성당에서도 볼 수 있지만, 전자기타와 드럼을 활용해 분위기를 띄우는 모습이었다. 남녀 연주자들은 젊었는데, 콘셉트가 그랬던 건지 무표정했다. 대신 신도들은 음악에 맞춰 큰 소리로 노래를 불렀고, 간절한 목소리로 하나님 아버지를 찾았다.

자정 몇 분 전부터는, 신도들의 태도로 봐서는 종말이 기어이 오고야 말 듯한 절박하고 처절한 분위기가 조성됐다. 그러다가 결국 자정이 왔다. 신도들은 최고조의 눈물과 울부짖음으로 하나님 아버지를 찾았다. 그러나 아무 일도 없었다. 자정 다음의 1초, 2초가 속절없이 흘러갔고, 한동안 장내에는 묵직한 침묵이 흘렀다.

기자들과 경찰들은 살짝 긴장하고 있었다. 이 침묵과 낭패감이 교단 관계자나 아니면 스스로에 대한 격렬한 폭력으로 전환될 수 있었기 때문이다. 그러나 아무 일도 일어나지 않았다. 신도들은 아무 말이 없거나 중얼거리다 뿔뿔이 흩어져 집으로인지 어디로인지를 갔다. 극적인 반전이었다.

현실로 돌아와서 SBS를 보니, 이장림은 개인 계좌를 통해 신도들로부터 34억 4000만 원을 받아 챙겼다고 한다. 지금으로 치면 300~400억 원 정도 되는 돈이다.

그는 사기죄로 1년형을 선고받고 복역했다. 사기죄의 증거는 집에서 발견된 환매조건부채권이었다. 이 채권은 만기일이 1993년 5월 22일이었다. '1028 휴거'가 한참 지난 시점이었다.

이장림은, 자신은 휴거 대상자가 아니라 순교할 사람이라고 변명했고, 날짜 계산이 잘못됐을 뿐이라고 우겼다. 대부분의 신도들은 제자리로 돌아갔지만, 일부 열성 신도들은 남아서 이장림과 자신들이 사탄으로부터 핍박을 받는다고 주장했다.

이런 일이 대한민국에만 있었던 건 아니다. 1954년의 '사난다와 대홍수' 사건이 가장 유명하다.

가정주부 매리언 키치와 의대 교수 암스트롱은 비행접시동호회 회원이었다. 둘은 어느 날 외계의 신 사난다의 편지를 접했다.

"대서양 바닥이 융기하여 해안선이 모두 물에 잠길 것이다. (…) 러시아는 거대한 대양이 될 것이다. (…) 모든 것은 세상을 정화하고 새로운 질서를 창조하기 위함이다."

요컨대 대홍수를 예언한 편지였다. 날짜는 1954년 12월 21일 24시였는데, 사난다를 믿으면 구원을 받을 수 있다고 되어 있었다.

키치와 암스트롱은 지인들에게 이 소식을 전했고 일군의 신도들이 생겨났다. 신도들은 명성과 재산을 버리고 다가올 종말을 준비했다.

마침내 종말의 밤이 찾아왔으나, 정작 일어난 일들은 휴거 사태와 대동소이했다.

하지만 신도들은 한 걸음 더 나아갔다. 자신들의 정성을 갸륵하게 여긴 사난다가 세상을 구원하기로 마음을 바꿔먹었다는 전갈을 받았다는 것이었다. 그들은 오히려 기뻐하면서 이 사실을 언론에 적극 알렸다. 극적인 반전이었다.

심리학자 레온 페스팅거는 이 신도들 속에 잠입해서 취재한 결과를 논문으로 발표해 센세이션을 일으켰는데, 그것이 저 유명한 '인지 부조화(cognitive dissonance) 이론'이다. 사람은 마음속에 모순이 발생했을 때 현실을 왜곡하면서까지 신념을 고수하려 한다는 이론이다.

부연하자면 《스키너의 심리상자 열기》에는 이런 말이 있다

"인간은 스스로의 위선을 정당화하기 위해 대단히 놀라운 정신적 활동을 한다."

"인간은 이성적인(혹은 합리적인) 존재가 아니라 100만 가지의 합리화 방안을 찾는 존재다."

그렇다면 다음과 같이 생각하는 사람이 있다면, 이것은 '인지 부조화'인가 아닌가.

"나는 그 사람들이 '기회는 평등하고, 과정은 공정하고, 결과는 정의로울 것'이라고 했을 때 그 말을 믿었고 그래서 지지를 보냈다. 그런데 정반대의 언행을 해왔거나 하고 있다. 하지만 거기에는 분명히 피치 못할 사정이 있을 것이다. 설사 일탈을 했다손 치더라도 그건 거룩한 목적을 달성하기 위한 여정에서 발생한 티끌 같은 것이고 사회의 시스템 탓이다. 내가 싫어하는 다른 진영 사람들의 일탈과는 차원이 다른 것이다. 그러므로 나는 무조건 지지를 할 것이며 그렇게 하는 나는 훌륭하다."

내가 보기에, 페스팅거는 '인지 부조화'가 맞다고 할 것 같다.

그렇다면 '인지 부조화'는 나쁜 것인가. 페스팅거는 '사난다교' 신도들이 정상적이고 인간적인 사람들이었다고 전했다. 그들의 극적인 합리화, 즉 '인지 부조화'는 미치지 않으려는 방어기제

(defense mechanism)에서 비롯된 것으로 지극히 당연한 반응이었다.

무엇보다 '대깨문'과 이들이 다른 점은, 그들은 자신들과 생각이 다른 사람들을 저질스럽게 공격하는 등의 반사회적 행위를 저지르지 않았다. 그런 점에서 그들의 '인지 부조화'는 연민을 불러일으키는 선에서 정리될 수 있었다.

조금 더 공부를 하고 싶은 독자들은 '믿음/불일치 패러다임' '불충분한 보상 패러다임' '유도된 순종 패러다임' 같은 용어들을 한번 찾아보시기 바란다.

사족이 될 수도 있겠지만, 글의 분위기를 부드럽게 돌려놓는 차원에서 이장림에 대한 후일담을 전해드린다.

이장림은 2011년에 '이그(Ig)노벨상'을 받았다. 이그노벨상은 미국 하버드대학의 유머 과학잡지 《애널스 오브 임프로버블 리서치(AIR)》가 과학에 대한 관심을 불러일으키기 위해 1991년에 제정한 것으로, '있을 것 같지 않은 진짜(Improbable Genuine) 노벨상'이란 뜻이다. 《AIR》은 '웃기지만 생각할 부분이 많은' 기발한 발상이나 이색적인 연구 업적을 대상으로 이 상을 수여한다고 한다.

이장림은 그해에 이그노벨상 수학상을 받았는데, 세상이 망하는 날짜를 예측해내고 휴거론을 주창한 게 수상 이유였다.

참고로 이그노벨상 평화상은 도로변 불법 주차의 문제점을 알리기 위해 직접 장갑차를 몰고 불법 주차된 고급 승용차를 깔아

뭉갠 리투아니아 빌뉴스시(市)의 아르투라스 주오카스 시장이 차지했다. (《중앙일보》, 2011년)

김명수 대법원장과 형사과장의 거짓말

2021년 2월 4일 부산고법 형사1부(곽병수 부장판사)가 역사적인 판결을 내놓았다. '부산 낙동강변 살인사건'의 재심 선고공판에서 이미 실형을 산 두 사람에 대해 무죄를 선고한 것이었다.

나는 재판부의 판결문 중에서 이 부분에 특히 관심이 갔다.

"피고인들이 고문을 받은 상황에 대한 진술이 일관되고 구체적이며 당시에 같이 수감돼 있었던 이들의 진술 등을 보면 피고인들의 주장이 상당히 진실 된 것이라는 점을 뒷받침한다. (…) 피고인들을 범인으로 지목한 피해자의 진술도 신빙성이 없다."

그러니까 나는 이 말을 들으면서 "판사란 '주장의 진실성이나 신빙성'을 가려내는 사람이고, 그러다 보니 직업상 거짓말을 싫어하거나 예민하게 반응하겠다"는 생각을 한 것이었다. 아닌 게 아니라, 판사들은 피고인이 거짓말을 할 때 '개전의 정(잘못을 뉘우치는 마음가짐이나 태도)'이 없다면서 형량을 더 높여버리곤 하지 않는가.

나는 그동안 거짓말에 대한 다양한 태도를 보아왔다.

오래전 이런 일이 있었다. 부산의 한 허름한 아파트에서 엽기적인 살인사건이 발생했다. 끝내 미제로 남은 사건이다.

그날 기자들은 현장 진입을 시도하면서 경찰들과 승강이를 벌였다. 그러자 '독사'라 불리던 형사반장이 뛰쳐나와 한 기자의 목을 움켜쥐더니 막말을 하면서 거칠게 밀쳐냈다.

기자들이 형사과장을 찾아가 강하게 항의하자, 그는 책임을 '독사'에게 미뤘다.

"나는 관여한 바가 없는데, 허, 그놈이 왜 그런 짓을 했는지…."

반장은 다음 날 기자들을 찾아와 저자세로 사과를 했다.

그런데 망측한 일이 일어났다. 형사과장과 형사계장, 형사들 그리고 일부 기자들이 해당 파출소에 차려진 수사본부에서 현장 녹화 화면을 보고 있었다. 피해자의 모습이 지나가고 화면에 방 안의 어수선한 모습이 비쳤을 때, 느닷없이 형사과장의 격앙된 목소리가 튀어나왔다.

"야, ㅇㅇㅇ! 기자 새끼들 기어들어 오려고 하잖아. 빨리 안 막아!"

'독사'는 그러니까 형사과장의 질타 탓에 화가 나 기자들에게 과잉대응을 했고, 형사과장은 기자들에게 새빨간 거짓말을 한 것이었다.

잠시 장내에 침묵이 흘렀다. 기자들은 말없이 일어나 밖으로 나갔다.

나는 다음 날 형사과장을 염두에 두고 《부산일보》 지면에 '보안에는 귀신, 수사에는 무능'이란 제목의 글을 썼다. 사실 원본은 이승만 대통령에 대한 세평, 즉 '외교에는 귀신, 내정에는 등신'이란 표현을 원용해 '보안에는 귀신, 수사에는 등신'으로 돼 있었는데, 데스크에서 '등신'을 '무능'으로 마사지(순화)했다.

이 경찰서에서는 과장 외에도 형사계장을 비롯한 여러 사람이 아무렇지도 않게 거짓말을 하곤 했는데, 그래서 때로는 이게 이곳의 조직문화인가 하는 생각을 하기도 했었다.

검사와 판사들은 오만하거나 폐쇄적이었을지언정 거짓말을 하지는 않았다. 특정 사안에 대해 확인을 요청했을 때 '확인해줄 수 없다'고는 했지만, '그런 일이 없다'고 거짓말을 하지는 않았다.

오래전 부산지검의 한 특수부장도 그랬다.

사회적 관심도가 높은 사건이 하나 있었는데, 하루는 특수부장에게 단도직입적으로 물었다.

"○○○ '오늘 몇 시'에 소환하나?"

실은 넘겨짚은 것이었다.

특수부장은 흠칫 놀라면서 "오늘 소환한다는 걸 어떻게 알았나?"라고 되물었다. 그러고는 아차 싶은 모양이었다. 얼떨결에 소환 사실을 확인해준 셈이 돼버린 것이었다.

나는 내친김에 "몇 시에 오느냐? 이런저런 혐의로 부르는 게 맞느냐?"라고 물었는데, 그다음부터는 "수사 중이라 확인해줄 수 없다"는 답만 돌아왔다. 특수부장은 거짓말을 하지는 않았다.

모두가 다 그런 건 아니겠지만, 최소한 내가 공사석에서 만난 검사들과 판사들의 경향성은 대체로 이러했다.

그랬는데 할 말을 잃게 만드는 법원발 거짓말이 하나 드러났다. 법원의 정점에 있는 김명수 대법원장이 거짓말을 한 것이었다. 그것도 국민들이 지켜보는 가운데 공적인 문서를 통해서였다. 사건 개요는 이러하다.

한 신문은 2021년 2월 3일 김명수가 국회의 탄핵 움직임을 이유로 임성근 부산고법 부장판사의 사표를 수리하지 않고 있다고 보도했다. 김명수는 국회에 대법원 명의의 정식 답변을 보내 그런 사실이 없다고 주장했다. 다음 날, 임성근 측은 전격적으로 두 사람 간의 면담 녹취록을 공개했다. 녹취록을 보니, 김명수는 거짓말을 한 것이었다.

김명수는 이번에는 기자들에게 입장문을 보냈다.

"약 9개월 전의 불분명한 기억에 의존했던 기존 답변에서 이와 다르게 답변한 것에 대하여 송구하다."

비겁하고 민망한 변명이었다. 그는 판사로서 피고인들이 불리한 상황을 모면하기 위해 '기억이 잘 나지 않는다'고 하는 경우를 숱하게 봐왔을 터인데, 그 자신이 그렇게 하고 있었던 것이다.

임성근은 녹취록 공개에 이어 결정타를 하나 더 보냈다.

"입만 열면 거짓말을 한다. 앞에서는 이 말 하고, 뒤에서는 딴말하고… 거짓말한 사람을 그냥 두면 안 된다. 나한테 말한 그 정도 말을 기억 못 한다면 대법원장을 하면 되겠나."(《동아일보》 2월 4일자 인터뷰)

여론은 폭발했다. 김명수는 거짓말의 명수다!

나는 임성근의 동기인 사법연수원 17기 법조인들이 성명서에서 한 말이 특히 와 닿았다.

"(…) 김명수 대법원장에 대한 탄핵이 선행되어야 한다. 그는 (…) 일국의 대법원장으로서 임성근 판사와의 대화 내용을 부인하는 거짓말까지 하였다. 그리고 녹음파일이 공개되자 비로소 오래된 일이라 기억이 정확하지 않았다는 등의 변명으로 일관하였다. 이러한 행동은 법원의 권위를 실추시켰고, 다수의 법관으로 하여금 치욕과 자괴감을 느끼게 하였다. 탄핵되어야 할 사람은 임성근 판사가 아니라 바로 김명수 대법원장이다."

나는 이들이 거론한 '치욕'과 '자괴감'의 질감을 이해할 수 있을 듯했다. 대한민국 국민으로서 제삼자인 나도 비슷한 감정을 느꼈으니까.

내가 이런 나라에 살고 있나 하는 생각을 하니, 슬프고 아프다.

▶덧붙이는 말

더불어민주당 우상호 의원은 녹취록이 공개된 그날 페이스북에 이렇게 적었다.

"자신의 거취를 의논하러 간 자리에서 대법원장과의 대화를 녹음해 공개하는 수준의 부장판사라면, 역시 탄핵하는 것이 맞다고 생각한다."

과연 그럴까?

기자들은 개별 만남 때 녹취를 원하는 경우가 있다. 말이 빨라서 받아 적기가 힘들 때, 훗날 당시의 대사와 분위기를 정확히 복기할 필요가 있을 때 그리고 증거를 남기고 싶을 때다. 그럴 때면 동의를 얻어 녹음하기도 하고, 상대방에게 알리지 않고 녹음하기도 한다.

증거를 남기려는 건 소송에 대비하기 위해서이기도 하다. 취재원 중에는 나중에 문제가 되었을 때 그런 말을 한 적이 없다고 우기거나 거짓말을 하는 경우가 있다. 당연히 녹취록은 결정적인 증거자료가 된다.

녹음이 힘든 시절에는 취재원을 만날 때 그날의 기온, 구름의 모습, 기분, 풍경 따위 소소한 것들을 수첩에 메모하기도 한다. 소송 때 기사의 진실성을 보완하는 기능을 하기 때문이다.

녹취가 수월해진 요즘은 그런 번거로움이 훨씬 덜해졌다. 요컨대 기자들의 녹음 행위는 자기를 방어하기 위한 수단 가운데 하나인 셈이다.

임성근은 김명수가 입만 열면 거짓말을 한다고 했는데, 그 말이 사실이라면 임성근은 '을'의 입장에서 최소한의 자기방어를 했다고 보는 게 타당할 것이다.

만약 녹취록이 없었다면 국민들이 과연 대법원장과 사법농단에 연루돼 재판을 받고 있는 부장판사의 말 중에서 누구의 말을 더 신뢰했겠는가. 나는 임성근의 녹취록 공개를 '을의 통쾌한 한 방'으로 이해하려 한다.

"검찰은 공포와 혐오의 대상이다"

국민의힘 홍준표 의원은 검사 출신이다. 그가 2021년 3월 5일 검찰을 힐난했다. 페이스북을 통해서였다. '양아치 문화' '조폭 의리' '사냥개 노릇' '하이에나' '자업자득'이란 거친 용어가 등장했다.

소설《칼의 노래》의 작가 김훈도 비슷한 말을 한 적이 있다. 2011년 4월 2일 전국 검사장 워크숍 특강 자리에서다. 김훈은 '검찰은 공포와 혐오의 대상'이라고 했다.

두 사람은 검찰 조사를 받아본 경험이 있다. 홍준표는 경남도지사 시절, 김훈은 시사저널 편집장 시절이었다. 김훈은 "검찰이 프레임을 짜놓고 조사하더라"라는 말을 했다. 법원장 대상 특강 자리에서다.

그런데 '혐오'라….

가령 이런 사건은 어떤가. 2011년 4월 이명박 정부 때다. 한 공무원이 스스로 목숨을 끊었다. 검찰 수사를 받고 있었다. 나는 그때 칼럼을 썼다. 이런 내용들이 있다.

— 국회는 '검찰 개혁'을 공언하고 있다.
— 여론은 국회 편인 듯하다.
— 검찰 조사를 받던 경북 경산시청의 50대 중반 공무원이 유서를 남기고 자살했다. 유서에는 "(30대) 검사가 욕을 하고 자기가 요구하는 답을 하지 않으면 손찌검을 했다. 뺨을 세 번이나 맞을 땐 혀를 깨물고 죽고 싶은 심정이었고… 한 수사관은 술에 취해 생지랄하고 다른 수사관 역시 술 냄새가 진동해 제대로 조사를 받을 수 없었다"라는 내용이 들어 있다는데, 대검 감찰팀은 술 냄새를 풍기며 수사한 사실은 즉시 확인했다고 한다.

나는 이 칼럼을 쓰면서 검찰에 대해 내내 혐오감을 느꼈다.
한번은 더불어민주당 유력 국회의원과 지자체장을 만났다. 두 사람은 검찰을 성토했다. 검찰 조사를 받은 경험이 있었다. 선거법 위반 혐의였다. 수개월 동안 괴로움을 겪은 끝에 무혐의 처분을 받았다. 두 사람 다 무리한 수사였다면서 치를 떨었다. 검찰을 혐오스러워했다.
내게도 검찰에 관한 안 좋은 추억이 있다.

30년 전 부산일보 사회부 기자 시절이었다. 부산지검 ○○○호 검사실에서 전화가 왔다. 수사관(계장)이었다. 딱딱하고 건방진 어투였다. 내 기사 때문에 송사가 발생했으니, 다음 주 월요일 오전 10시까지 검사실로 오라고 했다. 참고인 신분이었다. 그런데도 일방적으로 통보를 했다.

부아가 났다. "당신이 다음 주 월요일 오후 5시 부산일보 로비 커피숍으로 와서 내 진술을 들어라"라고 했다.

며칠 뒤, 검사가 직접 전화를 걸어왔다. 검사는 나이가 좀 있었고 정중했다. 차나 한잔하면서 취재 경위를 설명해 달라고 요청했다. 나는 정중하게 말했다.

"전화를 한 수사관은 일방적으로 날짜와 시간을 던지듯 통보했다. 시민의 한 사람으로서 수사에 협조하는 건 당연한 일일 테지만, 기분이 나빠져서 안 갔다. 검사님이 정중하게 요청을 하니 가도록 하겠다."

검사실로 갔더니 녹차를 권했다. 검사는 취재 경위를 적어주면 좋겠다고 말했다. 그때 소송 당사자 두 사람이 들어왔다. 둘은 큰 소리를 내며 싸웠다. 검사가 화를 냈다. 나와 둘을 대하는 태도가 완전히 달라져 있었다.

"이 새끼들, 조용히 안 해! 기자님이 바쁜데도 너희들 때문에 여기 와서 경위를 적고 계시잖아. 나가!"

나는 깜짝 놀랐다. 고소인과 피고소인일 뿐인데 사람들을 저런 식으로 대하는구나 검찰은, 싶어서였다.

한번은 내가 직접 검사를 욕한 적이 있다. 부산일보 자회사 '김해뉴스' 사장 시절이었다. 10여 년 전이다.

김해시장과 측근들이 나와 기자들을 상대로 다섯 건의 고소·고발을 했다. 비판 언론을 탄압하기 위한 이른바 '전략적 봉쇄소송'이었다.

나도 경찰에서 네 시간 동안 조사를 받았다. 경찰은 검찰의 지휘를 받고 있었다. 나는 성실하게 설명을 해주었다.

그런데 한참 뒤 경찰에서 다시 전화가 왔다. 검사가 추가 조사를 지시했다는 것이었다. 나는 화가 나서 이렇게 말했다.

"언론사 사장이 기자들 기사 탓에 조사를 받아야 한다면 한정이 없을 거다. 업무에도 지장을 받는다. 나쁜 놈들은 그걸 이용하려 들 거다. 검사가 그런 정황도 헤아려야지, 이게 뭐 하는 짓인가. 할 얘기는 그때 다 했다. 더이상은 안 간다고 하라."

그 뒤로는 아무런 연락이 없었다. 그러다 느닷없이 약식기소와 약식재판으로 벌금 200만 원이 떨어졌다. 출판물에 의한 명예훼손이었다.

나는 검사가 사람들의 벌금 전과를 아무렇지도 않게 생각하는구나 싶었다. 화가 났다. 수사 역량과 판단력도 의심스러웠다. 얼마나 많은 사람이 이런 식으로 당하고 살까 싶기도 했다. 괘씸했다.

나는 즉각 정식재판을 청구했고, 무죄를 선고받았다. 훗날 김해시장과 측근들은 모두 다 구속되거나 유죄 선고를 받았다.

나는 이 일을 계기로 검찰이 수사권과 기소권을 남용할 수 있다는 사실을 깨달았다. 혐오감도 갖게 됐다. 그 뒤로도 직간접적으로 비슷한 사례를 계속 접했다. 나는 검찰의 수사 문화가 반드시 개혁돼야 한다고 생각하게 되었다. 검찰이 거악과 살아 있는 권력 앞에서 의연하기를 바라게 되었다. 또한 검찰이 시민들 앞에서 예의 바르게 신사적으로 행동하길 희망하게 되었다. 그러나 검찰은 그때나 지금이나 별로 달라진 게 없는 듯하다. 개탄할 일이라 할 만하다.

살피건대 국민들은 문재인 정권과 검찰 사이에서 검찰을 응원하는 부분이 있었다. 하지만 그건 정권의 위선이 미워서이지, 검찰이 좋아서 그러는 건 아니라고 보는 게 옳을 것이다. 한 시민은 "내가 검찰을 응원하게 될 줄은 꿈에도 몰랐다"라고 했는데, 이 말이 바로 그런 뜻일 테다.

돌아보면 김준규 전 검찰총장은 재직 당시 '수사의 신사도'를 강조했었다. 우리 검찰이 '신사'로서 사랑과 존경을 받게 되길 희망한다.

▶덧붙이는 말

오래전 아버지는 무고를 당했는데, 검찰에 다녀오시더니 소주를 찾았다. 아버지는 "새파란 검사 놈과 수사관 놈이 반말지거리를 하고" 하면서 분해하셨다. 아버지는 무혐의 처리됐고 무고를 한 자들이 찾아와 잘못을 빌었지만, 검찰에서 겪은 일들은 오랫동안 상처로 남았다.

내 주위에는 비슷한 일을 경험한 이들이 다수 있었다. 요컨대 나는 검찰을 개혁해야 한다고 믿는 사람이다. 하지만 그런 문제와 오늘 쓴 글은 별개의 사안으로 대하고자 한다.

총학생회의 추악한 민낯,
선거부정

문재인 정권의 주력부대인 '386(지금은 586) 학생운동권'을 비난하는 목소리가 적지 않다. 이념을 이용해 부동산과 권력을 사 위선적 삶을 사는 '잡것들'(진중권 전 동양대 교수)이란 말도 있다.

2020년 4·15 총선 당시 사전투표를 대상으로 선거부정이 자행됐다는 주장도 있다. 확신하는 사람들이 있고, 회피하는 사람들이 있고, 침묵하는 사람들이 있다.

나는 이 두 가지 사안 앞에서 기자 시절에 직간접적으로 경험한 대학 총학생회의 부정적인 모습을 떠올렸다. 부패, 어용, 선거부정… 같은 모습이다.

1990년대 초, 부산일보 사회부 기자 시절의 일화다. 부산 남부

경찰서 정보형사가 기자실을 찾아와 '제보⑺'를 하나 했다. 모 대학 총학 회장이 대학에 협조한 대가로 1억 원을 받아 학교 인근에 가게를 차렸다는 것이었다. 총학들은 금품과 관련해서 안 좋은 말들을 많이 듣고 있던 터였다. 한 기자가 대표로 취재를 해보았더니 제보 내용은 사실이었다.

하지만 기자들은 기사화를 하지 않기로 했다. 정보형사가 기자실을 상대로 제보를 한 게 석연치 않았기 때문이다. 정보형사가 친한 기자에게 슬쩍 정보를 흘리는 경우는 있었지만, 기자실을 찾아와 제보를 한 건 극히 이례적이었다. 또 다른 이유는 모든 총학, 나아가 민주화운동 세력 전체가 매도될 가능성이 있다는 우려 때문이었다.

당시는 젊은 기자들치고 '6·10 항쟁' 때 '독재 타도'를 외치면서 최루탄 냄새를 안 맡아본 사람이 거의 없던 시절이었다. 기자들은 각 대학 총학의 행태에 대해서는 부정적이었지만, 빈대 잡으려다 초가삼간 태우는 우는 범하지 않으려 했다.

지금 생각해보면, 잘한 결정은 아니었던 것 같다.

2000년대 초 교육담당 기자 시절의 일화다. 부산가톨릭대에서 교수 공채를 했다. 나는 제보와 취재를 토대로 대학 측이 특정인을 위해 심사 기준을 바꾸었으며, 순위까지 조작했다고 보도했다. 한 유명 신부(神父)가 연루돼 있었으나 그 얘기는 쓰지 않았다.

총장신부한테서 만나자는 전갈이 왔다. 총장실로 가니 기획실장신부와 교무처장도 와 있었다. 그들은 불쾌한 내색을 했다. 총장신부는 대화 내용을 녹음해도 되겠냐면서 녹음기를 탁자 위에 놓았다. 나는 원하던 바라서 흔쾌히 동의했다.

총장신부는 취재 경위를 물었다. 나는 제보를 받았다고 대답한 뒤, 기사에 안 난 대학 측의 치부를 상세하게 들려주었다. 녹음기가 돌아가고 있었다.

나는 '유명 신부'의 행태도 비판했다. 이 신부의 이름이 나오자 총장신부 등은 당황하기 시작했고, 급기야 녹음기를 꺼버렸다. 그들은 어색한 얼굴로 나를 배웅했다.

그러고 나서 그날 오후 늦게 총학생회 회장한테서 전화가 왔다. 대학 측의 부조리에 대해 물어보려나 보다 했는데 실은 정반대였다. 그는 내가 쓴 기사로 인해 대학의 명예가 실추됐다면서, 가만히 있지 않을 것이며 신문사 앞에서 집회를 열 수도 있다고 엄포를 놓았다.

나는 어이없고 맹랑하다는 생각을 하면서 이렇게 대꾸했다.

"가만히 안 있고 말고는 자유이니 알아서 하면 된다. 대신 나나 부산일보의 명예를 건드리면 좀 힘든 일이 생길 수 있는데, 그 정도는 각오를 해야 할 것이다."

대학 측과 총학 측에서 더이상의 연락은 없었고, 교수 채용은 취소됐다.

다음은 2012년 11월에 일어난 일이다. 심각한 사안이었다.

그때 부산외국어대학교에서 총학생회 정·부학생회장 선거가 열렸다. 기호 1번이 압도적 표차로 당선됐다. 기호 1번은 현 집행부 출신이었다.

그런데 한 학생이 의혹을 제기했다. 자신이 휴대전화로 찍어둔 투표소의 투표함과 개표소의 투표함이 다르다는 것이었다. 설마!

사실 대학본부 측은 선거 결과를 두고 의아해하고 있었다. 기호 1번이 당선될 분위기가 아니었기 때문이다. 대학 측은 교직원·교수·학생 대표기구 각 2명씩 6명으로 진상조사위원회를 구성했다. 조사 결과는 충격적이었다. '투표함 바꿔치기'였다. 그 내용을 요약 정리하면 이러하다.

- 현 총학이 선거관리를 맡았다. 선거관리위원장은 현 부학생회장이었다.
- 이들은 남구선거관리위원회에서 투표함 10개를 빌렸다. 사용은 9개만 했다.
- 이들은 선거 전날 사용하지 않는 투표함에 기호 1번을 찍은 투표용지 1697장을 투입해두었다. 이는 전체 투표용지 3382장의 50.1%에 해당하는 것이었다.
- 총학 선관위는 이 투표함을 선거 당일 개표 장소로 옮기는 과정에서 다른 투표함과 바꿔치기했다.

- 원래 투표함에 들어 있던 투표지는 바닷가에 몰래 버렸고, 해당 투표함은 남구선관위에 별도로 반납했다.

- 교내 CCTV에 범행 정황이 고스란히 찍혔다. 총학 선관위는 투표함을 차에 실은 뒤 다른 건물로 이동해서 한동안 머물렀다 개표소로 이동했다.

- 총학 회장과 부회장은 제적됐고, 선거부정에 가담한 총학 간부 4명은 무기정학 처분을 받았다.

이 같은 부조리가 부산외대에서만 일어난 것도 아니었다. 그해에는 성균관대, 충남대, 서울대 인문대, 중앙대 등 전국적으로 여러 대학에서 선거부정 행위가 발각됐다. 부산외대 건이 안 좋은 의미에서 '백미'였을 따름이다.

그런데 다 지난 일일까? 안 그런 것 같다.

불과 1, 2년 전 몇몇 대학에서 학생들에게 총학에 대한 정서를 물어본 적이 있다. 이구동성으로 이렇게 말했다.

"총학 회장을 하고 나면 승용차가 한 대 생긴다고 합니다. 대학본부와 상부상조한 대가일 테죠. 총학은 학생들 편이 아닙니다. 학생들은 총학을 어용 부패집단으로 여기고 있습니다. 학생들의 무관심도 문제이긴 하지요."

서울지역 한 대학의 단과대 부학생회장한테서는 이런 말을 들기도 했다.

"회장한테 투표율이 미달될 것 같아 걱정이라고 했더니, 빈 강의실에 가서 투표함에 기표한 용지를 넣으라고 하더군요. 투표함 관리를 현 집행부가 하거든요. 그 말을 듣고는 부회장직에서 사퇴해버렸습니다."

사정이 이런 까닭에 개인적으로는 '학생운동권' 출신을 대할 때 모종의 의구심과 경각심을 가지게 됐다. 이들이 노조위원장 선거를 비롯한 사회조직의 각종 선거와 국가 차원의 선거 등에서 선거부정을 자행하지 않으리란 보장이 없겠기 때문이다.

'386(586) 학생운동권'의 위선과 탐욕과 부패의 뿌리를 더듬다 보니 생각이 여기에까지 이르렀다.

'추미애 아들 사건'과 전략적 봉쇄소송

2020년 9월, 추미애 당시 법무부 장관 아들 측이 SBS 등을 고발했다.

SBS는 그해 9월 8일 〈8시 뉴스〉를 통해 전 주한 미8군 한국군지원단장 이철원 대령의 주장을 전하며 녹취록을 공개한 터였다.

"제가 직접 추미애 남편 서 교수하고 추미애 시어머니를 앉혀놓고서 청탁하지 말라고 교육을 40분을 했으니까…."

추 장관 아들 측은 이 보도가 사실과 다르다며 법적 대응을 한 것이었다.

그러자 전국언론노동조합과 한국기자협회, 방송기자연합회가 공동성명을 내 추 장관 아들 측의 고발 행위를 비판했다. 내게는 성명서 내용 중 이 부분이 특히 와 닿았다.

"같은 내용을 보도한 여러 언론사 가운데 특정 언론사 한 곳만을 골라 고발한 것은 '고발'이라는 물리적인 행위를 통해 향후 관련 보도를 위축시키려는 이른바 '입막음'의 본보기로 삼으려 한다는 의구심을 강하게 들게 한다."

나는 새삼 '전략적 봉쇄소송'이란 단어를 떠올렸다. 전략적 봉쇄소송(Strategic Lawsuit Against Public Participation, SLAPP)은 '법적 방어 비용을 부담시켜 비판자들을 침묵시키려는 악의적 소송'을 말한다. 정부 같은 공적 기관이나 대기업이 언론이나 환경단체를 비롯한 시민사회단체를 대상으로 이런 행위를 자행하곤 한다.

내가 이 단어를 기억해낸 것은 부산일보 자회사 김해뉴스 사장 시절에 이런 유의 소송을 경험해보았기 때문이다.

2013년 9월이었다. 김맹곤 당시 김해시장과 이춘호 전 비서실장, 이노비즈밸리산업단지 시행자인 이병철 씨 등은 나와 편집국장, 기자 등을 상대로 한꺼번에 다섯 건의 민·형사 소송을 제기했다. 이들이 요구한 손해배상 금액은 총 1억 6000만 원이었다.

듣기로는 열 건 정도의 소송을 기획했는데, 다른 고위공무원들이 부담을 느껴 빠지는 바람에 다섯 건에 그쳤다고 했다.

사실 손해배상 금액과 시간적·정신적 소모에 대해서는 별 신경을 쓰지 않았다. 객관적으로 봤을 때 패소 가능성은 희박했고, 소모적인 부분은 또 다른 공부다 여기면서 느긋하게 진행하면

될 일이었다.

문제는 변호사 비용이었다. 상식대로라면 총 2000만 원 이상을 감당해야 했는데, 김해뉴스 수준에서는 상당히 부담이 가는 금액이었다.

나는 부산의 법무법인 '금해'의 정해영 변호사와 상의를 했다. 정해영은 동료 변호사들과 의논을 하더니 자신들이 무료로 공익변론에 나서겠다고 말했다.

그리하여 정해영·임준섭·윤석종 변호사는 그해 10월 16일 경남도청 프레스센터에서 '김맹곤 김해시장의 전략적 봉쇄소송에 맞서 공익변론을 수행한다'는 내용의 기자회견을 열었다. 이들은 그때 이런 말을 했다.

"김 시장과 이 전 비서실장이 한 달 사이에 유사소송을 여럿 제기한 것은 비판적 언론의 보도를 통제하기 위한 전략에서 비롯됐다고 생각한다. 우리는 이 소송을 '전략적 봉쇄소송'이라 규정한다."

1년여 뒤 1심과 2심은 모든 소송에 대해 원고 기각 결정을 내리거나 무죄를 선고했다.

그런데 산업단지 시행자의 민·형사 고소 건은 다른 사안보다 시간을 조금 더 끌었다. 검사가 출판물에 의한 명예훼손, 정보통신망 이용 촉진 및 정보보호 등에 관한 법률 위반 혐의를 적용해 나와 기자를 각각 벌금 200만 원에 약식기소했고, 법원이 그대로 약식명령을 내렸기 때문이다.

나는 즉시 정식재판을 청구했고, 법원은 1, 2심 모두 무죄를 선고했다.

1심 마지막 공판 때 나는 직접 참여하기로 마음먹었다. 그전처럼 변호사에게 맡겨두어도 될 일이었지만, 현장에서 재판 분위기를 느껴보고 싶어서였다. 판사는 최후진술을 하겠느냐고 물었고, 나는 이렇게 말했다.

"법원·검찰·경찰·언론·학교·종교 모두가 정직해야 할 것인데, 행정은 특히 그러해야 한다고 믿는다. 행정은 시시각각 대민 접촉을 함으로써 직접적으로 시민들의 삶에 영향을 끼치기 때문이다. 그런데도 김해시장께서는 시민들에게 줄곧 사실과 다른 말 혹은 거짓말을 해왔다. 비록 우리 기자가 기사 중에 잘못된 표현을 한 부분이 있다 하더라도 김해시장의 그런 점을 바로잡고자 했기 때문이지 누군가를 일부러 음해하거나 험담할 목적으로 그런 것이 아니다. 재판부에서는 부디 이 사안을 공익적 관점에서 바라봐주시길 희망한다."

재판부는 우리 기자에게 "다음부터는 조금 더 치밀하게 취재를 하시라"는 말과 함께 무죄를 선고했다. 내게는 아무런 설명 없이 그냥 무죄를 때렸다.

검찰이 항소했으나 결과는 같았는데, 2심 판결문 중 '풀뿌리 언론'의 존재 이유에 대한 언급이 상당히 인상적이었다.

"지역의 주요 현안들이 중요한 공익적 성격이 있음에도 불구하고 주요 신문이나 전국 단위의 신문에서 제대로 다루어지지 못한다. 이런 현실에서 각 지역의 지방신문들은 이러한 내용들을 충실히 다룸으로써 지역민의 알 권리를 충족시킬 필요성이 있다."

다시 처음으로 돌아가보자. 추미애 아들 측의 고발은 '전략적 봉쇄소송'에 해당하지 않을 수도 있을 것이다. 하지만 정정보도 요구나 언론중재위원회 제소 같은 절차가 생략되었다는 점에서 그다지 바람직해 보이지는 않았다. 잘한 일 같지도 않았다.

인터넷은 네가 한 일을 알고 있다

공인과 공인이 되려는 사람은 인터넷 검색을 두려워해야 하리란 생각을 했다. 행적이 기록되어 남기 때문이다.

언젠가 전직 검찰총장과 골프를 쳤다. 들어본 적이 없는 인물이어서, 집에 와 인터넷 검색을 해봤다. 불미스러운 일로 총장직에서 이내 물러났다는 정보가 떴다.

나는, 인터넷 참 무섭다, 라는 생각을 했다. 미국의 저널리스트 J.D.라시카는 "인터넷은 결코 망각하지 않는다(The Net never forget)"는 말을 했다는데, 앞에서 언급한 '전직 검찰총장'의 사례부터가 정말 그러했다.

김대중 정부 시절에 법무부 장관을 지낸 안동수 씨는 인터넷의 검색 기능을 무척 싫어할 듯하다.

나는 어느 날 일삼아 인터넷 포털의 인물정보란에서 '안동수 장관'을 검색해봤다. 인물사진 옆에 '변호사, 전 장관'이란 소개가 있었다. 아래를 보니 '2001.05 제50대 법무부 장관'이란 이력이 있었다.

그런데 아래로 더 내려가니 민망한 기사와 자료가 주르르 떴다.

"안 전 장관은 2001년 5월 21일 오후 3시 김 전 대통령한테서 임명장을 받았으나 43시간 만인 5월 23일 오전 전격 경질됐다. '역대 장관 중 최단명'이란 꼬리표가 붙었다…."

최단명? 이유가 뭐지? 인터넷은 '충성맹세서'라 불린 취임사 '초고' 때문이었다고 일러주었다. '초고'에는 이런 내용이 들어 있었다.

"저 개인은 물론이고 가문의 영광인 중책을 맡겨주시고, 여러 가지로 경력이 부족한 저를 파격적으로 발탁해주신 대통령님의 태산 같은 성은에 진심으로 감사드립니다. 꿈만 같고 실감이 아직 나지 않습니다."

이건 뭐 그럴 수도 있겠다 싶은데, 역시나 문제가 된 건 정치적 중립을 의심케 하는 그다음 발언이었다고 한다.

"중요한 집권 후반기에 대통령님의 통치철학에 따라 대통령님께 목숨을 바칠 각오로 충성을 다하겠습니다. 성공한 위대한 대통령님과 성공한 국민의 정부만이 정권을 재창출할 수 있다고 생각합니다. 정권 재창출을 위하여 모든 노력을 다하겠습니다."

이 초고가 세상에 알려진 사연도 블랙코미디였다. 청와대로 보낼 게 기자실로 잘못 간 것이었다.

인터넷을 계속 살펴보니 시민단체와 야당이 들고일어났다.

참여연대 사법감시센터는 이 인사를 '정권 후반기의 정권 돌보기와 공동여당의 정략적 이해를 우선시한 무원칙한 인사'로 규정했다. 그러면서 이렇게 비판했다.

"정부가 밝힌 인선 기준인 인권변호사로서의 평판은 그가 정치인으로서 지역주민들을 상대로 무료 변론을 한 것에 불과하다. 그 외 변호사로서 그의 변론내용이 고액의 수임료를 벌어들일 수 있는 변론 분야에 집중되어 있다는 점에서 이 같은 평판의 정당성을 의심할 수밖에 없을 것이다."

그리하여 김대중 대통령은 '43시간' 만에 전격적으로 임명을 철회한 것이었다.

나는 인터넷에서 이런 내용을 확인하면서, 안동수가 만약 공인만 아니었다면 '잊힐 권리(Right to be Forgotten, 개인정보 삭제 청구권, 자신에 대한 인터넷상의 검색정보를 지워 달라고 할 권리)'를 주장하지 않았을까, 하는 생각을 해보았다. 미상불 대대손손 쪽팔리게 생겼으니까.

이런저런 생각을 하게 된 건 국회 인사청문회 때문이었다.

국회는 2021년 5월 4~7일 국무총리와 5개 부처 장관 후보자들을 대상으로 청문회를 개최했다. 며칠 뒤에는 김오수 검찰총장 지명자에 대한 청문회도 열렸다.

국민들은 장관 후보자 3명의 자질과 비리 의혹을 확인하면서 모욕감을 느끼는 듯했다. 국민의힘은 3명에 대해 청문보고서 채택을 거부했고, 정의당은 2명을 부적격자로 판단했다.

훗날 누군가의 인터넷 검색을 염두에 두고 저간의 사정을 적어 둔다.

임혜숙 과학기술정보통신부 장관 후보자는 '비리 백화점'이라 불렸다. 위장전입, 다운계약서 작성 및 부동산 투기, 국가 지원 해외 세미나 자녀 동반, 논문 부정 작성, 세금 미납, 국가과학기술연구회(NST) 이사장 임명 전 민주당 당적 보유 등이 문제가 됐다.

박준영 해양수산부 장관 후보자는 부인의 '도자기 밀수 의혹'에 휘말렸다. 박 후보자의 부인은 남편이 주영국 대사관 근무를 마치고 귀국하는 과정에서 고가의 도자기와 장식품 1250점을 세관 신고 없이 반입했다. 이후 카페를 열어서 이것들을 허가 없이 판매했다.

국토교통부 장관은 부동산 투기 근절과 집값 안정 정책을 펴야 하는 사람인데, 노형욱 후보자는 '세종시 공무원 특별공급 아파트'를 이용해 이른바 '관테크(관사 재테크)'를 한 것으로 드러났다. 노 후보자는 강남 학군 진입을 노린 위장전입 의혹도 샀다.

김오수 검찰총장 지명자는 김학의 전 법무부 차관의 불법 출금을 묵인한 의혹을 받으며 검찰의 조사를 받는 처지였다. 그래서 김오수가 총장이 되면 이른바 '셀프 수사' 총장이 될 것이란 비아냥이 나왔다.

게다가 김오수는 총장후보추천위원회로부터 후보 4명 중 꼴찌로 추천된 터여서 자질 시비에도 휘말렸다. 사정이 이러했으니 '정권 비리 수사의 방패막이 총장'이란 말이 전혀 이상하게 들리지 않는다고들 했다.

훗날 이 사람들의 손주들이 친구들에게 "우리 할아버지/할머니가 장관/검찰총장이었어"라고 자랑했을 때, 손주의 친구들이 인터넷을 검색해보면서 무슨 말과 생각을 할 것인지, 나는 그것이 궁금하다.

▶덧붙이는 말

인사청문회 대상자들에 대한 여론이 악화되자, '대통령의 복심'이라는 윤건영 더불어민주당 의원은 한 라디오방송에 나와 도덕성 공개 검증 탓에 장관감을 찾기가 쉽지 않다는 취지의 말을 했다.

문득 윤건영에게 중국 춘추전국시대 제(齊)나라의 재상 순우곤이 한 말을 들려주고 싶은 욕망이 일었다.

순우곤이 하루는 한꺼번에 일곱 명의 재사(才士)를 왕에게 추천했다. 왕이, 재사 구하기란 자못 어려운 일이라 알고 있는데 어떻게 이토록 쉽게 많은 재사를 구했느냐고 물었다. 그러자 순우곤이 약간은 익살스런 말투로 이렇게 대답했다.

"새는 같은 털을 가진 것끼리 모여 살고, 짐승도 같은 발굽을 가진 것끼리 모여 삽니다. 산에서 나는 귀한 약초는 물가에서 아무리 찾아보아야 하나도 얻지 못합니다. 하지만 약초가 자라는 깊은 산에 가면 수레에 가득 싣고 올 수 있습니다. 무릇 사물은 노는 물이 있는 법인데, 저는 재사들이 모여 노는 물입니다. 저한테서 재사를 구하는 것은 냇가에서 물을 긷는 것과 같습니다."(《전국책》)

요컨대 제대로 된 장관감이 보이지 않는다면 우리 무리의 수준이 그래서 그런가 보다 자책할 일이고, 제대로 된 장관감이 고사한다면 그들이 왜 우리 무리와 섞이는 걸 기꺼워하지 않는지를 아프게 돌아볼 일이 아니겠는가.

참고로 순우곤은 이런 말을 하기도 했다.

"여우가죽으로 만든 옷이 해어졌다고 해서 누런 개가죽으로 기우면 안 된다."

일이 잘 안 풀린다고 해서 자해하듯 자포자기식으로 혹은 배짱을 부리듯 인사를 단행해서는 안 된다는 뜻이다.

이런 관점에서 고사를 하나 더 상기해보기로 한다.

당 태종은 중국 역사의 '황금시대(貞觀之治, 정관의 치)'를 연 사람인데, 그와 신하 위징의 사연이 특히 기억해둘 만하다. 위징은 당 태종에게 300번 이상의 직언과 충언을 했다고 한다. 그 와중에 이런 일이 있었다.

당 태종이 황후에게 말했다.

"위징이 조회 때마다 내게 모욕감을 준다. 죽여버리겠다."

황후가 물러가더니 조복(朝服, 조정에 나가 하례할 때 입던 예복)으로 갈아입고 다시 와 황제에게 절을 하며 말했다.

"임금이 밝으면 신하가 곧다(君明臣直) 하였습니다. 위징의 곧음으로 인해 폐하의 밝음이 드러나고 있으니 삼가 감축드리옵니다."

태종은 무슨 말인지를 알아들었고, 스스로를 나무랐다.

살피건대 청와대나 여당에 '당 태종'과 '위징'과 '황후'가 있었으면 좋겠다는 생각을 비단 나만 하는 건 아닐 것이다.

'강골 검사'를 위한 변명

2021년 법무부가 검찰청 조직을 개편해 독립부서인 강력부를 반부패수사부와 합쳤다. 그런데 강력부란 무엇인가? 중견 변호사 말이 생각났다.

"마조사건은 변호사들이 잘 안 맡으려 합니다."

마조사건? '마약과 폭력조직 사건'을 말한다.

"왜요?"

"의뢰인들과 기(氣) 싸움을 해야 하고, 성공보수를 비롯한 수임료 문제로 갈등을 겪을 가능성이 크기 때문입니다."

검찰 강력부는 변호사들이 수임조차 꺼리는 이런 사안을 전문적으로 다루는 곳이다. 물론 국제범죄, 사이비 종교 등 선 굵은 강력범죄들도 취급한다.

강력부는 특별수사부에 속해 있었는데, 노태우 정부 시절인 1990년 5월 독립부서로 분리됐다. '범죄와의 전쟁'을 수행하기 위해서였다. 심재륜 당시 서울지검(현 서울중앙지검) 특수1부장(현 변호사)이 이 작업을 주도했다.

심재륜은 '강골'로 정평이 나 있었다. 수사력이 탁월했고, 정치 검사들을 혐오했으며, 검찰총장은 물론 최고 인사권자(대통령)까지 거침없이 비판했다.

심재륜은 강력부장을 맡아 다른 강골 검사들과 함께 서방파 두목 김태촌을 비롯한 전국구 폭력조직원들을 대거 잡아들였다. 이로 인해 상당수의 폭력조직이 와해됐다. 검찰 강력부가 이들에게는 '저승사자'였던 셈이다.

이런 사정 때문에 검찰 강력부가 독립성을 상실한 것을 두고 강력수사의 공백을 우려하는 목소리가 나왔다. 특히 조폭들과 이들을 비호 및 관리하는 정치인과 지역 토호들이 크게 숨을 돌리면서 숙면을 취하게 될 것이란 지적이 있었다.

문득 최재만 검사(사법연수원 36기) 생각이 났다. 최재만은 부산지검 강력부 시절인 2012년 6월 부산의 양대 폭력조직 중 하나였던 신20세기파 3대 두목과 행동대장 등 15명을 구속기소 했다.

이들은 1년 전 밀양 농협조합장 선거, 경주의 한 사찰 내 분쟁 등에 개입해 청부폭력을 행사한 혐의 등을 받았다. 앞서 신20세기파 조직원 60명은 공공장소인 부산영락공원 장례식장에 흉기를 들고 난입해 칠성파 조직원들과 패싸움을 벌였고, 이 과정에서 민간인을 폭행하기도 했다. 또한 신20세기파 조직원들이 구속되는 과정에서, 고교 시절의 '일진' 출신을 조직원으로 영입한 사례도 드러났다.

시민들은 검찰의 수사 결과 발표를 보면서 박수를 쳤다.

이 일이 있고 나서 얼마 뒤, 나는 최재만과 다른 검사 2명 그리고 부산일보 후배 기자 2명과 함께 부산 광안리에서 술자리를 가졌다. 모두 대학 후배들이었다.

최재만은 거친 구석이 없었고, 말쑥한 정장 차림이었으며, 태도가 반듯했다. 다만 대화 중에 조폭 얘기가 나오자 무슨 생각이 났던지 독백처럼 "새애끼"라는 말을 하긴 했다. 폭력조직을 싫어하는 것 같았다.

내가 지역의 토호들이 술을 산다고 하면 잘 가려서 만나거나 차라리 나한테 사 달라고 하라고 했더니 고마워했고 기분 좋아했다.

술자리는 3차까지 이어졌는데, 다들 힘들어하긴 했지만 흐트러진 모습을 보이지는 않았다. 강골들이었다.

그리고 나서 얼마 뒤 최재만은 서울로 옮겨갔다. 그러다 엉뚱한(?) 일로 그의 근황을 알게 되었다. 최재만이 2020년 10월 29일 검찰 내부통신망 이프로스를 통해 추미애 당시 법무부 장관을 비판했는데, 언론이 이 일을 주요 뉴스로 다룬 것이었다. 최재만이 올린 글의 주요 내용은 이러하다.

- 법무부는 (조국) 전 장관에 대한 수사 이후 수사지휘권을 남발하며 인사권, 감찰권 등 모든 수단을 총동원하여 검찰을 압박하고, 검사들의 과거 근무경력을 분석하여 편을 가르고 정권에 순응하지 않거나 비판적인 검사들에 대하여는 마치 이들이 검찰개혁에 반발하는 세력인 양 몰아붙이고 있다.

- 검찰개혁이라는 구실로 (…) 더이상 고도의 부패범죄와 맞서기 어려운 형사사법시스템이 만들어졌으며 (…) 정부와 법무부의 방침에 순응하지 않는다고 낙인찍은 검사들은 인사에서 좌천시키거나 감찰 등 갖은 이유를 들어 사직하도록 압박하는 것에 우려를 표하는 것이다.

나는 이 기사를 읽으면서 광안리에서 봤던 최재만의 반듯한 모습을 떠올렸다.

여담이지만, 일부 언론에서는 최재만이 '천정배 전 법무부 장관의 사위'라고 강조했는데, 나는 거기에 무슨 특별한 의미를 부여할 필요는 없다고 생각한다.

비슷한 사례가 하나 더 있다.

오래전 신용도 당시 부산지방변호사회 회장과 술자리를 가졌다. 신용도는 법조계에서 강골이란 평을 듣고 있었다. 신용도는 그날 강력부 검사 시절에 가짜 중과 폭력조직을 처리한 사연을 이야기했다. 나는 폭력조직을 대할 때면 좀 켕기지 않느냐고 물었다. 그는 씩 웃으면서 이렇게 말했다.

"공권력이 훨씬 더 깡팹니다."

훗날 폭력조직 두목급 몇 명을 만났더니, 실제로 규모가 좀 있는 조직에서는 검찰과 언론을 어려워하고 있었다. 한판 붙을 생각은 애당초 하지 않고 있었다.

신용도는 다른 의미에서도 강골이었다. 그는 노무현 전 대통령이 스스로 목숨을 버렸을 때 부산변호사회 건물 외벽에 플래카드를 하나 내걸었다.

'노무현 전 대통령 서거에 깊은 애도를 표합니다.'

뭐 대단한 일이냐 할 수도 있겠는데, 그게 또 그렇지가 않았다. 노무현을 안 좋아했던 보수 성향의 변호사들은 불쾌해했고, 항의를 하기도 했다. 그래서 일부에서는 '신용도니까 저렇게 강단 있게 한다'는 말을 했다. 거기에 대해 물었더니 그는 이렇게 말했다.

"노 전 대통령이 변호사회 휴업회원으로 돼 있더군요. 회원이 사망하면 집행부가 당연히 조문을 하고 화환을 보내고 부조를 하는 거 아닙니까? 정치적 의미는 없습니다. 이런 걸 갖고 조문 여부를 저울질한다는 건… 좀 얄팍하지 않습니까?"

나는 "좀 얄팍하지 않습니까?"라는 반문을 인상 깊게 들었다.

한편 심재륜은 "검사는 부정(不正)을 부정(否定)하는 직업이다"라고 한 적이 있다.

'부정(不正)을 부정(否定)'하는 강골 검사들, 이들이 핍박을 받는 일만큼은 결단코 사라져야 하리란 생각을 한다.

사찰(査察)의 유구한 역사

SBS가 2021년 2월 8일 뜬금없이 '사찰' 관련 '단독' 보도를 했다.

"이명박 정부 당시 국정원이 18대 여야 국회의원 299명 전원을 상대로 개인 신상 정보가 담긴 문건을 만들었고, 지금도 그 문건을 보관하고 있는 것으로 확인됐다. 그중 21대 국회에서도 현역인 의원은 29명이다."

SBS는 이어서 출처가 '국가정보원 고위 관계자'이며, 이 관계자는 자신이 문건의 존재를 직접 확인했고, 해당 문건에는 의원들의 치부가 담긴 내밀한 정보와 부동산 거래 내역, 탈세 여부 등이 포함돼 있다고 말했다고 전했다.

그러면서 이런 말도 덧붙였다.

"국정원 고위 관계자는 문건 작성 시점이 MB정부 권재진 청와대 민정수석 시절인 2009년 9월 이후로 추정되며, 청와대 민정수석실이 여야를 망라해 국정 방해 세력을 색출한다는 명목으로 지시한 걸로 보인다고 말했다."

더불어민주당은 화답을 했다. 진상 규명과 관련자 처벌, 국정원의 사과와 내용 공개 등을 주장했다. 김태년 원내대표는 이렇게 강조했다.

"자칫 나라가 뒤집힐 수도 있는 일이다. 이런 사안에 대해 어떻게 (정보)공개 청구를 하지 않고 넘어갈 수 있느냐."

그런데 더불어민주당 쪽에서 '큰 어른' 대하듯 하는 여권 편향 방송인 김어준 씨의 화법으로 말하자면 '왠지 냄새가 났'다. 특히 SBS 보도의 출처인 '국정원 고위 관계자'는 문건의 존재와 내용을 확인했다고 했는데, 매우 중요한 팩트 가운데 하나인 작성 시점에 대해서는 '추정'이라며 교묘하게 비켜섰다.

그렇다면 이건 슬쩍 정보를 흘려서 어딘가를 압박하거나, 화들짝 놀라게 하거나, 이간질하려는 더러운 정치공작으로 봐야 온당할 것이었다.

아니나 다를까, 이 일련의 흐름은 친이계 부산시장 보궐선거 후보인 박형준 씨를 겨냥한 음모에서 비롯됐다는 말이 나왔다. 박형준은 이명박 대통령 시절 청와대에서 비서관과 보좌관을 지낸 'MB맨'인데, 국정원 사찰 문건이 작성된 것으로 추정되는 2009년에는 정치적 사안을 총괄하는 정무수석으로 재직했다.

그러니 어떻게 이런 말을 안 할 수가 있었겠는가.

"냄새가 난다, 냄새가."

문재인 정권과 사찰의 관계는 어떨까. 김의겸 전 청와대 대변인의 말대로라면 도청이나 도촬, 사찰 같은 사악한 일은 '1도' 없을 것 같다.

잠시 기억을 되살려보자. 김의겸은 2018년 12월 한 청와대 특별감찰반원이 문재인 정부의 민간인 사찰 행위를 폭로했을 때 공식 브리핑을 통해 이렇게 말했다.

"문재인 정부는 (박근혜 정부 시절) 국정농단 사태의 원인을 단 한시도 잊은 적이 없습니다. 문재인 정부의 유전자에는 애초에 민간인 사찰이 존재하지 않습니다."

김의겸의 이 말은 '문재인 정부에는 사찰 DNA가 없다'는 한 줄짜리 문장으로 요약 정리돼 인구에 회자됐다.

과연 그럴까? 검찰이 산업통상자원부 등의 월성원전 1호기 경제성 조작 사건을 기소하는 과정에서 중요한 두 가지가 드러났다. 하나는 '북한지역 원전건설 추진 문건 삭제' 건이고, 다른 하나는 산업통상자원부 등이 탈원전 반대 시민단체와 원전 운영 주체인 한국수력원자력(한수원) 노조 등을 사찰했다는 의혹이었다.

금태섭 전 더불어민주당 의원은 페이스북에 이렇게 적었다.

"(검찰의 공소장을 보면) 시민단체 동향 파악 문건, 시민단체가 경찰에 제출한 집회신청서까지 들어 있었다. 어쩌면 사찰 의혹이 (북한 원전 추진보다) 더 큰 문제일지도 모른다.”

나는 동의했다. 시민단체는 산업부 장관과 한국수력원자력 사장 등을 검찰에 고발했다.

그러자 산업부에서는 “사찰이 아니라 통상적인 동향 보고 수준으로 알고 있다”고 해명했다. 이는 비겁한 변명 혹은 말장난일 뿐이다. 검찰 세월호 특별수사단은 '기무사 사찰'을 두고 “유족의 언행을 확인하거나 인터넷 검색 등의 방법을 사용해 유족의 동향과 정보를 수집한 다음 보고서로 작성하고 지휘계통에 따라 보고했다”고 한 바 있다. 이 논리대로라면 '동향 보고' 운운한 산업부는 사찰을 자인한 꼴이었다.

이번에는 조금 더 먼 시점으로 이동해보자.

19대 총선 직전인 2012년 3월 말 이명박 정부의 민간인 불법사찰 문건이 공개됐다. 야당인 민주통합당(현 더불어민주당)은 '대통령 하야'까지 거론했다.

새누리당 박근혜 비상대책위원장은 자신도 사찰 피해자이며, 김대중·노무현 정권과 이명박 정권 모두 문제가 있으니 특검을 실시하자고 주장했다. 그러자 민주통합당 문재인 상임고문은 기자회견을 열어 이렇게 말했다.

“박(근혜) 위원장이 노무현 정부 때 사찰이 있었다고 주장했을

리가 없다고 생각한다.”

그러면서 ‘무서운 거짓말’ ‘물타기’란 표현을 쓰기도 했다. ‘노무현 정권에는 사찰 DNA가 없다’는 얘기였다.

그때 나는 오히려 문재인의 말이 사실과 많이 다르다는 내용을 담은 칼럼을 하나 썼다. 해당 부분만 간추려서 옮겨 적어본다.

– 문재인 고문의 주장에는 모순이 있다. 우선, 노무현 정부 시절 국정원 직원이 넉 달 동안 유력 대권후보(이명박 대통령) 주변을 광범위하게 불법 사찰한 죄가 인정돼 유죄판결을 받은 일이 있다. 엄연한 사실이다.

– 김대중 정부의 국정원은 신형 장비까지 만들어냈다. 전화번호를 대량으로 입력하기만 하면 되는 유선중계통신망 감청장비 R–2를 개발해냈고, 이동식 휴대전화 감청장비 CAS까지 개발해냈다. 2005년 검찰 수사 결과, 김대중 정부가 도청한 사람 수가 1000명을 넘었고, 도청 책임자였던 임동원·신건 전 국정원장은 구속까지 됐다. 사정이 이러한데도, 김대중 정부 시절의 권력 실세였던 민주통합당 박지원 최고위원은 며칠 전 선거대책위원회 회의에서 이런 말을 했다. “박정희 유신독재부터 사찰 정신이 아들딸들에게 전수되고 있다.” 나는 도청으로 단죄를 받은 전 정권의 실세가 아무렇지도 않게 이런 말을 던지는 걸 보고 아연실색했다.

– 당연히, 국민을 보호해야 할 정부가 국민을 불법 사찰한 건 중대한

범죄행위이다. 이명박 정부는 단죄를 받아야 마땅하다. 그러나 거짓말과, 내가 하면 로맨스이고 남이 하면 불륜이란 식의 뻔뻔한 태도 역시 단죄의 대상이 되어야 한다고 나는 생각한다.

이 칼럼에서 나는 마지막에 독자들을 향해 "여러분의 생각은 어떠십니까?"라고 물었는데, 그 질문은 지금도 유효하다.

그리고 보면 우리는 지금까지 한 걸음도 앞으로 나아가지 못하고 있는 상태인 것이니, 슬프고 아프다.

욕에 대한 명상

영화 〈타짜〉를 본다. 도박꾼 고광렬(유해진 분)이 나온다. 밉지 않은 캐릭터다. 그는 폭력조직 두목 곽철용(김응수 분)을 이렇게 평한다.

"곽철용 저 새끼는 아주… 그 유명한… 그… 뭐… 아… 아주 뭐랄까… 아주 유명한… 어… 씨… 씹새끼?!"

관객들이 이 대사를 듣고 언짢아할 것 같지는 않다. 오히려 그 욕 참 차지고 통쾌하다 여겼을 법하다. 욕도 욕 나름인 것이다.

강기수 동아대 교육학과 교수의 논문 〈욕의 교육인간학적 기능〉을 보면 욕에도 '수준'이란 게 있다. 하수의 욕은 남의 신체적 장애나 상처를 의도적으로 건드리거나 상처를 주기 위해 하는 욕, 중수의 욕은 '개새끼'처럼 할 만해서 하는 욕, 고수의 욕은 김

삿갓의 욕처럼 시대의 아픔과 공감대가 형성되는 욕이라고 한다.

자, 이런 장면은 어떤가.

예수는 타락한 강자와 위선자들을 향해 '독사의 자식' '마귀의 자식'이라 일갈하고 있다.

김수영 시인은 "왜 나는 조그마한 일에만 분개하는가/ (줄임)/ 옹졸하게 분개하고 설렁탕집 돼지 같은 주인년한테 욕을 하고"(시 〈어느 날 고궁을 나오면서〉 중에서)라고 독백하고 있다.

영화 〈너에게 나를 보낸다〉에서, 은행원(여균동 분)은 삶이 지리멸렬하고 무기력하다. 그는 이렇게 방백한다. "나는 불 꺼진 전등, 나는 불 꺼진 창, 나는 불 꺼진 골목, 나는 불 꺼진 백지장, 나는 불 꺼진 아궁이… 어머니가 우시네… 나는 불 꺼진… 자지."

나는 이 세 가지 사례의 욕(엄밀하게 말하면 '자지'는 비속어이다. 이 글에서는 듣기 거북한 말이란 뜻에서 욕과 동의어로 간주한다)에서 카타르시스, 반성, 연민 같은 감정을 느꼈던 것인데, 그러니까 이 욕은 중수의 욕이나 상수의 욕쯤에 해당한다고 할 수 있을까?

그렇다면 이런 경우는 어떤가.

김우남 한국마사회장은 3선 의원(더불어민주당) 출신이다. SBS 등의 보도에 의하면, 그는 취임 직후인 2021년 2월 인사 담당자에게 자신의 의원 시절 보좌관을 비서실장으로 특채하라고 지시했다. 인사 담당자는 국민권익위와 상급기관인 농림축산식품부의 의견을 들어 특채를 만류했다.

그러자 김우남은 여러 차례 욕을 했다. 녹취파일을 들어보니 단순한 실언이 아니다. 아예 입에 욕을 달고 다녔다는 전언도 있었다.

"이 새끼야 내가 12년 국회의원을 그냥 한 줄 알아 이 자식아."

"정부 지침이든 나발이든 이 새끼야 법적 근거는 이 자식아 저 마사회법이 우선이지, 새끼야."

"내가 책임질 일이지 씨발. 니가 방해할 일은 아니잖아. 천하의 나쁜 놈의 새끼야!"

전체 녹취파일에는 이보다 훨씬 더 심한 욕도 있다고 했다.

농림축산식품부는 2021년 9월 말 김우남을 해임했다.

송언석 국민의힘 의원은 4·7 재보궐선거(2021년) 당일 저녁, 당사 3층 대회의실에서 당직자들을 상대로 폭언과 폭행을 했다. 사무처 당직자 일동 명의의 성명서를 보면, 송언석은 "개표상황실에서 본인의 자리가 없다는 이유로 사무처 국장 및 팀장급 당직자에게 발길질 등의 육체적 폭행과 욕설 등의 폭력을 자행했다."

현장에 있었다는 오마이뉴스 기자의 전언에 의하면, 송언석이 한 욕은 '씨발놈아'였다.

송언석은 공개사과 하고 탈당했으나 의원직은 유지했다. 그러다 8월에 복당했다.

나는 2012년 11월에 〈욕에 대한 명상〉이란 신문칼럼을 쓴 적이 있다. 칼럼을 쓴 이유는 A 김해시의원이 시정을 비판하는 여성

시의원들에게 '개 같은 년들'이라고 욕을 했기 때문이었다. (실은 훨씬 더 심하고 험한 욕이 있었다.)

이 사건은 언론을 통해 전국적으로 알려졌고, 김해시민들은 이런 시의원을 보유했다는 이유로 한동안 수치스러움을 느껴야 했다.

물론, 예수나 김수영의 사례에서도 보았듯이 욕이 반드시 나쁜 것만은 아니다. "깐죽대며 남 약 올리는 인종들, 인두겁 쓴 인간 아닌 것들, 남들 보면 먼저 우려먹을 생각만 하는 늑대들. 이런 따위가 기승하는 세상을 보고도 욕하지 않으면 화 중에 타 죽기 십상"(김열규, 《욕, 그 카타르시스의 미학》)이란 말도 참고할 만하다.

문제는 욕먹을 자들이 오히려 당당하게 욕하는 구조가 만연해 있다는 사실일 터인데, 어쨌든 오늘 나는 〈타짜〉의 고광렬이 김우남, 송언석, A 시의원 이 세 사람을 두고 어떤 평을 할지, 그것이 궁금하다.

박홍 전 서강대 총장의 유언

　천주교(가톨릭) 서울대교구가 2021년 4월 28일 정진석 추기경의 선종(善終)에 관한 보도자료를 냈다. 내용을 정리하면 이러하다.

　정진석 추기경(1931~2021)이 2021년 4월 27일 오후 10시 15분 노환으로 서울성모병원에서 선종했다. 향년 90세. 정 추기경의 빈소는 명동대성당에 마련됐다.…

"추기경은 마지막 순간까지 찾아온 염수정 추기경과 주교들, 사제들에게 '미안하다'면서 겸손과 배려와 인내를 보여주었다. … 추기경은 오래전부터 '감사합니다. 늘 행복하세요. 행복하게 사는 것이 하느님의 뜻입니다'라고 말했다." …

평소 생명운동을 이끈 추기경은 생전에 한마음한몸운동본부에 장기기

중 의사를 밝힌 대로 선종 후 각막을 기증했다.

나는 정진석이 말한 '행복'의 내용이 궁금했다. 그런 점에서 보
도자료는 좀 불친절해 보이기도 했다. 행복의 의미에 대해 스스
로 묵상해보라는 뜻이었을까?

이런 생각을 하고 있는데 서강대 동문회에서 문자가 왔다. 정
진석이 서강대에서 명예 법학 박사학위를 받은 이력이 있다는
전갈이었다.

문득 박홍 전 서강대 총장(2019년 선종) 생각이 났다. 지금부터
잘 안 알려진 이야기를 해드리겠다.

박홍은 논쟁적 인물이었다.

박홍은 권위의식이 없었다. 총장 재직 중에도 종교학과 학부
강의를 했다. 나는 '신학적 인간학'을 들었다. 그는 학생들과 맞
담배를 피우면서 수업을 했다. 학점은 학생이 스스로 부여하도
록 했다. 나는 나에게 B+를 주었다. A+를 주자니 양심에 가책
이 왔다. 땡땡이를 많이 친 것이었다.

박홍은 거구였는데 평소 "젊었을 때는 주먹이 셌다. 한때는 알
아주는 깡패였다"고 자랑하며 학생들과 스스럼없이 술을 마시기
도 했다. 총학생회 출범식 때는 총학 회장과 어깨동무를 한 채 〈아
침이슬〉을 열창해 학생들을 고무시켰다.

한때는 민주화운동에 호의적이었고 헌신적이었다. 정의구현사

제단의 창립 멤버였고, 1970년대에는 전태일 열사의 추모미사를 집전하다 중앙정보부에 끌려가기도 했다. 전두환 정권 초기에는 지학순 주교와 함께 학생 선동과 폭동 모의 혐의로 연행돼 조사를 받았다. 그의 전언이다.

"수사관들이 지 주교님과 내게 쪼그려뛰기를 시키기에 벌떡 일어나 수사관의 면상을 후려갈겼다."

그는 면상을 후려갈긴 부분까지만 언급했는데, 들리는 얘기로는 그 때문에 더 심한 고초를 겪었다고 했다.

그러던 박홍이 민주화운동을 적대시하기 시작했다. 1991년 김기설 전국민족민주운동연합 사회부장이 민주화를 요구하며 분신자살하는 등 분신 사건이 잇따랐다. 박홍은 서강대 메리홀에서 기자회견을 열어 "우리 사회에 죽음을 선동하는 어둠의 세력이 있다"고 주장했다. 파문이 컸다. 박홍은 그러나 명확한 근거를 제시하지는 않았다.

그 여름에 나는 부산 코모도호텔에서 박홍을 인터뷰했다. '총장과 동문의 만남' 행사였는데, 나는 기자로서 그와 단둘이 두 시간 남짓 대화를 나누었다.

나는 '어둠의 세력' 주장의 근거를 물었으나, 그는 말을 빙빙 돌리면서 핵심을 계속 비껴갔다. 원래 알아듣기 힘들게 장광설을 펼치는 스타일이었는데, 그날은 더 그래서 무척 힘이 들었다. 결국 기사로 다룰 만한 이야기는 듣지 못했다.

그러던 차에 '어둠의 세력' 주장의 근거를 추측해볼 수 있는 일이 일어났다. 1994년 김영삼 대통령의 초청으로 청와대에서 전국 14개 대학 총장 오찬이 있었다. 박홍은 이 자리에서 이런 말을 했다.

"주사파가 (학원 내에) 깊숙이 침투해 있다. 주사파 뒤에는 사노맹이 있고, 사노맹 뒤에는 북한의 사로청, 사로청 뒤에는 김정일이 있다."

그러면서 북한 김정일 국방위원장을 남한 학생운동 세력의 궁극적 배후로 지목했다.

파문이 일자 그는 다른 자리에서 "운동권 학생의 고해성사와 면담 과정에서 (그 사실을) 알게 됐다"고 말했다. 이 말은 '어둠의 세력' 주장과도 연관이 있는 것으로 해석됐지만, 근거는 여전히 미약했다. 사노맹과 사로청에 대한 사실관계도 맞지 않았다.

박홍은 그 후로도 이런 입장을 굽히지 않았고, 선종 순간까지도 남한의 공산화를 걱정했다. 이 와중에 선종 1년 전에 가진 한 인터뷰에서는 이렇게 강조하기도 했다.

"악(惡)을 가장한 선(善)은 없지만, 선(善)을 가장한 악(惡)은 많다. 속지 마라."

개인적으로는 박홍의 언행을 그다지 신뢰하는 편이 못 된다. 그는 솔직담백했지만 정확하고 치밀한 스타일은 아니었다. 다만, 마지막 인터뷰에서 한 '선과 악' 이야기만은 2021년 오늘 오히려 시사하는 바가 적지 않다는 생각을 하기도 한다.

어쨌든 정진석 추기경과 박홍 전 총장 두 분이 하느님의 품 안에서 행복하길 빈다.

'조국 재판'과 '기억 오염' 이론

'가짜기억증후군' 생각을 했다. 조국 전 법무부 장관 관련 재판 보도를 보면서였다. 보도 내용은 이러했다.

"2021년 7월 23일 서울중앙지법 형사 21-1부(부장 마성영·김상연·장용범) 심리로 열린 조국 전 법무부 장관과 정경심 동양대 교수의 딸 조민 씨의 인턴십 관련 재판에서 증인들의 기억과 진술이 오락가락하는 현상이 나타났다. 이 과정에서 조 전 장관이 증인으로 나온 딸의 친구에게 '검찰 조사도 받고 부모님도 여러모로 걱정을 많이 하셔서 마음이 아프다'면서 직접 질문을 했는데, 검찰은 '조 전 장관이 증인에게 자신의 기억을 주입해 기억을 오염시킨다'고 이의를 제기했다."

이 보도를 보면서 이런 질문을 해보았다. 기억은 오염되기도 하는 것인가?

기억심리학자인 미국 워싱턴대 엘리자베스 로프터스 교수는 "그렇다"고 말한다.

로프터스는 실험을 해보았다. 그는 피실험자들에게 "아까 본 교통신호등이 노란색이었죠?"라고 물었다. 대부분이 그렇다고 대답했다. 실은 빨간색이었다! 로프터스는 다시 물었다. "그 남성의 얼굴에 수염이 있었던 걸 기억하시나요?" 대부분이 그렇다고 대답했다. 하지만 그 남성은 복면을 하고 있었다!

로프터스의 실험 결과는 이런 답을 제시한다.

"우리의 기억은 '포착하기 힘든 미묘한 힌트(혹은 암시)'에 의해 오염/왜곡될 수 있다."

요컨대 사람은 '너무나도 쉽게' 암시를 받는 존재란 것이다.

검찰이 "조 전 장관이 증인에게 자신의 기억을 주입해 기억을 오염시킨다"고 주장한 것은 바로 이러한 이론적 배경 때문으로 보였다.

로프터스는 한 걸음 더 나아가 기억이 오염/왜곡 차원을 넘어 완전히 잘못된 내용으로 이식(혹은 생산)될 수도 있다고 보았다. 그는 이 가설을 증명하기 위해 여러 가지 실험을 하던 중, 한 사건을 접했다. 내용을 간추리면 이러하다.

폴 잉그램(40세)은 독실한 기독교인이다. 형사의 취조를 받았다. 잉그램의 두 딸이 이상한 종교적 체험을 한 뒤, 아버지가 자신들을 성폭행 했다고 주장했기 때문이었다. 형사는 "당신이 그런 게 맞다. 딸들이 거짓말을 할 리가 있느냐"라고 다그쳤다. 잉그램은 며칠 동안 불면증에 시달리면서 기억을 떠올리려 애썼다.

잉그램은 마침내 "자비로운 예수님. 절 좀 도와주십시오"라며 흐느껴 울다가, 딸의 가슴을 만진 사실을 고백했다. 그 내용은 형사들이 일러준 대로였다. 잉그램은 고백을 이어나갔다. 성폭행은 사실이며, 자신은 사탄을 믿는 광신도 집단에 속한 적이 있다는 말까지 했다.

잉그램이 기억해낸 것들은 그러나 형사 등의 암시에 의한 상상력의 산물이었다. 훗날 모두가 허구로 밝혀졌지만, 그건 이미 잉그램이 억울한 옥살이를 한참이나 한 뒤였다.

놀랍게도 이런 유의 암시에 의한 기억 오염/왜곡 현상은 잉그램만으로 끝난 게 아니었다. 한국에서 일어난 한 무고 사건도 그러했다. 물론 재판이 끝나봐야 정확한 판단을 내릴 수 있겠지만, 여하튼. 해당 기사의 내용을 간추려보면 이러하다.

서울중앙지검 형사1부(부장검사 이선혁)는 2021년 7월 15일 검찰수사관인 교회 장로 A씨와 그의 부인이자 교회 권사인 B씨, 교회 집사인 C씨를 무고 혐의로 불구속기소 했다.

A씨 등은 자매인 여신도 3명에게 "친부와 삼촌에게 어릴 때부터 지속적

으로 성폭행당했다"는 가짜 기억을 주입한 뒤 2019년 8월 친부와 삼촌을 성폭행 혐의로 고소하게 만든 혐의를 받는다.

A씨 등은 해당 신도들의 아버지와 삼촌이 '이단' 의혹을 제기하자 이 같은 행위를 한 것으로 조사됐다.

내게는 이 무고 사건과 '폴 잉그램 사건'의 유사성이 어찌 보면 인간 사회의 보편성을 보여주는 듯해서 놀라웠다.

조금 다른 질문을 하나 더 해보자. 약자의 호소나 주장은 늘 귀 기울일 만한 것인가?

로프터스는 "아니다"라고 말한다. 거짓말은 아니지만, 상상력 으로 만들어낸 '가짜 기억'이 있다는 것이다.

내게는 이런 유의 '황당한' 기억이 두 개 있다.

1990년 부산일보 사회부 남구담당 기자 시절의 일이다. 사회부 데스크로부터 한 파출소로 가보라는 지시가 왔다. 경찰이 사건 접수를 거부한다는 제보가 왔다는 것이었다.

파출소에 가서 보니 잘 차려입었고 교양 있어 보이는 한 중년 여성이 샐쭉한 표정으로 경찰들과 실랑이를 벌이고 있었다. 그 여성에게 자초지종을 물었더니 이런 대답이 돌아왔다.

"안기부(지금의 국정원)가 우리 집 천장에 도청장치를 설치해서 식구들의 동향을 파악하고 있다. 그래서 파출소에 신고했는데 사건 접수를 안 해준다. 경찰도 한통속이다. 그래서 부산일보에 전화를 했다."

나는 의아해하면서도 이걸 어떻게 써야 하나 잠시 고민을 했다. 그러자 파출소장이 바깥으로 나를 인도하더니 이러는 것이었다.

"기자님, 이거 기사 쓰시면 안 됩니다. 저분, 여기 주민인데 잊을 만하면 파출소에 와서 저럽니다. 난감합니다. 기사 쓰시면 안 됩니다. 파출소 직원들 많이 피곤해집니다."

나는 그 여성에게 천장을 뜯어내고 한번 살펴보자고 제의했는데, 그러긴 싫다고 해서 굳이 기사화하지는 않았다.

어쩌다 그 일이 떠오를 때면, 기사 안 쓰길 참 잘 했다는 생각을 한다. 기사가 나갔으면 경찰은 보고서를 쓴다 어쩐다 하면서 쓸데없이 정력을 소모했을 테고, 그 여성은 기고만장해서 경찰을 더 괴롭혔을 수도 있었을 테지.

비슷한 시점에 부산일보 사회부로 젊은 여성이 찾아와 낮에 통화한 기자를 찾았다. 대한민국을 무너뜨리려는 엄청난 음모가 진행되고 있는데, 자신이 그 증거자료를 제시할 테니 부산일보가 기사화해 나라를 구해야 한다는 것이었다.

여성은 20~30대로 보였고, 고급 모피코트를 걸치고 있었으며, 키가 훤칠했고, 길을 가다 지나치면 불현듯 뒤돌아보게 할 만큼의 빼어난 미모였다.

그런데 해당 기자와 이 여성이 인터뷰 도중 크게 다투는 소리가 들려왔다. 자초지종을 알아보니, 여성의 말인즉슨 유리 갤러가 초능력을 사용해 국방부 등의 군사정보를 캐내 가고 있으니 이 같은 사실을 대대적으로 폭로해서 대책을 세워야 한다는 것이었다.

참고로 유리 갤러는 이스라엘 출신의 마술사다. 70~80년대에 초능력자를 자처하며 전 세계를 무대로 활동했다. 1984년에는 한국을 방문해 염력으로 숟가락을 구부리는 초능력을 선보인 바 있다.

이 여성은 또한 유리 갤러가 자신의 머릿속 정보를 다 **빼내** 가고 있어서 취직을 할 수 없다는 주장도 폈다.

그러니까 둘이 다툰 이유는 기자가 듣다 말고 "기사를 쓸 수 없다. 그만 가라"고 했고, 여성이 "기사를 쓰려면 엄청난 용기가 필요하다고 했지? 그런데 낮에 통화할 때는 할 수 있다고 했잖아?"라고 응수하면서 감정이 폭발한 탓이었다.

기자가 씩씩거리며 자리로 돌아오자 여성은 뒤따라와 치명적인 한 마디를 더 던졌다.

"당신, 유리 갤러한테서 촌지 받았지?"

하기야 우리가 듣기에도 그 여성의 주장은 선뜻 믿기 힘든 데가 많았다. 우리는 내심 해당 기자가 분노조절장애 비슷한 게 있어서 급기야 또 싸우는구나 했는데, 그 내막이 추측과는 많이 달랐던 셈이다.

나는 오늘 이런저런 에피소드들을 떠올리면서, 기억은 암시에 의해 오염/왜곡될 수 있으며, 상상력과 정신의학적 문제 탓에 조작 내지는 생산되기도 한다는 사실을 한 번 더 염두에 두고 있다.

　　'억울한 가해자'를 예방하는 일 역시 피해자의 한을 풀어주는 것만큼이나 중요하게 여긴다는 뜻이다.

'3000만 원 갖고 올게'의 내력

내가 대표/발행인으로 있는 《뉴스아고라》가 2020년 12월 22일 이런 뉴스를 내보냈다.

MBC 〈탐사기획 스트레이트〉는 20일 국민의힘 전봉민 의원이 동생들과 함께 설립한 회사가 부친 회사인 이진종합건설로부터 도급공사와 아파트 분양사업을 대규모로 넘겨받아 매출이 급성장했다며 편법증여 의혹을 제기했다. MBC는 이 과정에서 '일감 떼어주기'란 생소한 표현을 쓰기도 했다. (…) MBC는 또 전 의원의 부친인 전광수 이진종합건설 회장이 편법증여 의혹을 취재하는 MBC 기자에게 보도 통제를 목적으로 3000만 원을 건네려 한 정황을 보도했다. 이날 방송에서는 전 회장이 기자에게 "취재 경비라도 몇백 몇천 안 들어갔겠나. 준비를 해오겠다. 좀 도와줘라. 3000만 원 갖고 올게. 내하고 인연을 맺으면 끝까지 간다"라고 말하는 모습이 생생하게 방영됐다.

문득 전광수 이진종합건설 회장에 얽힌 추억이 떠올랐다. 사연은 이러하다.

부산일보 자회사였던 김해뉴스 사장으로 있을 때였다. 김맹곤 당시 김해시장한테서 전화가 왔다. 정산컨트리클럽에서 골프를 치자는 것이었다.

정산CC에 갔더니 전광수가 와 있었다. 일면식도 없는 사이였다. 골프가 끝나자 전광수가 골프비를 계산하려고 했다. 나는 "내 골프비는 내가 이미 계산했다"고 말했다. 그러자 김맹곤이 화들짝 놀라면서 "에이, 그러면 안 되지. 그건 큰 결례지. 내가 초청을 했는데… 나는 시장이기 이전에 고향 선밴데!" 하면서 계산을 취소하라고 강권했다. 나는 하는 수 없이 계산을 물렸다.

그러고 나서 식사를 하는데 전광수가 이런저런 이야기 끝에 이런 말을 한 것이었다.

"지금까지 시장님들을 많이 접해봤는데 김맹곤 시장님처럼 깨끗한 분은 처음 봤습니다."

나는 속으로 고개를 갸웃하면서 '이런 말을 왜 하는 거지?' 했지만 내색은 하지 않았다.

그러자 김맹곤도 나를 바라보면서 화답을 했다.

"전 회장님은 참 훌륭한 사업가입니다."

나는 속으로 의아해하면서 '이런 말을 왜 하는 거지?' 했지만 겉으로 드러내지는 않았다.

나는 돌아오면서 스스로에게 질문을 던져보았다. 내가 어디가 그렇게 예뻐서 '깨끗한 시장님'과 '훌륭한 사업가님'이 골프를 함께 치자고 했을까?

짚이는 데가 있었다. 당시는 김해뉴스가 '워치독(감시견)' 역할을 제대로 수행하던 시절이었다. 그래서 특히 토목이나 건축 관련 업체들은 김해시청에서 인허가를 받을 때 공무원들로부터 김해뉴스를 조심하란 말을 노골적으로 듣는다고 했다.

그런 맥락에서, 아, 전광수가 요즘 김해에서 아파트 사업을 많이 하고 있으니 김맹곤이 김해뉴스를 '단도리'하기 위해 직접 나선 것이겠구나, 그런데 두 사람 사이에는 오고 간 게 없는 걸까, 내가 어수룩하긴 하지만 자기들끼리 '깨끗하다' '훌륭하다' 하면 곧이곧대로 믿을 거라 여겼던 걸까, 하는 생각을 한 것이었다.

다시 MBC 보도 이야기로 돌아가보자. 전광수는 기자에게 3000만 원을 제시하면서 보도를 막으려고 했는데, 나도 명색 기자 생활을 30년 한 사람으로서 그와 유사한 일이 왜 없었겠는가.

부산일보 사회부장 시절이었다. 한 행사장에서 경기도의 한 유력 신문사 사회부장을 만났다. 그는 내게 물었다.

"건설 현장 조지고 나면 얼마 받습니까? 저는 500(만 원) 이하로는 안 봐줍니다. 500 이하면 아예 협상에 응하지 않습니다. 부산일보는 큰 신문사니까 훨씬 많이 받겠죠?"

나는 무슨 말이냐고 정중하게 물었는데, 정말이지 무슨 뜻인지를 몰라서 그랬다. 그는 고개를 갸웃하더니 이렇게 되물었다.

"조지면 광고비나 협찬금 들고 안 오나요? 사회부장은 간부니까 회사 경영도 생각하고… 나도 좀 챙기고… 정말… 안 받나요?"

나는 비로소 무슨 뜻인지를 이해했는데, 그가 겸연쩍어하지 않도록 조심하면서 이렇게 말했다.

"부산일보는 그런 거 없습니다. 그랬다간 내부적으로 난리가 납니다."

나는 없는 말을 한 게 아니었다. 그 시절의 부산일보에는 그런 분위기가 있었다.

그런데 얼마 되지 않아 시험대에 오를 일이 생겼다.

사회부장 일을 보던 어느 날, 부산-김해경전철과 관련해 제보가 하나 들어왔다. 체결구에 녹이 스는 등 경전철의 안전성에 문제가 있다는 것이었다. 참고로 체결구는 레일을 콘크리트 바닥에 고정하기 위해 사용하는 부품의 결합체를 말한다.

부산일보는 그 사실을 대대적으로 보도했고, 정치·사회적으로 엄청난 파문이 일었다. 그러자 회사 관계자들이 나를 찾아왔다. 성품이 좋아 보였다. 그들은 더이상 보도를 하지 말아 달라면서 "하라는 대로 다 하겠다"고 읍소했다.

그때 퍼뜩 경기도 사회부장이 한 말이 떠올랐지만, 내 입에서는 이런 말이 나왔다.

"경전철이 안전하게 다닐 수 있도록만 하시면 됩니다. 따지자면 부산일보가 여러분을 도와드리고 있는 겁니다. 개통하고 나서 대형 안전사고가 발생하면 어떻게 할 겁니까. 두 분은 감옥에 갈 수도 있습니다. 우리는 그런 사태를 미리 막아드리고 있는 것입니다. 그 외에 저나 부산일보에 하실 건 아무것도 없습니다."

그리고 그 회사들은 10억 원을 들여 체결구를 다 손봤다고 들었다.

이 일이 기억날 때는 이런 생각이 들기도 한다. 만약 내가 그들의 요구를 들어주었다면 그들은 그 대가로 얼마를 제시했을까?

몇 년 뒤, 그 금액을 짐작해볼 수 있는 일이 생겼다.

부산의 한 건설업체 회장한테서 점심을 하자는 전갈이 왔다. 그와 나는 어떤 문제로 인해 다소 불편한 관계에 놓여 있었다. 우리는 부산의 한 고급식당에서 만나 오해를 풀었고 허심탄회한 이야기도 나누었다.

그러던 중 그가 슬며시 일어나서 다가오더니 용돈을 하라면서 두툼한 봉투를 내밀었다. 여러 차례 거절하다 강권에 못 이겨 "좋은 데 쓰겠다"고 말하고는 신문사로 가져와 확인을 해보았다. 1000만 원이었다. 나는 우리 신문사의 담당직원을 불러 저소

득층 신문보내기(기부) 용도로 그 돈을 처리하고 영수증을 발급해 주도록 했다.

심사가 복잡해졌다. 단지 관계 개선을 원한다는 이유만으로 1000만 원을 내놓을 정도라면 비위 행위를 쥐고 흔들었을 때는 과연 얼마를 제시했을 것인가, 시장처럼 인허가권을 쥔 공무원 중에서 질이 좋지 않은 사람들은 과연 얼마를 받아 챙기고 있을 것인가….

새삼 '3000만 원' 운운하는 방송 장면과 연봉 3000만 원짜리 직장을 갈구하며 오늘도 가망 없는 이력서를 적고 있는 청년들의 모습이 오버랩되면서 마음속이 어수선해졌다.

밤사이 머리맡에 내린 하얀 눈, 촌지봉투

고백하건대 촌지와 향응을 받아봤다. 그 이야기를 해드리겠다.

부산일보에서 사회부에 속해 있던 기자 초년병 시절, 살짝 자존심이 상하는 일이 있었다. 한 사업가와 이런 대화가 오간 것이었다.

"명절 때 요로에 촌지를 돌리는데, 기자는 촌지 금액 서열로는 14위쯤 돼요."

"구청장하고 경찰서장도 기자들한테 촌지를 주는데 어째서 14위인가요?"

"우리가 가장 어려워하는 건 국세청입니다. 소방서도 무시 못하죠. 세법과 소방법은 코에 걸면 코걸이, 귀에 걸면 귀걸이거든. 미리 잘 사귀어둬야 해요. 인허가권을 쥔 관공서나 경찰도 보험을 들어둬야 하죠. 그런데 기자는 딱히 도움이 되는 것도 아니고 안 되는 것도 아니야. 무엇보다 먹고도 조지잖아. 먹었으면서도 문제가 터지면 사정 안 봐주고 조지니까 찜찜해서 주긴 주는데 금액은 인사치레만 하는 거죠."

그의 마지막 말 '먹고도 조진다'는 말은 궁극적으로 뇌물이 통하지 않는다는 말 같기도 해서 자존심이 살짝 회복되는 듯도 했지만, 어쨌든 전체적으로는 좀 찜찜했다. 뭐지, 이 이상한 기분은?

직접 받은 촌지 생각을 하면 체육부 기자 시절이 제일 먼저 떠오른다. 세 가지 일화가 있다.

한번은 한 대학의 체육교수 겸 경기단체 회장이 교수 연구실에서 이런 말을 했다.

"실은 이 기자를 좀 오해했습니다. 지난번 우리 종목 대회 때 촌지를 건넸는데 거절했었지요? 이 기자가 저의 반대파한테서 안 좋은 말을 듣고 그러는 줄 알았습니다. 그래서 기자가 한쪽 얘기만 듣는다며 불쾌해했는데, 국제신문 기자한테 확인해봤더니 이 기자는 다른 데서도 안 받는다고 하더군요. 오해해서 미안합니다. 그런데 그 촌지는 총회에서 공식적으로 책정해둔 홍보비이고, 인간적인 오해를 살 수도 있으니 앞으로는 웬만하면 받아두세요."

나는 그 얘기를 들으면서 옳은 일이 반드시 좋은 일도 아니고, 좋은 일이 반드시 옳은 일도 아니란 생각을 했고, 그리하여 그때 그때 사정을 살펴가며 촌지를 받기도 했고 안 받기도 했다.

한번은 특정 종목 대회 때 한 교육자 겸 경기단체 부회장과 한참 이야기를 나누었다. 그는 헤어지면서 촌지를 내밀었다. 사양했더니 택시 타는 데까지 따라와 열린 창문으로 봉투를 던져 넣었다. 그러면서 "저하고 만난 사람은 행복해야 합니다"라고 큰 소리로 말했다. 봉투를 열어보니 2만 원이 들어 있었다. 경기단체의 촌지는 통상 5만 원이었다. 신문사로 돌아와 체육부장에게 그 얘기를 했더니 부장이 이랬다.

"평소보다 만 원 더 썼네…. 자식, 인간미가 없어."

1990년대 초만 해도 전국체전은 전 국가적 행사였다. 개막식에는 대통령이 참석했고, TV에서는 대회 기간 내내 생중계를 했다. 그 정도로 관심이 높았다.

1990년에는 충청북도 일원에서 전국체전이 열렸다. 부산일보는 4명의 기자를 파견했다. 청주로 떠나던 날, 체육부 생활을 오래 한 부장은 우리에게 알쏭달쏭한 말을 했다.

"마치 하얀 눈이 온 것 같더군."

우리는 대회 기간 내내 그 말이 무슨 뜻인지를 실감하고 또 실감했다. 당시에는 모든 기관장, 대개 기업인인 경기단체장, 모모한 인사들이 개인으로, 단체로 일삼아 현장을 다녀갔다. 그럴 때면 어김없이 우리에게 촌지를 주고 갔다. 기사를 잘 써 달라는 것도 아니었고, 말 그대로 고생한다며 주는 촌지(寸志, 마음이 담긴 작은 선물)였다. 선배 기자는 아예 전대 비슷한 걸 허리에 찬 채 봉투가 들어올 때마다 지퍼를 열어 구겨 넣었다.

'하얀 눈'은 머리맡에 내렸다. 우리는 여관을 빌려 한방에서 잠을 잤는데, 아침에 일어나보면 머리맡에 하얀 봉투가 수북이 쌓여 있었다. 기관장 등이 방문을 했다가 자는 걸 보고는 봉투만 놓고 간 것이었다. 선배 기자는 '하얀 눈'을 수습해서 전대 비슷한 것에다 구겨 넣었다. 며칠 지나자 선배 기자의 그런 행동도 물 흐르듯 자연스러워졌다.

대회가 끝난 뒤 우리는 여관방에 둘러앉았다. '하얀 눈'을 어떻게 처리할 것인지를 두고 회의를 했다. 나와 선배 기자는 형편이 어려운 운동부 학생들을 지원하자고 제안했고, 다들 그렇게 뜻이 모였다. 우리는 홍상표 당시 부산시체육회 사무처장에게 전액을 전달했다. 홍상표는 "꼭 이렇게까지 해야겠느냐. 그냥 받아두면 안 되겠느냐"라며 난감해했다. 그러나 선배 기자는 "우리는 월급을 받는 사람이니 이걸 받을 이유가 없다. 누가 주더란 말도 하지 마시고 좋은 곳에 써 달라"라고 말했다.

우리가 수습한 '하얀 눈'은 400만 원 정도 되었다.

부산일보 자회사 김해뉴스 사장 시절에는 매우 언짢은 경험을 하기도 했다.

하루는 편집국장과 경영국장이 "뭐 이런 것들이 다 있냐?" 하면서 함께 화를 냈다. 김해의 대표적인 토호기업에서 사람이 찾아와 이랬다는 것이었다.

"돈을 달라면 줄 건데 왜 이렇게 자꾸 안 좋은 기사를 쓰느냐. 얼마를 원하느냐."

나는 두 국장에게, 그 회사만 탓할 건 아닌 것 같다, 크든 작든 언론사란 곳에서 그런 행태를 보여왔으니 저들이 그런 반응을 보이는 게 아니겠느냐, 라고 말했다.

그러면서, 앞으로 이런 일이 있으면 100억 원을 제시하자, 100억 원을 받아서 50억 원으로 권력과 금력이 두려워하는 멋진 신문을 만들고 50억 원으로 공익재단을 만들어 좋은 일을 하자… 그건 그렇고 자존심을 건드린 저 회사는 절대 용서하지 말자, 라고 농반 진반을 했다.

그런데 그다음부터는 누구도 이 회사처럼 맹랑한 언동을 한 경우가 없었다. 100억 원을 제시한 뒤 반응을 보고 싶었는데, 내심 아쉬웠다.

신(新)적폐의 적폐청산? – 검찰과거사진상조사단의 삿된 행태

박준영 변호사는 대검 검찰과거사진상조사단의 8팀 외부위원으로 일하다 자진사퇴한 사람이다. 그가 2021년 4월 '김학의 전 법무부 차관 성접대 의혹 사건' 결과보고서와 윤중천·박관천 면담보고서 등을 한국일보와 SBS에 제공했다. 일종의 '폭로'다. 문서는 2019년 5월에 작성됐으며 1249쪽 분량이다. 한국일보는 관련 시리즈를 진행했다.

한국일보 보도에 따르면 해당 보고서들은 어처구니없는 왜곡, 과장, 신빙성이 희박한 풍문으로 칠갑돼 있다. 박준영이 폭로한 조사단 관계자들의 카톡 대화방을 보면, 반인권적 행위와 악의적인 '언론플레이'가 아무렇지도 않게 자행됐다. 담당 검사의 의견을 무시한 채 김학의의 죄를 '성폭력'으로 몰아갔다거나, 공개

소환을 언론플레이용으로 이용했다거나 하는 게 그런 것들이다.

'적폐'를 바로잡겠다던 진상조사단의 행태가 '신적폐'로 얼룩져 있으니, 이 나라는 대체 어디로 가고 있는 것이냐.

그런데 박준영은 왜 이런 일을 한 것일까? 그는 SBS와의 인터뷰에서 이렇게 말했다.

"제가 알고 있는 사실과 다른 내용이 사법 개혁의 근거가 되고 있고, (이 사건이) 계속 이렇게 이용당하고 악용돼도 되는 것인가에 대한 의문도 있었고 '이래선 안 된다'라는 생각도 했었다."

"아무리 비난받는 사람이라 하더라도 법률가가 근거를 갖고 소신 있게 내린 판단이 여론과 권력(대통령)의 의지에 의해 바뀐다는 건 있을 수 없는 일이다."

"김 전 차관은 문제 되는 행동에 대해서 그에 상응한 책임은 반드시 져야 한다. 하지만 본인이 한 행동 이상의 책임을 지는 것도 정의가 아니다. 적법 절차, 헌법에는 적법 절차 조항이 있다. 적법 절차를 거쳐서 실체를 규명해야 하는 거다. 그건 원칙이다. 그 원칙을 김 전 차관 사건에서 훼손할 수는 없는 거다."

박준영의 얘기를 듣다 보니 내가 겪은 일들이 생각났다.

한국기자협회에서 발행하는 신문 《기자협회보》 2007년 8월 1일 자에 '왜상 유감-정수장학회 관련 특별기고'란 글이 실렸다. 내가 쓴 글이다. 부산일보 노조위원장·전 한국기자협회 부회장 자격으로 썼다.

그해 5월 29일 '진실·화해를위한과거사정리위원회'가 정수장학회 관련 조사 결과를 발표했다. 진실위는 '정수장학회는 박정희 쿠데타 세력이 기업인 김지태 씨가 운영하던 부일장학회를 강탈해 설립한 것'이라면서 국가가 정수장학회를 환수해 유족에게 반환할 것을 '권고'했다. 참고로 '권고'는 말 그대로 권하는 것일 뿐 법적 강제력이 없다.

문제는 그다음부터였다. '짜고 치는 고스톱'이 일사불란하게 전개됐다. 미디어오늘을 비롯한 일부 친정권 매체는 '권고'가 엄중한 법적 권위를 갖는 것처럼 홍보했고, 친정권 단체들은 토론회 등을 통해 정수장학회를 강하게 몰아붙였다.

어떤 자들은 나와 부산일보 노조가 정수장학회 반환 작업의 선봉에 서야 한다며 직간접적으로 압박을 가해왔다. 언짢았다. 나는 의논스럽게 나오면 양순한 사람이지만, 압박을 가해오면 더 세게 되받아치는 스타일인지라, 이것 봐라, 하면서 《기자협회보》에 기고문을 보낸 것이었다.

기고문의 주요 내용과 뒷이야기를 소개한다. 주요 내용은 다음과 같다.

– 최필립 정수장학회 이사장은 불쾌해했다. 진실위가 재단에 대해서

는 형식적으로 조사를 했다고 말했다. 진실위의 한 관계자도 이 같은 사실을 확인해주었다. 요컨대 짜맞추기식 조사였다는 말이다. 이른바 '진보' 매체들의 보도 양태도 크게 다른 바 없었다. 한 '진보' 매체는 진실위 발표의 권위를 과장해서 보도하기도 했다. 엄정함을 유지하지 않고 몰아가기식 보도를 했다는 점에서, '수구' 매체들을 답습하고 있었다. 부산일보가 박근혜 씨 때문에 편파보도를 해온 것처럼 보도한 매체와 토론회의 패널들도 있었다. 이들은 부산일보가 이미 오래전 신문에 '5·16 군사쿠데타'란 표현을 썼고, 우리당과 민노당 관계자들이 더러 보도의 공정성과 관련해 고마움을 표시하기도 한다는 사실을 아예 몰랐거나 혹은 외면하고 있었다.

- 모든 이들이 기본적으로 다음 몇 가지를 염두에 두었으면 한다. 첫째, 노무현 대통령과 고 김지태 씨는 남다른 인연을 갖고 있다. 노 대통령은 중학생 때 김지태 씨의 부일장학회로부터 장학금을 받았고, 부산상고 동문이며, 유족들이 장학회 관련 소송을 제기했을 때 변호사로 활약했다. 그는 정수장학회를 '장물'이라 부르기도 했다. 둘째, '노 대통령의 정신적 대부'라는 송기인 신부가 진실위 위원장을 맡고 있다. 진실위의 조사 과정에 '왜상(왜곡된 이미지)'이 작용할 수도 있었다는 말이다.

뒷이야기는 이러하다.

나는 진실위의 조사 결과가 나온 직후 최필립 정수장학회 이사장에게 전화를 걸어 입장을 물었다. 그는 이렇게 말했다.

"우리는 자료를 많이 준비해두고 있었다. 진실위에서 두 사람이 왔다. 자료는 쳐다보지도 않고 차만 마신 뒤 채 5분도 안 돼 가버렸다. 무슨 이런 조사가 있나. 다 짜맞춰놓고 하는 것 아닌가."

어찌 되었든 조사 결과가 나오자 기다렸다는 듯 정수장학회 반환을 겨냥한 보도와 토론회가 줄을 이었다.

언론개혁시민연대 등은 그해 7월 12일 부산일보 대강당에서 관련 토론회를 열었다. 나도 토론자로 참여했다. 토론회 직전 추혜선 언론개혁시민연대 사무처장이 나를 찾아왔다. 서로 아는 사이였다. 추혜선은 무슨 예상이라도 한 듯 "다른 토론자들의 언행이 마음에 들지 않더라도 좀 참아주시고 발언의 수위를 조금만 낮춰달라"고 신신당부를 했다.

토론회가 시작되자 추혜선이 왜 그런 당부를 했는지 이해가 갔다. 토론회의 의도와 목적은 정해져 있었다. 그런 상황에서 토론자로 나선 한 교수는 나에게 투쟁의 전면에 나서라며 공개적으로 압박을 가하기도 했다. 다들 사전에 짠 듯한 느낌이 왔다. 이것 봐라?

나는 슬며시 부아가 났으나 추혜선의 당부도 있고 해서 수위를 낮춰 이렇게 말했다.

"김지태 씨의 유족, 즉 '개인'에게 정수장학회의 지분을 돌려주는 건 반대다. 부산일보 구성원들은 공적 독립법인화를 원한다.

국가가 정수장학회를 환수하는 상황이 온다면 그 지분을 부산일보 구성원들에게 넘겨줘서 부산일보를 독립법인화하고, 부산일보 구성원들이 이사장을 비롯한 이사진 선임에 관여할 수 있도록 해야 한다."

그러면서 한 마디를 덧붙였다.

"진실위가 정수장학회에 가서는 자료도 안 보고 5분도 안 돼 일어났다는데, '진실'을 조사하겠다면서 일을 이런 식으로 해서는 안 된다."

이 말은 다소 충격이었던 모양이다. 술렁거렸다.

토론회가 끝난 뒤 추혜선은 다시 노조 사무실로 나를 찾아와 곤혹스러워하면서 이렇게 말했다.

"정수장학회 조사를 그런 식으로 한 줄은 몰랐다. 토론회 때 옆자리에 진실위 관계자가 앉아 있었는데, 사실이냐고 물었더니 사실이라고 하더라. 아, 이건 아닌데…."

그런데도 이 사안을 특정 방향으로 몰아가려는 분위기는 전혀 개선되지 않았고, 그래서 나는 《기자협회보》에 기고를 하기에 이른 것이었다.

기고문의 파장은 작지 않았다. 나는 기고문 마지막 문장에 "토론을 환영한다"고 써두었는데 토론을 원하는 단체나 사람은 나타나지 않았다. 공기 중에 침묵이 흐르는 듯했다.

대신 PD연합회를 비롯한 몇 군데에서 원고 요청이 와 추가로 글을 썼고, 분위기는 이상하리만치 숙지근했다.

정리하자면, 나는 정수장학회를 옹호하려는 생각이 추호도 없었다. 오히려 이참에 부산일보가 독립언론이 되었으면 좋겠다는 생각을 했었다. 실제로 그런 내용의 노조 성명서를 내기도 했다.

내가 기고문을 작성하고 진실위를 공박한 이유는 단순히 이런 심정 때문이었다.

"나는 당신의 사상을 좋아하지 않지만, 당신이 그 사상 때문에 탄압을 받는다면 당신을 위해 싸울 것이다." (프랑스 사상가 볼테르가 한 말이라고 하는데, 아닐 수도 있다. 누구의 말인지는 중요하지 않다.)

박준영이 대검 검찰과거사진상조사단 8팀의 부조리를 폭로한 이유도 나와 비슷할 것이라 믿는다. 괴물과 싸운다고 해서 스스로가 괴물이 되어서는 안 된다는 뜻이다. '내로남불'은 더더욱.

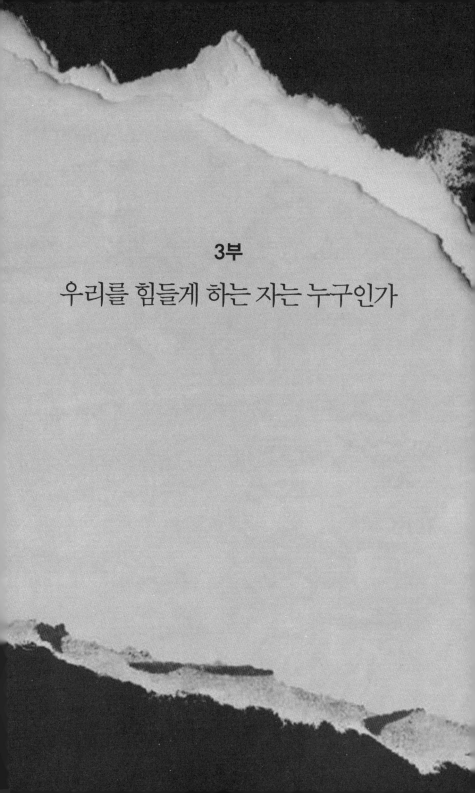

3부

우리를 힘들게 하는 자는 누구인가

IMF에 대한 한 연구 ①
환란의 주범은 누구인가

'IMF'에 얽힌 일화를 소개한다.

흔히 IMF라는 말들을 하는데, 정확한 표현은 'IMF 경제위기' 혹은 'IMF 외환위기'이다.

김영삼 정부 시절인 1997년 11월, 한국은 외환보유고가 부족해 국제통화기금(IMF)으로부터 급히 달러를 수혈받았다. 그로 인해 국가 경영에서 IMF의 관리 혹은 간섭을 받게 되었다. 안 좋게 이야기하자면 '경제식민지'가 돼버린 것이었다. 이런 정황을 한마디로 'IMF'라고 한다.

IMF는 달러를 빌려주는 조건으로 부실기업 퇴출, 공기업 민영화, 자본시장 추가 개방, 기업 인수합병(M&A) 간소화, 노동의 유연성(정리해고) 확보 등 많은 걸 요구했다.

김영삼 정부에 이어 집권한 김대중 정부는 IMF의 요구를 따를 수밖에 없었다. 먼저 다수의 우량기업들이 헐값에 외국 자본가들의 손에 넘어갔다. 사회적으로는 정리해고가 용이해지면서 '평생직장'의 개념이 희박해졌고 비정규직이 양산됐다.

나는 당시 부산일보 경제부에서 금융을 담당하고 있었다. 기자에게 금융이란 안온하고 정적인 분야인데, IMF를 전후해서는 금융담당 기자가 사회부 사건기자보다 더 바빴다. 부산의 어음부도율이 전국 1위를 기록하는 등 요즘 말로 '심쿵'하는 사건이 비일비재하게 터져 나온 것이었다.

지금부터 하는 얘기는 그 시절의 삽화 같은 것이다.

IMF 관리체제가 시작된 건 1997년 11월이다. 그 직전까지 한국의 경제정책을 지휘한 인물은 강경식 당시 경제부총리 겸 재정경제원 장관이었다.

강경식이 재경원 장관을 맡게 된 사연도 평상시와는 많이 달랐다. '봉고 신화'를 쓴 기아그룹의 천문학적인 부실 규모가 드러났고, '관치금융' 탓에 마구잡이식으로 부당 대출을 해준 은행들의 경영 상태가 위험에 처해 있었다. 한마디로 국가경제 전체가 총체적 위기를 맞은 상황이었다.

김영삼 대통령은 강경식을 찾았다. 강경식은 재무부 장관을 지낸 터였다.

내가 들기로, 강경식의 주위 사람들은 이런 말을 하면서 만류했다고 한다.

"당신은 야구로 치면 선발 완투용 투수다. 지금의 재경원 장관은 패전처리용에 불과하다. 누가 가도 이 위기는 못 막는다. 경력에 오점을 남기지 말라."

그러나 강경식은 이런 말을 하면서 만류를 뿌리쳤다고 한다.

"나는 오랫동안 재무부에서 국가의 녹을 먹은 사람이다. 지금 국가가 누란의 위기에 처했다는데 어떻게 안 갈 수가 있는가."

강경식은 어떻게 되었을까? 그는 주위의 우려대로 불명예퇴진을 해야 했고, 급기야 구속까지 되는 수모를 겪었다.

우선 김선홍 회장의 기아그룹이 그를 괴롭혔다. 기아그룹은 철저히 곪아 있었다. 노사의 부당한 짬짜미가 가관이었고, 부실대출 규모는 상상을 초월했다. 부도금액이 무려 10조 원에 달했다.

해외에서는 기아그룹 문제를 제대로 해결하지 않을 경우 국가 신인도를 낮추겠다고 공언했다. 국가 신인도가 낮아지면 외국에서 돈을 빌리기가 힘들어지고, 빌린 돈의 만기연장이 불가능해진다. 빌린 돈을 조기에 상환하라는 압박도 들어온다. 이러다 보면 국가의 외환보유고는 급속도로 낮아질 수밖에 없다. 그때는 그런 상황이었다.

강경식은 김선홍을 퇴진시키고 기아그룹을 구조조정하려 했다. 금융개혁법안과 노동법 개정안도 마련했다. 그러자 기아의 초강성 노조와 금융권 노조가 극렬하게 반발했다.

김대중 총재의 새정치국민회의와 동아일보도 강경식을 적대시했다. 새정치국민회의는 금융개혁법안 등에 반대함으로써 강경식의 발목을 잡았다. 여기까지는 대체로 알려진 내용이다.

지금부터는 언론에 안 난 이야기들이다.

새정치국민회의가 강경식의 방침에 반대한 이유 중 하나는 기아그룹이 사실상 전라도 기업이기 때문이란 말이 있었다.

김선홍은 전라도 출신으로서 정계와 언론계에 상당한 영향력을 갖고 있었다. 김대중은 김선홍에게 부도를 막아주겠다고 수차례 약속한 것으로 알려져 있다.

또한 기아자동차 계열사인 아시아자동차 본사가 전라도 광주에 있었다. 아시아자동차가 쓰러지면 광주의 경제가 타격을 입을 수 있었다.

언론계에서는 김선홍의 출신 고교에 주목하기도 했다. 김선홍은 전주고를 나왔는데, 당시 새정치국민회의 대변인을 지낸 전 MBC 기자 정동영이 이 학교 출신이었다. 이 밖에 상당수의 이 고교 출신들이 언론계에 포진해 있었다. '전주고 마피아'란 말까지 나돌았다.

동아일보는 특히 심하게 강경식을 흔들어댔다. 이 신문은 강경식이 기아자동차를 삼성자동차에 넘기기 위해 그런다는 식으로 기사를 작성했고 사설을 썼다. 1997년 8월 29일자 사설의 제목은 아예 '강경식 부총리 물러나야'이다.

이 사설 내용 중에는 "기아에도 문제가 있지만 자동차산업의 과잉 중복투자를 부추긴 삼성의 승용차사업 진출에 앞장선 장본인이 강 부총리라는 점이 기아문제 해결의 걸림돌이 되고 있다. 삼성의 기아인수 음모설과 그 뒤에 강 부총리가 있다는 재계의 의혹이 사실이 아니라 하더라도 그는 사태수습의 적임자가 아닌 것 같다"라는 게 있다.

이 문장은 좀 교묘한 데가 있다. 팩트도 맞지 않았다. '삼성의 기아인수 음모설'은 말 그대로 음모론에 불과했다.

이 문장 식으로 당시의 상황을 적어보자면, 동아일보가 정부의 기아그룹 처리 방향에 부정적이었던 이유는, '편집국에 전주고 출신이 많이 포진해 있기 때문이란 말이 있는데 이게 사실이 아니라 하더라도 그런 추측은 있었다.'

시간이 흘러 김대중 정부가 들어서자 강경식과 경제수석 김인호는 '환란 주범'으로 지목돼 구속기소 됐다.

나는 이들이 수의를 입고 구속되는 모습을 지켜보면서, 정책문제를 두고 법적 책임 운운하는 건 말이 안 된다는 생각을 했다. 언젠가는 '샤일록과 강경식을 위한 변명'이란 칼럼을 써서 이런 의견을 밝히기도 했다.

"강경식과 김인호를 구소기소 한 일은 '희생양 찾기'라는 중세 유럽의 몰이성과 불의(不義)에 해당한다."

아닌 게 아니라, 나는 강경식이 기아 문제를 무난하게 해결했더라면 그 험한 IMF를 겪지 않아도 되었을 것이란 주장에 동의하는 쪽이기도 하다.

훗날 강경식·김인호 두 사람은 모두 법원에서 무죄 판결을 받았지만, 그 사실을 중시하고 주목하는 사람들은 이미 별로 없었다. 그들은 다만 '희생제의'의 제물로서 한차례 소모되고 말았을 따름이다.

IMF가 우리에게 제시한 교훈은 부디 감정에 휘둘리지 말고 냉철하게 이성적으로 판단하고 행동하라는 것이었는데, 강경식·김인호의 사례를 보니 달라진 건 아무것도 없는 듯했다. 못내 아쉬웠다.

IMF에 대한 한 연구 ②
밤사이 다섯 번 바뀐 정책, 정부는 유능했나

'신종코로나바이러스(코로나19) 사태'가 터지자 문재인 정부는 재난기본소득 지급, 초중고 개학, 소상공인 긴급 대출, 마스크 지급 등과 관련해 대책을 내놓았다. 하지만 이 대책들은 적잖은 혼선을 빚었고, 정부는 예사롭게 말을 바꾸었다. 국민들은 문재인 정부의 능력에 대해 회의감을 갖기 시작했다.

1997년 IMF 때의 정부는 어땠을까.

당시 경제정책을 주도한 곳은 '재정경제원'이었다. 1994년에 경제기획원과 재무부를 합쳐서 만든 정부 부처로서, 모든 경제 관련 정책을 수립, 조정, 집행했다. 권한이 워낙 세서 '공룡'이라 불렸다. 그 재경원에 얽힌 일화다.

IMF 관리체제가 시작되기 두어 달 전쯤, 서울 광화문 프레스센터에서 중견 경제담당 기자 연수가 있었다. 한국언론진흥재단이 경제 기사의 중요성을 염두에 두고 기획한 것이었다.

하루는 재경원의 국장급 과장이 특강을 했다. 그는 전·현직 장관들을 '~씨'라 불렀다. 당시는 강경식 부총리 겸 재경원 장관 시절이었는데, 그는 강의하면서 '강경식 씨' '조순 씨'라는 호칭을 썼다. 공무원이 공개 석상에서 상사를 두고 그런 호칭을 쓰는 건 처음 겪는 일이었다.

그는 강경식에게 호의적인 것 같지는 않았다. 특정 기사로 강경식을 난처하게 만든 동아일보의 한 기자를 은근히 치켜세우기도 했다.

그는 당면한 외환위기 사태를 두고, 외환보유고 시스템이 근본적으로 문제가 있다, 외환보유고가 위험에 처한 건 처음이 아니다, 국민이 모르는 상태에서 미봉책으로 상황을 모면해왔을 뿐이다, 국민에게 위기 상황을 정확히 알리고 공개적으로 대책을 마련하자고 건의하면 역대 경제장관들은 다 외면했다, 고 거침없이 말했다.

그는 조순 전 경제부총리를 예로 들기도 했다.

"한번은 조순 씨에게 '외환 상황이 좋지 않으니 공개적으로 대책을 마련해야 한다'고 건의했더니, '꼭 내가 있을 때 해야겠느냐'라고 하더라. 경제장관들은 그런 식으로 책임을 회피했고, 자신들의 이미지를 관리하는 데만 신경을 썼다."

이 말을 들은 기자들은 살짝 술렁거렸다. 조순은 '산신령'이라 불릴 정도로 좋은 이미지를 구축한 경제 관료 겸 학자였기 때문이었다.

어쨌든 나는 국가 운영의 허점을 본 듯해서 내심 불안감이 들었다.

IMF 당시 부산에서는 시중은행인 동남은행과 종합금융회사 네 곳이 문을 닫았다.

종금사들은 해외에서 단기자금을 빌려와 국내 기업들에게 장기대출을 해주는 일을 했다. 따라서 해외 채권자들이 자금을 일시에 회수하면 유동성 위기에 직면할 수 있는 구조였다.

결국 기업어음(CP)에서 문제가 발생했다. CP는 신용도가 높은 우량기업이 단기자금을 조달하기 위해 어음 형식으로 발행하는 단기채권을 말한다. '급전'인 만큼 금리가 높았다.

종금사의 업무 중에는 이 CP를 할인, 매매, 인수 및 보증하는 것도 있었다. 개인고객들은 단기 고금리와 해당 기업의 안전성을 보고 재테크 수단으로 CP를 구입했다.

그런데 한국에 경제위기가 도래하자 해외 채권자들은 단기자금의 만기연장을 거부하고 자금 회수에 들어갔다. 종금사들은 종금사들대로 채무 상환과 자금 비축을 위해 CP의 만기연장을 거부하고 기업들로부터 자금을 회수하기 시작했다. CP를 발행한 우량기업들의 자금난은 가중됐다.

당연히 CP를 둘러싸고 커다란 혼란이 일었다. 종금사, 기업, 개인고객 모두 흥분의 도가니였다. 특히 우량기업들의 부도가 일상화하고 금융기관들이 연쇄적으로 어려움에 처하자 불안감을 느낀 개인고객들이 CP를 중도매각 혹은 환매하기 시작했다. 개인고객들은 종금사 창구로 몰려가 무조건 환매를 요구했다. 종금사는 유동성 위기를 맞을 판이었다.

정부, 즉 재경원의 방침이 필요했다. 정부에서 종금사의 유동성 보장을 위해 CP를 매입하거나 보증을 설 필요가 있었다.

개인고객 환매에 대한 정부의 방침이 나오기로 한 날, 나는 밤 늦게까지 고려종금에 머물면서 결과를 기다렸다. 재경원의 방침은 쉽게 나오지 않았다.

일단 귀가를 한 뒤 다음 날 오전 고려종금에 들렀더니, 담당자들이 날밤을 샌 상태에서 망연자실해 있었다. 재경원이 밤사이 다섯 번이나 환매하라 했다가 말라 했다가 하더니 최종적으로는 각자도생하라며 발을 빼버렸다는 것이다.

그리하여 고려종금과 종금사 세 곳은 아무런 대책 없이 개인고객들에게 환매를 해야 했고, 급기야 어쩔 도리가 없는 수준의 자금난에 직면했다. 그리고 퇴출 과정을 밟았다.

명색 정부의 방침이 어떻게 밤사이에 다섯 번이나 바뀔 수 있다는 말인가. 이를 두고 고려종금의 한 간부가 울먹이면서 내게 이렇게 말했다.

"우리는 정부의 보증을 받기 위해 사력을 다했는데, 재경원 사람이 마지막에 그러더군요. 당신 회사는 퇴출로 가닥이 잡혔으니 너무 애쓰지 말라고…. 밤사이에 다섯 번이나 방침을 수정해서 내려보내는 바람에 혼이 다 나갈 지경이었는데, 마지막에 오만하고 무책임한 말까지 듣고 나니 무척 서럽고 화가 납니다."

앞에서 잠시 보았듯이 IMF는 부실 금융기관 퇴출을 포함한 금융 구조조정을 요구했다. 이 같은 사실이 알려지자 '사태'라 부르는 게 마땅할 정도로 대규모의 예금 인출 현상이 일어났다. 은행이 망하는 모습을 본 일반 예금주들로서는 당연한 반응을 보인 셈이었다.

이 와중에 엉뚱하게도 투자신탁에서 대규모 인출 사태가 일어났다. 투자신탁은 대출 기능이 없어서 부실 가능성이 희박했고, 그런 이유로 구조조정 대상에서 빠져 있었는데, 대상이 된 것으로 오해를 받은 것이었다.

이즈음 나는 제일투자신탁과 한국투자신탁, 대한투자신탁 사장들과 부산의 한 일식당에서 저녁을 같이 했다. 그 자리에서 재무부 국장 출신의 한 사장이 이렇게 말했다.

"정부의 방침이 궁금해서 재무부 후배인 국장을 만나러 재경원에 찾아갔더니, 후배들이 나한테 대책을 좀 제시해 달라며 매달리더라. 정말 답답한 상황이다."

1998년 2월, 그야말로 말도 많고 탈도 많았던 재경원은 정작 자신이 구조조정을 맞아야 했고, 그 의미와 규모가 대폭 축소됐다. 이름도 재정경제부로 격하됐다.

새삼스럽게 의문이 하나 생긴다. 지당한 의문일 것이다.

"지금의 정부는 훌륭한가?"

IMF에 대한 한 연구 ③
부산은행의 '뿌리 깊은 나무론(論)'

전쟁이나 재난이 흔히 그렇듯이 'IMF 사태'는 인간 군상의 다양한 속살을 보여주었다. 마음을 덥힌 일들도 있었고, 씁쓸한 뒷맛을 남긴 사연도 있었다.

IMF로부터 구제금융을 받은 직후, 그러니까 1998년 2월에 김대중 정부가 들어섰다. 김대중 정부는 IMF와의 구조조정 약속을 이행해야 했다. 사회 전반에 맵고 차가운 바람이 불었다.

정부 출연기관인 기술신용보증기금도 인적 구조조정을 해야 했다. 임원 A씨도 대상에 포함됐다고 했다.

인적 구조조정 발표가 나기 며칠 전, 나와 A씨는 부산 용두산 공원 아래 고깃집에서 점심을 같이 했다. 그날은 비가 많이 왔다. A씨는 이별주라면서 포도주를 한 병 들고 왔다.

우리는 포도주를 마시면서 이런저런 이야기를 나누었다. A씨는 주로 지난 시절을 이야기했다. 구수하고 선한 사람이었다.

구조조정 이야기가 나오자 그가 처연한 표정을 지었다. 창밖에서는 비가 주룩주룩 내렸고, 그의 눈에서는 눈물이 주룩주룩 흘렀다. 나는 그를 위로했다.

며칠 뒤, 구조조정 대상자가 발표됐다. 어라? A씨는 대상에서 빠져 있었다.

이사장을 만나서 A씨 건을 물었더니 슬며시 얼굴이 굳어졌다. A씨가 구조조정 대상에서 빠진 이유는 '지인의 서열' 때문으로 보였다.

A씨는 김중권 청와대 비서실장의 친한 친구였다. 한번은 내 앞에서도 "중권이냐?"라면서 통화를 했다. 비서실장은 권력 서열이 2위쯤 됐다. 이사장은 강봉균 재정경제부 장관과 가까웠다. 일주일에 한 번 정도는 테니스를 치는 사이라고 했다. 하지만 재경부 장관은 권력 서열이 5위 정도였다.

나는 "서열에서 밀렸나 보죠?"라고 농담을 건넸으나 이사장은 웃음기를 보이지 않았다. 그는 기본적으로 원칙주의자였다. 그는 구조조정의 의미가 훼손됐다고 생각하는 것 같았다. A씨는 임원 임기를 다 채우고 부산을 떠났다.

IMF 당시 부산에서는 종합금융회사 네 곳이 문을 닫았다. 금융

감독원에서는 청산 작업을 위해 각 회사에 감독관을 파견했다.

A종금사에 파견돼 나온 감독관은 3일째 되던 날 내게 이렇게 말했다. 직설적인 성격이었다.

"이 회사는 망하는 게 맞겠습니다. 3일 만에 내부 사정 파악 다 했습니다. 가만히 있는데도 비밀장부와 은밀한 정보가 다 들어옵니다. 임원들과 간부들이 무슨 부조리를 저질렀는지, 누가 부당하게 입사했는지 다 알고 있습니다."

그러면서 이런 말도 했다.

"노조가 강당에서 농성 중이지 않습니까? 맨 앞줄에서 팔 크게 흔드는 노조 간부가 한 명 있는데, 그 사람이 정보를 제일 많이 가져옵니다. 그 덕에 노조가 어떻게 움직일지도 다 알고 있습니다. 회사가 문을 닫더라도 한동안 청산팀은 가동해야 하니, 그때 자기를 청산팀에 남겨 달라는 것이죠."

나는 그 말을 듣고 나서 담담한 문체로 기자칼럼 같은 걸 한번 써볼까 하다 그만두었다. 어느 집에서나 소쩍새 우는 사연은 다 있는 법이니, 그런 그들에게도 그럴 수밖에 없는 사연이 있으리라 여기기로 한 것이었다.

IMF 와중에 부산은행과 경남은행의 인수합병설이 나돌았다. 지금과는 분위기가 사뭇 달라서 경남은행이 부산은행을 인수합병하는 쪽으로 분위기가 흘러갔다. 부산은행은 위기 상황에 놓여 있었다.

하지만 나는 어느 순간부터 부산은행이 독자생존에 성공할 것 이란 확신을 갖기 시작했다. 임원들과 노조의 자세 때문이었다.

나는 당시 은행장은 몸이 안 좋아서 잘 보질 못했으나, 임원들은 수시로 만나 이야기를 나누었다. 임원들은 늘 이렇게 말하곤 했다.

"부산은행은 뿌리 깊은 나무다. 어려웠던 적이 없었을 리가 있겠는가. 우리는 쉽게 무너지지 않는다."

부산은행 노조는 강성이었지만 합리적이었다. 그 당시는 노조가 은행의 존속을 위해 중심을 잡을 필요가 있었던 시기이기도 했다. 노조는 인적 구조조정을 받아들이는 대신, 임원들과 간부들에게 임금 삭감을 비롯한 솔선수범을 요구했다. 그러자 지점장들이 스스로 자가운전을 시작했다. 그전에는 기사가 딸린 업무용 차량을 이용하고 있었다.

임원들도 직접 차를 몰겠다고 했지만 이번에는 노조가 만류했다. A 상무는 내게 이렇게 전했다.

"모두가 고통을 겪고 있는데 우리만 예외일 수는 없어서 자가운전을 하겠다고 했다. 그런데 노조에서 '임원은 이동 중에도 생각하고 판단해야 할 게 많으니 자가운전을 해서는 안 된다'면서 현행 시스템을 유지하라고 요구하더라."

이런 자구 움직임에도 불구하고 부산은행의 주가는 한때 900원

대까지 추락했다. 그 시점에 나는 부산은행 주식을 300만 원어치 샀다. 증권을 통한 경제 공부도 할 겸, 부산은행에 대한 나 자신의 판단도 테스트해볼 겸 해서였다. 그때 동료 기자들은 생명이 다한 은행의 주식으로 만용을 부린다며 핀잔을 주었으나, 나는 자신만만하게 이렇게 응수했다.

"주식을 살 때는 재무제표상의 수치를 읽는 것도 중요하지만 잘 안 보이는 내부 사정, 즉 경영진의 사고방식과 자세는 어떤지, 사장이 평일에 골프를 치는지, 친다면 몇 번 치는지, 경리 담당자가 자주 바뀌는지, 하는 것들을 파악할 필요가 있다고 한다. 나는 부산은행의 그런 점을 잘 알고 투자를 한 것이다. 무엇보다 이 은행은 망하지 않는다고 확신한다."

그런 뒤 세 배 정도의 차익이 났을 때 환매를 했고, 중식당에서 동료 기자들과 홍보실 사람들에게 요리를 샀다.

그랬던 부산은행이 지금은 '5대 금융그룹'이라 불리는 BNK금융그룹의 주력 계열사로 자리매김했으니, 그 시절 임원들이 "부산은행은 뿌리 깊은 나무다"라고 한 말이 여실히 증명된 셈인가?

아파트값 폭등과
수도노 살림의 하얀 집

   2020년 전국에서 전세대란이 벌어졌다. 부산에서는 한두 달 사이에 아파트 값이 폭등했다. '폭등'은 순한 표현일 것인데, 순한 표현일 수밖에 없는 것이 해운대만 해도 아파트 값이 적게는 2억 원, 많게는 5~6억 원씩 올랐다. 그래서 '아파트 값이 미쳤다'는 사람들이 적지 않았다. 다른 지역도 사정은 대동소이했다.

   하루는 10억이 넘는 30평대 초반의 아파트 입구에서 1000원짜리 호떡을 사 먹었다. 호떡을 들고 아파트를 올려다보면서, 도대체 호떡 몇 장을 팔아야 한두 달 사이에 수억을 벌 수 있을까, 그런 말을 듣는 호떡 장수의 심사는 어떨까 생각했다. 슬며시 뜨거운 무언가가 속에서 일어났다.

나는 이럴 때면 늘 수도노 살림의 검게 그을린 하얀 집을 떠올리곤 한다. 살림은 인도네시아의 화교(華僑) 재벌로서 재계 서열 1위인 살림그룹의 총수였다. 중국식 이름은 린샤오량(林紹良).

나는 2000년에 '떠오르는 용(龍)-중화경제권' 취재를 위해 홍콩, 태국, 말레이시아, 싱가포르, 인도네시아를 방문했다. 화교들은 이들 나라에서 국가 자본의 50~80%를 장악하고 있었다.

내가 갔을 때는 인도네시아의 원주민들이 화교들을 대상으로 '인종폭동'을 일으킨 직후였다. '1998년 인종폭동'이다.

인도네시아에서는 3%의 화교들이 국가 자본의 70%를 장악하고 있었는데, 화교들과 원주민들은 사는 곳이 도시와 농촌으로 선명하게 구분될 정도로 경제적 불평등이 심했다.

그때 화교 부자들은 다치거나, 죽거나, 패물만 지닌 채 배를 타고 허겁지겁 바다 건너 싱가포르로 피신했다. 살림도 그랬는데, 이런 일은 그전에도 있었다.

원주민들의 불만이 조직적으로 광범위하게 표출된 것은 사악한 정치인들 때문이었다. 수하르토 전 대통령은 정치적 위기에 직면할 때마다 화교들 쪽으로 화살을 돌렸다. 못 배우고 가난한 원주민들의 시기심을 교묘하게 이용한 것이었다. 1998년의 인종폭동 역시 그러했다.

여기에는 종교문제도 끼어 있었다. 인도네시아는 이슬람국가인데 화교들은 불교와 기독교를 믿었다. 그래서 '돼지고기를 먹는 이교도들이 우리의 몫을 갈취해 간다'는 격문이 늘 폭동의 뇌관 구실을 했다.

나는 인도네시아로 넘어가기 전날 밤 싱가포르의 호텔 방에서 TV를 보고 있었다. 마침 인종폭동 관련 뉴스가 나왔다. 뉴스의 내용인즉 인도네시아 정부가 싱가포르로 관리들을 파견했는데, 그 이유는 싱가포르 정부가 피신한 인도네시아 화교들의 돈 중 절반만이라도 돌아올 수 있도록 협조를 부탁하기 위해서였다.

듣기로 피신한 화교들이 보유한 돈의 규모가 200억 달러(약 22조 원)나 돼서, 인도네시아의 경제적 기반이 흔들릴 정도였다. 화교들의 경제력과 부의 편중이 어느 정도인지를 짐작하게 하는 장면이었다.

화면에는 인도네시아 정부 사람들의 모습이 나왔다. 그리고 살림의 검게 그을린 하얀 집이 비쳤다. 은근히 그 집에 대한 호기심이 일었다.

나는 자카르타(인도네시아의 수도)에 닿자마자 호텔에 짐을 풀고는 곧장 살림의 집을 찾아갔다.

그 집은 하얀색 단독주택이었는데, 위성안테나가 인상적이었다. 담장이 높아서 안을 들여다볼 수는 없었다. 그 하얀 집의 담벼락은 반(反)화교 시위대의 화염병 세례를 받아 군데군데 검게 그을려 있었다. '수도노 살림의 검게 그을린 하얀 집'이란 표현을 쓴 이유는 이 때문이다.

인도네시아 원주민들은 위성안테나가 달린 살림의 하얀 집과 높은 담장을 비인간적이고 왜곡된 빈부격차의 상징으로 해석했다는 말이 있었는데, 살림은 살림대로 화가 나서 담장을 검게 그을린 그대로 놔두라고 했고, 다시는 인도네시아로 들어가지 않겠다고 천명했다 들었다.

어쨌든 나는 그 뒤로 서민들의 입에서 사느라 죽겠다는 말이 나오고, 버스기사나 생면부지의 여성에 대한 무차별적 폭행 같은 사회적 혼란의 조짐이 보일 때마다, 테러를 당한 살림의 검게 그을린 하얀 집을 떠올리곤 해왔다. 아닌 게 아니라 갈수록 이런 유형의 '묻지 마 범죄' 소식이 자주 들려오고 있어서 걱정스럽다.

'묻지 마 범죄'의 원인은 극심한 경쟁과 뒤틀린 인간관계, 경제적 어려움, 정신적 질환 등으로 다양할 터인데, 특히 경제적 문제가 상당한 비중을 차지할 것이란 생각이 든다. 열심히 일해도 소용이 없고, 열심히 일하고 싶은데 일할 기회가 없는 데서 오는 무력감, 열패감, 박탈감… 그런 것들이 빚은 불특정 다수에 대한 사회적 분노가 아닐까 하는 것이다.

나아가 이런 부조리를 바로잡아야 할 위정자들이 매일매일 삿된 언행으로 국민들의 분노를 유발하며 '보골'을 채우는 탓도 클 테지.

나는 1000원짜리 호떡을 든 채, 호떡을 구워 팔아서는 도저히
살 엄두가 날 것 같지 않은 아파트를 올려다보면서 정처 없는 생
각을 한 것이었다.

▶팁-화교 약사(略史)

동남아시아 각국의 화교는 2000만 명이 넘는다. 거의 다 차오
저우(潮州), 광둥(廣東), 하이난(海南), 커지아(客家), 푸젠(福建) 등
중국 남부지방 출신이다. 이는 중국의 역사와 관련이 깊다.

애초에 양쯔강 북쪽(강북) 사람들은 남쪽(강남) 사람들을 멸시했
다. '갓 쓴 원숭이'라 부르기도 했다.

기원전 221년 중국을 통일한 진시황은 중농주의를 표방하고 상
업을 천시했다. 상업은 근본적으로 탐욕을 전제하고 사람을 속
이는 분야라 여겼다. 그는 수많은 상인들을 죄수, 천민 들과 함
께 강남의 연안지방, 즉 광둥푸젠 등지로 강제이주시켰다.

상인들은 가망 없는 대륙을 버리고 시암(현재의 태국), 말레이반
도, 필리핀, 인도차이나 등지로 몸을 옮겼다. 화교 1세대인 셈이다.

당나라 말기 9세기에 일어난 '황소의 난' 때는 상인들이 대규모
로 학살됐다. 상인들은 다시 대륙을 떠나 말레이반도로 갔다.

명의 홍무제는 상인들을 증오했다. 가난한 농군의 아들이었던
홍무제는 자신의 부모가 기근으로 굶어 죽어갈 때 부유한 상인
들 중 어느 누구도 자신들을 도와주지 않았다는 사실을 뼛속 깊

이 새겨두고 있었다. 홍무제 때 강남의 연안지방 상인들은 모든 재산을 잃은 채 가족들을 이끌고 남중국해로 떠내려갔다. 민족 대이동 수준의 탈주였다.

그 후로도 상인들에 대한 탄압은 간헐적으로 지속됐고, 그럴 때마다 이들은 값나가는 물건만 챙겨 들고 배에 올랐다. 화교들이 현금이나 환금성이 좋은 물건을 선호하는 건 이런 역사 때문이라고 한다.

자연재해도 강남 사람들을 바깥으로 내몰았다. 홍수나 한발이 닥치면 강북 사람들은 사정이 좀 나은 강남지방으로 이주했지만, 강남 사람들은 해외 말고는 갈 데가 없었다.

19세기 들어 서구 열강들은 동남아시아에 식민지를 구축하고 있었는데, 이때 중국인들이 일감을 찾아 대대적으로 이주했다. 식민지 정부는 자신들과 원주민들 사이의 중간 계층으로 중국인들을 설정했고, 중국인들에게 상업과 대금업 등 치부를 할 수 있는 권한을 주었다. 이 정책이 훗날 민족갈등으로 인한 '인종폭동'의 직간접적 원인이 되었다.

화교들은 독재정권을 지원하면서 막대한 부를 쌓기도 했고, 제2차 세계대전 때는 점령군인 일본군에게 군수물자 등을 대 돈을 벌기도 했다. 이 역시 '인종폭동'의 빌미가 됐다.

중화인민공화국이 들어선 1949년을 전후해서는 다시 공산당 정권에게 재산을 몰수당하는 등 정치적 핍박을 받던 사람들이 대륙을 등졌다.

현재 화교들은 끈끈한 공동체를 뜻하는 다섯 개의 출신 지역별 '방(幇)'을 통해 철저히 협력 관계를 유지하고 있다.

한편 화교를 영어로는 'Overseas Chinese'라고 한다. '해외에 거주하는 중국인'이란 뜻이다. 하지만 자신을 '중국인'이라 여기지 않는 화교들도 적지 않다고 한다. 동남아에서 만난 한 유력 화교기업인(華商)은 중국은 단지 사업파트너일 뿐이라고 단언했다. 화교들끼리는 최대한 협력하지만 정작 중국 본토와는 심리적 거리를 두는 듯한 느낌이었다. 체제 탓도 있을 것이다.

4부

문화를 생각한다

요산 김정한의 고백

부처, 예수, 공자, 소크라테스를 흔히 '4대 성인'이라고 한다. 배울 점이 많아서 그럴 것이다.

공자는 이들 중에서 가장 인간적이었다. 약점도 많았다. 화를 잘 냈고, 비판을 할 때는 날이 서 있는 경우가 많았다. 술을 좋아했고, 여성 문제도 있었다. 다만, 늘 바르게 살고자 노력했을 따름이다. 작고한 소설가 요산 김정한에 대해서 쓰려니 문득 공자의 약점 생각이 났다.

요산은 언사에 거침이 없었다. 독설가였다. '거창양민학살사건'을 두고는 이렇게 자탄하기도 했다.

"우리는 개만도 못한 민족이다."

작품 〈산거족〉(1971년)에서는 이렇게 적기도 했다.

"사람답게 살아가라! 비록 고통스러울지라도 불의에 타협한다든가 굴복해서는 안 된다. 그것은 사람이 갈 길이 아니다."

요산에 대해서는 '좌파 성향의 민족주의자'란 평이 있다. 작품의 경향성 때문일 것이다.

요산 작품의 경향성으로 말하자면, 〈사하촌〉(1936년)이 대표적이다. 〈사하촌〉의 시점은 일제강점기이며, 친일파 대처승들의 악행, 척박한 농촌 현실, 소작농들의 빈궁과 고통이 등장한다. 당시에는 대처승들이 전국의 거의 모든 절을 장악했고, 광대한 토지를 보유했다고 한다. 요산은 이 소설로 인해 대처승들한테 테러를 당하기도 했다고 한다. 요산은 1987년 '민족문학작가회의'가 설립됐을 때 초대회장을 맡기도 했다.

하지만 오늘 이 자리에서는 결이 조금 다른 이야기를 적어두려 한다.

나는 요산이 세상을 떠나기 몇 달 전, 그러니까 1996년 여름에 부산 서구 대신동에 있던 요산의 아파트를 세 번 방문했다. 차를 마시면서 편안하게 이런저런 이야기를 나누었다.

나는 그때 개인적으로 궁금해하던 몇 가지를 물었던 것인데, 의외의 대답이 돌아왔다.

"잡지 《뿌리 깊은 나무》였습니까? 《샘이 깊은 물》이었습니까? 양담배가 금기시되던 시절인데 인터뷰 사진에 양담배가 잡혀서 비판을 받은 것으로 압니다만.”

“내가 양담배를 좋아했거든요. 양담배를 좋아했으니까….”

그는 그러면서 말을 이어갔다.

“사람들이 나를 보고 민족주의자, 비판적 사실주의자 운운하는데 사실 다 만들어낸 이야깁니다. 특히 창작과비평 편집인이었던 백낙청(전 서울대 불문과 교수)이가 문학과지성을 견제하기 위해 나를 의도적으로 띄웠던 거죠. 뭔가 좀 참신한 진보적 색채의 작가를 찾고 있었는데, 그 당시 작품 활동이 뜸했던 내가 상품으로 괜찮아 보였던 것이죠. 백낙청이는 나를 민족문학작가회의의 간판으로 내세우기도 했는데, 다른 생각이 좀 있었던 것 같아요. 고은(시인)이한테 회장을 맡기고 싶었는데, 고은이한테 문제가 좀 있으니까, 고은이를 부회장 시켜서 실질적인 회장 역할을 하도록 한 거지요. 나는 부산에 있었고 건강도 여의치 않았습니다. 그쪽 문학평론가들이 나를 치켜세우곤 했지만, 그건 의도된 거고… 나는 내가 뛰어난 작가라고 생각 안 해요. 진심입니다.”

나는 다시 〈사하촌〉 탓에 대처승들한테 테러 당한 일을 물었다. 그는 말했다.

“〈사하촌〉에서 중들을 욕한 건 젊은 시절의 성정이 불의를 보면 참질 못해서 그랬던 거지, 친일파에 대한 적개심, 민중적 관점, 뭐 그런 건 아니었습니다. 나는 친일한 사람들 욕 안 해요. 그때는 세상이 일본 세상이었어요. 정말 나쁜 놈들 빼고는 나름의 사정들이 있었을 테고… 그리고 다들 세상이 그냥 그렇게 흘러갈 줄 알았죠. 그러니 그렇게 살았던 건데… 서정주(시인, 작고)를 보고 친일파라 욕을 하는데, 그 사람도 그 당시에는 그렇게 생각했던 거고….”

나는 그 뒤로 요산을 만날 때마다 앞에서 소개한 말을 재차 확인했다. 그는 늘 똑같은 말을 했고, 기사로 써도 좋다고 했지만, 왠지 망설여져서 기사화하지는 않았다.

얼마 뒤 요산은 세상을 떠났고, 나는 이 이야기를 속으로 품고만 있었다. 오늘은 문득 이 이야기가 하고 싶어졌다.

추미애가 쏘아 올린 소설가론(論)

2020년 7월 27일, 국회 법제사법위원회 전체회의 석상에서 일어난 일이다.

추미애 당시 법무부 장관은 윤한홍 미래통합당(현 국민의힘) 의원이 추 장관 아들의 군 휴가 미복귀 의혹과 법무부 차관의 대가성 인사 의혹을 결부시켜 질의하자 이런 반응을 내놓았다.

"소설 쓰시네."

그러자 한국소설가협회(이사장 김호운)가 3일 뒤 추미애에게 해명과 공식 사과를 요구했다. 소설가협회는 '법무부 장관에게 보내는 공개해명 요청 성명서'를 통해 이렇게 밝혔다.

"정치 입장을 떠나 한 나라의 법무부 장관이 소설을 '거짓말 나부랭이' 정도로 취급하는 현실 앞에서 이 땅에서 문학을 융성시키는 일은 참 험난하겠구나 생각했다. 추 장관이 해명과 함께 소설가들에게 공개 사과하기를 요청한다."

소설가협회는 그러면서 추미애에게 '거짓말'과 '허구(虛構)'의 차이점을 학술적으로 설명해주기도 했다.

"거짓말은 상대방에게 '가짜를 진짜라고 믿게끔 속이는' 행위다. 소설에서의 허구는 거짓말과 다르다. 소설은 '지어낸 이야기'라는 걸 상대방(독자)이 이미 알고 있으며, 이런 독자에게 '이 세상 어딘가에서 일어날 수 있을 법한 이야기'로 믿게끔 창작해낸 예술 작품이다."

소설가협회는 1974년 발족한 사단법인으로, 소설가들로만 구성된 국내 유일의 문인 단체이다. 소설가 유주현, 김동리, 한무숙, 김광식, 홍성유, 정을병, 정연희, 유재용, 이동하, 백시종, 김지연 등이 회장을 역임했다. 회원 수는 2020년 7월 기준 1356명이었다.

나는 이 사안을 지켜보면서 1990년대 중반경의 삽화를 생각해냈다. 소설 혹은 소설가에 관한 것이다. 나는 그 어름에 부산일보 문학담당 기자로서 매주 연중기획 〈분단문학의 현장〉을 연재했다.

한번은 취재를 위해 소설가 김주영의 장편 《천둥소리》를 들고 작품 무대인 경북 청송 일대를 답사하기도 했다. 이런저런 사연을 계기로, 어느 날 나와 김주영은 서울 종로에 있는 해장국집 청진옥에서 수육을 시켜놓고 소주로 낮술을 한잔했다.

김주영은 1939년 청송 태생이다. 서라벌예술대학 문예창작과를 나왔고,《객주》《활빈도》《화척》 같은 선 굵은 역사소설을 썼다. 그의 어린 시절과 젊은 시절은 아버지의 부재(不在), 험악한 가난, 지독한 열등감 같은 것들로 점철돼 있다. 그런데도 그는 유쾌한 사람이고, 남을 웃기는 일에도 일가견이 있었다.

우리가 나눈 그날의 대화 중에는 이런 게 있다. 단어는 메모해둔 그대로 인용한다.

"소설가란 어떤 사람입니까."

"소설가는 '잡놈'입니다. 그래서 강간도 해보고 간통도 해보고 구두닦이도 해보고 사기도 쳐보고 다 해봐야 합니다. 다만 한 가지, 해서는 안 되는 게 있습니다"

"그게 뭡니까."

"성인군자요."

나는 그의 말을, 소설가란 자신을 태워서 세상을 밝히는 양초와 같은 존재, 라는 뜻으로 이해했다. 참고로 김주영은 한 인터뷰에서 이런 말을 한 적이 있다.

"소설가는 도덕이라는 사회적 규범에 너무 얽매일 필요가 없다고 생각한다. 이병주 선생이 내게 '절대 도덕적인 것에 얽매여선 안 돼. 생활도 그래야 돼'라고 하셨다. 그 말씀에 공감한다. 그런데 나이가 들다 보니 자꾸 어떤 틀에 갇히게 되더라. 규범 안에 너무 갇히게 되면 감성을 잃어버리게 된다. 감성을 잃는다는 것은 예술가에겐 지극히 위태로운 상황이다. 감성이 죽어버리면 예술적 감각도 없다는 거다."

나는 '성인군자' 운운하는 대목에 이르렀을 때, 기분이 좋아져서 이렇게 정리했다.

"좋은 말씀이군요. 후배 기자들한테 이 말을 전해주어야겠습니다."

그리하여 나는 기회가 있을 때마다 후배 기자들에게 김주영과의 삽화를 전했다. 그러면서 "젖는 걸 두려워하지 마라. 다만 젖되 젖지 마라"라고 덧붙이곤 했다.

한편으로는 사실과 진실이란 엄연히 다른 것이므로 특정 사안이나 사건을 대할 때면 소설가들처럼 다양한 관점에서 이면을 들여다보려 노력하라는 말도 하곤 했다. 그건 나 스스로에게 하는 말과도 같았다.

때마침 김주영이 한 인터뷰에서 한 말들이 눈에 띄어 일부를 옮겨 적어놓는다. 추미애가 소설과 소설가를 이해하는 데 도움이 되었으면 한다.

"어머니는 내게 감옥 같은 존재였다. 두 번 결혼하고 두 번 버림받은 어머니, 평생 글자도 숫자도 볼 줄 몰랐고, 오로지 품팔이만 하며 사신 분이다. 그런 어머니의 누더기 같은 삶을 다 털어놓지 않고서는 감옥 같은 어머니로부터 벗어날 수 없다고 생각했다. (어머니에 대한 소설을 썼을 때) 이렇게까지 솔직하게 털어놓을 필요가 있나 갈등이 되기도 했지만, 소설에 속임수를 써선 안 된다고 생각했다. (…) 나에게는 글을 쓰는 것이 하나의 반성문인데 반성문을 거짓말로 쓸 수는 없지 않느냐 하는 생각을 일흔이 넘어서야 비로소 하게 된 거다. (그래서) 내 어머니의 이야기인《잘 가요 엄마》를 썼다. 참회하는 기분으로, 마음의 감옥에서 벗어나는 기분으로 소설을 썼다."

"문학을 통해 사람들은 자신이 아닌 다른 사람들의 고민, 슬픔, 행복, 갈등, 투쟁, 열정을 간접적으로나마 이해할 수 있다. 이것은 살아가며 남을 이해하고 공감하고 소통하는 데도 도움이 된다. 문학은 다양한 환경과 상황에서 사람들이 어떤 생각을 하고 어떤 행동을 하는지 알려주기 때문이다."

"(소설가의) 중요한 자질은 거짓말을 하지 않는 것이다. 내게는 문학이 신앙이다. 신앙을 거짓으로 가질 수는 없지 않으냐. 그렇게 거짓말을 하지 않음으로써 나는 소설가로서의 생명력을 유지해왔다고 생각한다."

(출처: 네이버−웅진 지식하우스 제공)

분단문학의 현장 ①
할아버지의 눈물

　"경남 김해시는 6·25 한국전쟁 민간인 희생자 위령비 건립사업을 마무리했다고 12일 밝혔다. 시는 삼계동 32번지 삼계근린공원에 높이 6m 위령비 3기와 그리움과 위로를 상징하는 조형물을 설치했다. 이 조형물은 합동 참배 공간으로서의 구실도 하게 된다. (…) 시에 따르면 한국전쟁 전후 국민보도연맹 사건* 등으로 인해 억울하게 희생된 시민이 김해에서만 272명으로 확인되고 있으며, 실제 희생자 수는 이보다 훨씬 많을 것으로 추정된다."(《뉴스아고라》 2020년 1월 12일자)

　이 기사에서 '6·25 한국전쟁'과 '국민보도연맹 사건'이란 단어가 눈에 크게 들어왔다. 그러자 경기도 동두천시 보산동 기지촌 여성들의 '공동묘지'와 '밀다원다방'과 '홍천강'과 '천둥소리'와 '노을'… 같은 것들이 생각났다.

분단 50주년이었던 1995년 한 해 동안 나는 부산일보 지면에 '분단문학의 현장'이란 제목으로 매주 연중기획 기사를 썼다. 앞에서 말한 공동묘지는 조해일의 소설 〈아메리카〉, 밀다원다방은 김동리의 소설 〈밀다원 시대〉, 홍천강은 신경림의 시 〈홍천강〉, 천둥소리는 김주영의 소설 《천둥소리》 그리고 노을은 김원일의 소설 《노을》 등의 무대 혹은 작품 제목을 말한다.

'분단문학의 현장'은 한반도 구석구석 전체였고, 우리 집을 포함해서 많은 가정이 당사자였다.

우리 가족에게는 특이한 일화가 있었다. '중국 외삼촌'에 관한 것이었다. '중국 외삼촌'은 어머니의 오빠이다. 외삼촌은 일제 때 만주로 가셨다가 삼팔선이 그어지는 바람에 어머니와 이산가족이 된 경우였다.

외삼촌은 중국 지린성(吉林省)에서 공산당 인사부장을 지냈는데, 6·25전쟁 중에는 중공군 팔로군 중대장으로 참전을 하셨다고 했다. 외삼촌은 그때의 일을 이렇게 기억하셨다.

"강원도를 지나면서부터 네 어미를 혹시 만날 수 있을까 해서 만나면 선물로 줄 기념품을 계속 샀다. 그런데 전황이 바뀌어서 후퇴를 하게 되었다. 나는 부대를 벗어나 고향에 가고 싶었다.

그러질 못해서 무척 괴로웠다. 그런데 그때 부대를 벗어났더라면 나도 나였겠지만 중공군 중대장을 만난 네 어미도 무사하진 못했겠지."

경남 김해에 사는 친구의 가족사도 마찬가지였다. 친구는 이런 말을 했었다.

"어머니에게 기사 한 편을 보여드렸더니, 우리 집안 이야기네, 하시더라."

친구 가족사의 비극은 이러하다. 국민보도연맹 사건에 관한 것이다.

친구 어머니에게는 결혼한 언니가 있었다. 형부는 일본 와세다 대학을 나와 국책은행에 다니고 있었다. 가락 해포란 마을에 살았는데, 마을에서 유독 돋보이는 인물이었다.

형부는 평소 가족에게 좌익에 대한 반감을 많이 드러냈다. 그런데 어느 날 저녁에 웬 사람들이 찾아와 형부를 데리고 갔다. 어처구니없게도 '좌익혐의'가 있다는 것이었다.

알고 봤더니 마을 사람들 중에 형부를 시기한 사람이 있어서 국민보도연맹원이라고 모함을 한 것이었다. 언니 가족은 백방으로 형부의 행방을 수소문했으나 끝내 다시 보질 못했다. 임호산으로 끌려가 총살당했다, 바다에 수장됐다, 하는 풍문만 떠돌아다녔다. 20대에 홀몸이 된 언니는 평생 한을 안고 살다 죽었다.

한번은 〈분단문학의 현장〉 취재를 위해 현기영의 소설 《순이 삼촌》의 무대인 제주도 북촌을 찾아갔다. 이 소설은 국군에 의해 북촌 주민 500여 명이 한날한시에 학살된 '제주 4·3 북촌사건'을 다루고 있었다.

　나는 현장을 둘러본 뒤 제주도의회 '4·3특별위원회' 자문위원 홍순식 할아버지를 만나 인터뷰를 했다. 그는 이런 말을 했다.

　"4·3 사건 당시 똑똑한 사람들은 군인들과 우익 청년단원들에게 죄다 죽었고, 상당수는 일본으로 밀항해버렸다. 전라도는 김대중이란 걸출한 인물이라도 있어서 무시를 당하지는 않는데, 우리 제주도는 그때 똑똑한 사람들이 다 죽어버려서…."

　말을 하는 도중에 메마른 눈에서 굵은 눈물이 하염없이 쏟아졌다. 나는 눈물을 하염없이, 주룩주룩, 비 오듯 흘린다는 게 어떤 것인지를 그날 알았다.

　김원일의 소설 《노을》은 김해시 진영읍에서 일어난 '남로당 좌익폭동'이 소재다. 이 지역에서는 좌우익 간의 싸움이 다른 지역과 비교하기 힘들 정도로 격렬했다고 한다.

　소설의 뼈대는 이러하다.

　"'나'의 아버지는 동네에서 '개삼조(김삼조)'라 불렸다. 일자무식 난봉꾼에다 가족을 학대한 소백정이었다. 좌익폭동이 나자 동네 좌익 이론가들의 조종을 받아 우익인사들을 도수장(도살장)에서 잔인하게 살해했다. '개삼조'는 폭동이 진압되자 봉화산으로 들어갔고, 동네 사람 몇몇과 함께 월북하던 도중 자살했다."

이 소설은 일부 자전적 요소를 띠고 있기도 하다. 작가의 아버지가 좌익 쪽에 몸담았다가 월북한 경우였다. 이게 뒷날 김원일의 발목을 잡기도 했다. 사연은 이러하다.

'김원일 선생 문학비 건립추진위원회'는 2005년 진영읍 금병공원 여래못 부근에 '김원일 문학비'를 건립했다.

건립 과정은 순탄치 않았다. '좌익폭동'을 기억하는 마을 어르신들은 김원일 아버지의 전력을 문제 삼으며 강하게 반대했다.

진영 토박이인 제경록 시의원 등이 어르신들을 적극적으로 설득한 끝에, 문학비는 가까스로 세워질 수 있었다. 제 의원 등은 내게 "김원일은 좌익이나 이념을 옹호한 게 아니라 이념으로 인한 비극을 치유하기 위해 노력한 작가"라는 주장을 폈다고 전했다.

실제로 소설 《노을》의 주인공은 비극을 넘어서서 모두가 화해하길 소망하고 있었다.

이처럼 한국전쟁은 어느 한쪽에게만 상처를 남긴 게 아니었다. 좌익과 우익의 야만적인 충돌 속에서, 서로에게 가족을 잃은 '불구대천(不俱戴天)의 원수'들이 지금도 동일한 지리적 공간에서 살고 있는 게 현실이었다.

김해에 조성된 '6·25 한국전쟁 민간인 희생자 위령비'가 좌우 희생자 모두로 하여금 이런 현실을 극복하고 화해에 이르게 하는 데 작은 밑알 구실이라도 수행하길 희망한다.

*국민보도연맹 사건 : 국민보도연맹은 1949년 남한 정부에서 좌익전향자들을 중심으로 만든 반공 조직이다. 국민보도연맹 사건은 한국전쟁 초기 남한 정부가 연맹원들을 무차별적으로 검거한 뒤 재판 없이 살해한 것을 말한다.

분단문학의 현장 ③
'4·3'에 대한 두 개의 시선

지금부터 하는 이야기는 〈분단문학의 현장〉 취재기 혹은 뒷이야기쯤이 될 것이다.

나는 언젠가 《남한산성》의 작가 김훈의 인터뷰 기사를 하나 읽은 적이 있다. 내용을 정리해보면 이러하다.

김훈은 전쟁을 피해 서울에서 부산으로 피난을 했다. 세 살 때였다. 전쟁은 끝났지만 서울로 바로 가질 못했다. 부산에서 지독한 가난을 겪으며 초등학교 저학년을 다녔다. 그 시절을 그는 이렇게 기억하고 있었다.

"나는 주로 미군 부대 앞에 가서 얻어먹었어요. 미군 부대 철조망 앞에는 언제나 나같이 남루한 애들이 한 50명쯤 있었어요. 그러면 보초를 서러 나온 미군이 초콜릿을 던져줬죠. (…) 멀리, 그다음에는 가까이 던지면 애들이 막 갈팡질팡…, 그렇게 초콜릿을 얻어먹었어요. 나는 한 개씩 던져줄 때는 잘 움직이지 않다가 통째로 날아올 때를 기다렸어요. 그 초콜릿 박스가 어디에 떨어지는가를 잘 판단했다가 떨어지는 지점에 슬라이딩을 해서 잡았죠. (…) 나는 그것을 잡자마자 냅다 집으로 뛰었어요. 그러면 어른들이 잘했다며 머리를 쓰다듬어주시곤 했지요.”(출처: 네이버–웅진 지식하우스 제공)

김훈은 이 장면을 수치스럽게 여기지 않았다. ‘조그마한 애가 먹을 게 없으면 그렇게 되는’ 것이라 여겼다. 다만 초콜릿을 이쪽저쪽으로 던져주던 자는 악한 자이며, 물건을 남한테 줄 때의 예절을 잃었다고 지적했다.

나는 이 인터뷰를 보면서 〈분단문학의 현장〉에서 다룬 신경림 시인의 시 〈홍천강〉을 생각했다. 신경림은 전쟁 때 미군의 하우스보이(허드렛일을 하는 소년) 생활을 했다고 한다. 그는 미군 장교 베네트의 양말을 빨고 구두를 닦았던 모양인데, 당시에 그가 목도한 것들을 한번 보도록 하자. 시 〈홍천강〉의 일부다.

뒷짐을 지고 서양개처럼 뛰면서 받아먹어야/ 초콜릿과 비스킷을 던져주는 조지나 톰보다도/ 레이션 한 상자를 훔치고서 짚차 뒤에 쇠줄로 묶여/ 엎어지고 자빠지면서 연병장을 도는 못난 어른들이 나는 미웠다/ 그해 겨울엔 유난히 눈이 많이 와/ (…)

나는 이 삽화들에 대한 논평을 자제할 터이니, 독자들께서는 나름의 독법으로 직접 논평을 해보시라.

〈분단문학의 현장〉을 진행하는 동안 신비체험 비슷한 걸 여러 번 했다. 김원일의 장편소설 〈겨울 골짜기〉를 다루었을 때도 그랬다. 이 소설의 소재는 '거창양민학살사건'이다.

거창양민학살사건은 전쟁 발발 이듬해인 1951년 2월, 당시 국군 11사단 9연대 3대대장 한동석 소령이 인솔한 토벌대 병력이 거창군 신원면 일대에 진주해 마을을 방화하고 덕산리, 대현리, 와룡리, 중유리 양민 719명을 학살한 사건을 말한다. 학살 장소는 덕산리 청연마을 앞 논과 들, 대현리 탄량골 하천계곡, 과정리 박산골짜기 등 여러 곳이었다. 학살된 양민들 중에는 젖먹이 119명을 포함해 14세 이하 어린아이 359명, 노인 66명이 포함돼 있었다.

한동석 등이 이렇게 한 이유는 인민군과 중공군의 '춘계 대공세'를 염두에 둔 국군의 '견벽청야(堅壁淸野, 적이 활용할 수 있는 모든 것을 청소한다는 뜻) 작전' 때문이었다.

이 사건은 야만적이었고 독랄했다. 요산 김정한은 이 사건을 두고 "우리는 개만도 못한 민족이다"라고 일갈하기도 했다.

요산이 그랬다고 해서가 아니라, 개인적으로도 이상하게 이 작품만은 어떻게든 다루어보고 싶었다. 김원일도 그랬던 모양이다. 그는 "이 문제와 부딪치지 않는 너의 분단류 소설은 가짜다"라는 속죄의식이 생겼다고 고백한 적이 있다.

나는 차를 몰고 거창으로 향했다. 당시만 해도 부산-거창은 네 시간 정도 걸렸다. 가까운 길은 아니었다.

그날 부산경남 일대에는 비가 내렸다. 비는 구간에 따라 실비-폭우-다시 실비로 도깝질을 해댔다. 어떤 구간에서는 폭우 탓에 앞이 안 보여 웅크린 채 운전을 하기도 했다. 고상한 여정은 아니었다.

그런데 현장에 도착했을 때는 거짓말처럼 비가 그쳤고 날이 환하게 갰다. 풍경이 아름다웠다.

나는 신원면으로 가 취재원을 찾았다. 마침 전날이 학살 44주년이어서 합동묘지 앞 추모행사장에 일단의 사람들이 모여 있었다. 합동묘지를 둘러보니 유족들이 제작했다는 위령비가 반쯤 드러누워 있었다. 박정희 정권이 나라에 해가 된다며 그렇게 한 것이었다. 유족들은 정부가 쓰러뜨렸으니 정부가 다시 세우라며 그대로 방치해두고 있었다. 나는 그날 환청처럼 무수히 많은 비명소리를 들었다.

신비체험은 기사를 쓰면서 느꼈다. 평소와 달리 200자 원고지 30매 분량의 기사를 쓰는 데 한 시간도 채 걸리지 않았고, 고칠 게 없었다. 말 그대로 일필휘지(一筆揮之)였는데, 누군가가 나의 손가락을 대신 움직이고 있는 듯한 느낌마저 들었다. 살짝 으스스해지기도 했다. 마음과 몸의 근육을 그쪽에 다 맞춰두고 있어서 그랬을 수도 있겠지만, 여하튼.

기사의 반향은 작지 않았다. 국회에서도 이 기사를 다루었고, 그리하여 이 기사가 그해 12월 '거창양민학살사건 명예회복 및 배상에 관한 특별법'이 제정되는 데 일정한 역할을 했다고 들었다.

하지만 1년 연재를 끝내고 나서, 아차, 한 게 있었다. 현길언의 소설을 다루지 않은 것이었다. 같은 제주 출신이면서도 현기영과 현길언은 4·3 사건을 보는 관점이 달랐다.

현기영은 소설 안팎으로 국군과 우익 청년단의 제주도민 학살에 초점을 맞추었다. 반면 현길언은 북조선(북한)의 지령을 받은 남조선노동당(남로당)제주도당이 남한 단독정부 수립을 막기 위해 폭동을 일으킨 게 4·3 사건의 원인이라고 일관되게 주장했다. 달리 말하면, 남로당원들이 폭동을 일으켜 우익인사들을 학살했고, 정부가 이를 진압하는 과정에서 엄청난 비극이 초래됐다는 것이다.

그는 언젠가 이렇게 목소리를 높이기도 했다.

"진압 과정에서 나타난 반인권적 사례 때문에 자유민주주의 국가 건설을 거부하려는 그 반란 목적을 정당화할 수는 없다."

현길언이 4·3 사건을 다룬 작품으로는 장편소설 《한라산》 등이 있다.

요컨대 현기영은 이념적인 쏠림이 좀 있었던 것인데, 80~90년 대는 '이념 과잉'의 시대였던지라 스스로를 지식인이라 자부하는 사람들은 대개 현기영과 유사한 시선을 갖고 있었다. 나도 현길언의 목소리에 귀를 기울이고 싶은 생각은 크게 없었다.

그래서 이들 중 현기영의 《순이삼촌》만 다루었던 것인데, 무엇보다 다양한 시선과 목소리를 반영하지 않았다는 점에서 아쉬움이 짙게 남아 있다. 내 기자 인생의 '흑역사' 중 하나다.

한편 현길언은 2020년 3월 10일 작고했다. 소설가 복거일이 현길언의 부음을 접하고 쓴 글의 일부를 소개함으로써 현길언의 작품을 다루지 않은 아쉬움 혹은 미안함을 상쇄하고자 한다. 다소 길지만 일독을 권한다.

(…) 현길언은 '4·3 사건'을 집요하게 다룬 작가다. (…) 실제로는 그 사건을 다룬 역사책과 보고서들이 대부분 편향되거나 왜곡됐으므로, 정직한 기록으로는 그의 작품들이 거의 유일하다. 대한민국 창립의 마지막 과정인 1948년의 '5·10 총선거'를 방해하기 위해 북한 정권은 제주도 남로당 책임자 김달삼에게 반란을 일으키도록 했다. 4월 3일 남로당 요원들은 제주도의 모든 경찰서를 일제히 습격해서 경찰관과 가족들을 무참히 살해했다.

이 반란을 진압하기 위해 미군정은 국방경비대와 경찰병력을 파견했다. 그러나 부락들에 근거를 두고 한라산의 험준한 지형을 이용해서 맞서는 반란 세력을 진압하기는 힘들었다.

게다가 당시 국방경비대엔 좌익이 깊숙이 침투해서 제주도 현지에서 11연대장이 부하에게 피살됐고, 파견 명령을 받은 14연대는 주둔지에서 반란을 일으켜 '여수순천반란사건'으로 사태가 확대됐다. 이처럼 어려운 진압 과정에서 많은 제주도 인민이 해를 입었다. 반란군이 경찰관과 가족들을 무참히 살해한 것에 대한 분노가 컸고, 산악 지역의 유격전이어서 진압이 어려웠던 데다, 반란군과 연고가 있는 주민들에 대한 의심이 깊었으므로 민간인들의 피해는 클 수밖에 없었다.

근년에 역사책들이 대한민국을 부정적으로 그리면서, 43 사건에 대한 기술도 사건의 본질은 외면하고 진압 과정에서 나온 문제들을 과장하게 됐다. (…)

네팔의 추억-
사두가 그랬다 "기자 일 열심히 하세요"

　혜민 스님은 욕심 내려놓기를 권장하는 책《멈추면, 비로소 보이는 것들》과 방송 출연, 강연 등으로 유명해진 사람이다. 그가 2020년 11월 한 TV 예능 프로그램을 통해 '남산타워뷰'를 보유한 멋진 자택을 공개했다가 '욕심으로 가득 찬 위선적 삶'을 살고 있다는 비난을 받았다.

　선뜻 이해하기 힘든 과거의 부조리한 언행도 사람들의 입길에 올랐다. 아예 스님이 아니라 '그레이룩(회색 계통 옷)'과 삭발을 선호하는 일반인 혹은 연예인일 뿐이란 말도 나왔다. 그는 '참회한다'고 했다.

　이 뉴스를 보면서 내가 경험한 네팔과 인도의 수행자들 생각을 했다.

나는 2000년에 보름 동안 네팔과 인도를 여행했다. 네팔로 가기 위해서는 홍콩 첵랍콕국제공항(HKG)에서 환승을 해야 했다. 몇 시간 동안 대기를 해야 했고, 공항은 무척 컸다. 여기에서 문제가 생겼다.

공중전화통 위에 여권과 지갑을 올려둔 채 국제전화를 했는데, 깜빡 잊고 그냥 자리를 뜬 것이었다. 황급히 되돌아가보았으나 여권과 지갑은 통째로 사라지고 없었다. 돈은 여러 군데 분산시켜둬서 상관이 없었지만 여권은 문제가 될 수 있었다. 네팔에서 입국을 거부할 수 있었기 때문이다.

공항 측에 도움을 요청했더니 한국대사관을 연결해주었다. 대사관에서는 시간상 여권을 발급해주기가 여의치 않다면서 그냥 네팔로 들어가라고 말했다. 여권이 없는데 무슨 소리냐고 했더니 가서 사정 이야기를 잘 해보라고만 했다. 어이가 없었지만 하는 수 없었다.

비행기는 밤늦게 네팔의 수도 카트만두에 도착했다. 공항 입국장은 내가 가본 다른 나라의 그것들과는 사뭇 달랐다. 규모는 부산의 노포동 고속버스 터미널 수준이었고 분위기도 산만한 게 엇비슷했다. 입국자를 확인하는 남성 공무원은 무슨 영화관 검표원처럼 만만해 보였다.

하지만 나는 긴장의 끈을 놓지 않았고 불쌍한 표정을 지으며 공무원에게 여권을 잃어버렸다고 말했다. 그런데 그는 어깨를

으쓱하며 쾌활한 어조로 "노 프라블럼(No problem, 괜찮아요)"이라고 하더니 그냥 들어오라고 말했고, 내가 들어가서 머뭇거리자 잘 가라고 손짓했다. 나는 공항을 빠져나오는 동안 계속 고개를 갸웃했고 주억거렸다. 공항 바깥에서 안내인을 만나 그 말을 했더니 그는 웃으면서 이렇게 말했다.

"여긴 그래요."

카트만두발 룸비니행 비행기는 제시간에 뜨지 않았다. 룸비니에 안개가 짙게 깔려서 그렇다는 안내방송이 나왔다. 국내선 공항은 국제선보다 더 작아서 한국의 중소도시 시외버스 정류장을 연상케 했다. 대합실 분위기도 엇비슷했다.

하릴없이 대여섯 시간을 흘려보내야 했다. 인터넷과 휴대전화가 없던 시절이었다.

모르겠다 잠이나 자자, 노 프라블럼, 하는 생각이 들었다. 나는 대합실 바깥 화단 구석에 모포를 깔고 잠을 잤다. 한국의 초가을 미풍 같은 고산지대의 바람이 얼굴을 살갑게 쓸어주어서 한참을 잘 잤다. 그때, 불교나 힌두교의 마음으로 살핀다면 억겁의 윤회를 거쳐야 하는 생에서 대여섯 시간쯤이 무어 대수이랴, 하는 생각을 했던 것도 같다.

비행기는 30인용으로 매우 작았고 낡아 있었다. 건듯건듯 날았고, 짐칸의 덮개는 고장이 나서 룸비니까지 가는 한 시간 남짓

동안 계속 덜거덕거렸다. 스튜어디스는 한 명뿐이었는데, 사탕을 하나씩 나눠주고는 관광버스처럼 개방된 기장석에 앉아 기장과 내내 수다를 떨었다. 기장은 간혹 낄낄거렸다. 무슨 비행기가 이래?

눈 아래로는 눈 덮인 거대한 히말라야산맥이 스쳐 지나가고 있었다. 몸과 마음의 근육 모두 긴장한 상태로 한 시간 남짓을 날아야 했다. 무서웠다.

카트만두 시내에서 차를 타고 30분 정도 외곽으로 나가서 파슈파티나트라는 오래된 힌두사원에 들렀다. 사원 한구석에 두어 평 크기의 개집 혹은 동굴처럼 생긴 공간이 하나 있었다. '사두(스승)'라 불리는 힌두 수행자의 거처였다.

'사두'는 25년 동안 머리를 단 한 번도 깎은 적이 없으며, 매일 신도들이 제공하는 우유 한 잔만으로 하루의 끼니를 넘긴다고 했다.

나는 자그마한 개집 혹은 동굴 같은 '사두'의 거처 안으로 들어가 몇 마디를 나누었다. 우윳값으로 '알현료' 비슷한 걸 받는다고 해서 속으로, 신도들이 우유를 제공한다고 했는데… 하면서도 접시 위에 한화로 50원 정도를 놓았다.

'사두'는 벽면에 사람들이 찍어준 자기 사진을 많이 붙여두고 있었는데, 내가 관심을 보이자 사진이란 게 참 신기하다면서 사진 속의 자기를 자랑도 하고 감탄도 하고 그랬다. 천진무구해 보였다. 안 좋다는 뜻이 아니다.

그러다가 나는 "기자인데, 어떻게 사는 게 바람직한가?"라고 물었다. 그는 이렇게 대답했다.

"기자 일 열심히 하세요."

시시한 대답이었다. 힌두교와 불교는 '업(業, 카르마)'을 이야기하는 종교이니 업 혹은 직업(職業)을 충실히 이행하란 뜻으로 그 말을 한 것일 테지만, 현장에서는 그 말이 그다지 감동적으로 와 닿지 않았다. 나는 투덜대며 동행한 안내인에게 이렇게 말했다.

"그 말은 나도 하겠다."

나는 네팔과 인도에서 제법 다양한 경험을 했다. 인도 강가강(갠지스강)의 원류인 네팔 카트만두 바그마티강과 인도 바라나시 강가강 앞의 노상화장장에서 시체를 태우는 모습과 시체에서 떨어진 뼈를 개가 물고 가는 모습을 보았다.

남인도 마드라스(현 첸나이)에서 자이나교와 원시 기독교를 비롯한 다양한 소수종교들이 공존하고 있다는 말을 듣고는, 언젠가 본격적으로 그 부분을 들여다봐야겠다는 생각을 하기도 했다.

자이나교로 말하자면, 커다란 솥과 걸식용 깡통을 든 채 나체 상태로 정처 없이 떠돌아다닌다는 승려들에게 특히 관심이 갔다. 그들은 옷도 집도 절도 없이 사는데, 음식도 생존을 위한 최소한으로만 섭취하며 죽을 때까지 유랑 수행을 한다는 것이었다. 솔은 길바닥에 앉을 때 땅 위의 자그마한 벌레를 죽이는 일이 생길까 봐 자리를 쓸어내기 위한 용도라는 것이었다.

룸비니에서는 초라하다 싶을 정도로 수수한 부처님 탄생의 흔적을 확인하기도 했고, 여러 나라의 사원들이 몰려 있는 국제사원지구도 둘러보았다.

나는 그 밖에 정말이지 많은 것들을 보고 느꼈다.

그런데 돌아오는 비행기 안에서 유독 벼락처럼 가슴을 친 무언가가 있었으니, 그것은 "기자 일 열심히 하라"는 말이었다. 네팔과 인도에서 경험한 모든 것들이 그 단순한 한마디로 응축되는 느낌이었다.

바라건대 혜민이 '스님 일'을 열심히 하면 좋겠다. 자이나교 승려들처럼 살아갈 수는 없다손 치더라도, 비구계를 받았을 때의 그 마음만큼은 기필코 유지하는 게 좋겠다 싶은 것이다.

《하늘 호수로 떠난 여행》은 없었다

　감명 깊게 읽은 책의 저자와 맛있게 먹은 음식점의 주방장은
만나보지 않는 게 낫다는 말이 있다. 저자는 인품 탓에, 주방장
은 외모 때문에 환상이 깨어질 수도 있다는 뜻이다.

　혜민 스님은 《멈추면, 비로소 보이는 것들》이란 책의 저자다.
이 책을 통해서 욕심 다스리는 법을 익혔다는 독자들이 적지 않
다. 그런데 정작 혜민 본인은 서울과 뉴욕에 전망 좋은 집들을
갖고 있고, 고급 차와 좋은 음식을 누리고 있으며, 돈벌이에 과
도하게 집착한다는 사실이 알려졌다. 그에 대한 환상이 소멸했
다는 독자들이 적지 않다.

　이 소동을 보고 있자니, 류시화 시인에 얽힌 개인적인 일화
가 떠올랐다.

나는 1990년대 후반, 부산일보 문화부 문학담당 기자 시절에 류시화를 만난 적이 있다.

문화부장은 성철 스님의 상좌 출신이었다. 그래서인지 스님들이 간간이 찾아왔다. 그날도 풍채 좋은 한 스님이 긴 생머리에 검정 선글라스를 낀 한 남성과 함께 문화부장을 찾아왔다. 남성은 류시화였다.

문화부장은 마음이 좋아서 아는 사람만 오면 즉흥적으로 인터뷰를 권하는 일이 종종 있었다. 그날도 아무런 준비가 안 돼 있는 상태에서 부탁 조로 인터뷰를 좀 해드리라고 말했다.

마지못해 류시화를 인터뷰실로 안내했더니, 함께 있던 건장한 청년이 따라 들어와 문 쪽에 자리를 잡고 섰다. 검정 양복에 스포츠형 머리를 하고 있었는데, 분위기가 그럴듯했다.

류시화에게 누구냐고 물었더니 "비서 겸 보디가드"라고 대답했다. 나는, 안 때릴 테니 나가 있으라고 하라, 고 농담을 했다. 류시화는 '보디가드'를 내보냈다.

갑작스런 인터뷰였으니 딱히 물어볼 말도 없었다. 류시화에게 "뭘 물어보면 될까요?"라고 물었더니, 류시화도 "딱히 할 말이 있는 건 아닙니다"라고 대답했다. 언짢은 말투는 아니었다. 그도 난감한 모양이었다. 우리는 문화부장을 원망하며 인터뷰를 접었다.

류시화는 베스트셀러를 많이 냈다. 나도《외눈박이 물고기의 사랑》을 비롯해 그가 펴낸 여러 종류의 책을 봤다. 몇몇 명상서

적과 하이쿠 번역집, 아메리카 인디언 연설집 등은 내 취향에도
잘 맞았다.

인도 여행기인 《하늘 호수로 떠난 여행》도 그중 하나다. 책을
보니 인도와 인도 사람들은 히말라야산맥처럼 일상적으로 영적
이었고, 형언하기 힘들 정도로 몽환적이었으며 신비로웠다. 인
도에 대한 연정이 싹텄다.

그러다가 인도에 가게 되었다. 인도의 역사와 문화에 관한 책
을 여러 권 섭렵했고, 류시화와 법정 스님의 인도 여행기를 다시
읽어보았다.

그런데 인도에 갔더니 '《하늘 호수로 떠난 여행》의 인도'는 없
었다. 류시화는, 인도 사람들로 말하자면, 남의 두루마리 휴지를
말없이 가져가면서도 소유와 윤회의 개념을 설파할 정도로 철학
적 혹은 영적이라고 책에 적었다. 엉터리였다.

류시화는 인도의 오지 중 오지마을들을 찾아가 마을의 '성자'들
과 별처럼 빛나는 이야기를 나누었다고 책에 썼다. 어림없는 소
리였다.

하루는 안내를 맡았던 델리대학교 한국인 유학생(대학원생)이
물었다.

"류시화를 아세요?"

그의 말은 이랬다.

"어느 날인가부터 한국인 여행자 중 상당수가 《하늘 호수로 떠

난 여행》을 들고 들어오던데, 내용을 보니 황당하더라.”

“거지는 물론이고 보통의 인도 사람들은 거의 다 사기꾼에 가깝다고 보면 된다. 그런데 무슨 ‘영적’ 운운?”

“인도에서는 영어가 통용되지만 서민들은 영어를 할 줄 모른다. ‘쌩큐’도 안 통한다. (인도영어, 즉 힝글리쉬는 영국식이라서 쌩큐를 탕규로 발음한다. 미국식 영어에 익숙한 한국인들은 알아듣기 힘들다.) 인도는 힌디어가 공용어이지만 힌디어를 모르는 국민도 부지기수다. 기본적으로 언어의 수만 800여 개인데, 지역별 방언은 2000여 개다. 북인도와 남인도 사람들은 언어가 달라서 아예 대화가 안 된다. 그런데 오지마을에서 깊은 대화를 나누었다고? 류시화는 ‘언어의 신’인가?”

그는 그러면서 교민들과 유학생들이 류시화를 매우 안 좋게 보고 있다고 전했다. 나는 보름 가까이 북인도, 중인도, 남인도를 도는 동안 자연스럽게 안내인의 말을 수긍하게 되었다. 속았구나, 바보같이, 하는 생각도 했다.

교민들이 특히 류시화와《하늘 호수로 떠난 여행》을 탐탁지 않게 여긴 이유는 안전문제에 대한 그릇된 환상을 심어준다는 것이었다.

기실 인도는 위험한 곳이었다. 배낭여행객에게는 더더욱 그랬다. 내가 인도에서 자주 들은 말 중 하나는 ‘미싱(missing)’, 즉 실종이었다. 예를 들어 북인도 바라나시의 강가강(갠지즈강) 노상화장장 앞에 섰더니 피안처럼 아련하게 섬이 하나 보였다. 새벽 어스름에 안개가 살짝 깔리자 섬은 몽환적이기까지 했다. 안내인은 한국 여성 배낭여행객 두 명이 현지에서 만난 인도 남성들과 저 섬으로 갔다가 실종된 적이 있다고 전했다.

내가 체류 중이었을 때도 혼자 배낭여행 중이던 서울의 한 대학 법학과 졸업반 남학생이 씨티은행에서 돈을 찾아 나오다 납치를 당했고 결국 '미싱'됐다는 소식이 들렸다.

이런 일도 있었다. 나와 안내인이 어둠이 내린 노상화장장 부근에서 시체 태우는 모습을 지켜보고 있는데, 한 인도 남성이 다가와 영어로 말을 걸었다. 그는 "죽은 사람은 나의 친척이다, 돈을 주면 바로 앞에서 구경도 하고 사진도 찍을 수 있도록 해주겠다"고 제안했다.

안내인이 사양하자 몇 차례 더 강권하다시피 하더니 마침내 이런 말을 남기고 가버렸다.

"저 시체의 영혼이 너에게 들러붙어 저주를 내릴 것이다."

안내인은 내게 자신이 태권도 공인 2단이라고 자랑했었는데, 그 말을 듣더니 두려움에 몸서리를 쳤다. 나는 안내인을 안심시키느라 애를 먹었다.

나는 인도에서 돌아오자마자 류시화를 잘 아는 분들에게 내가 경험한 일을 전했고, 류시화에 대해 이것저것을 물어보았다. 그러자 어마어마한 인세 수입과 표절 시비, 법정 스님과의 부적절한 관계 등 유쾌할 리 없는 말들이 마구 쏟아져 나왔다.

그 뒤에는 한국인 인도 전공자들이 책을 써서 류시화를 신랄하게 비판하는 모습도 보았다. 대표적인 책들이 《인도는 울퉁불퉁하다》와 《우리 안의 오리엔탈리즘》이다.

나는 그러나 류시화를 탓하지는 않기로 했다. 류시화로 인해서 보이는 것, 들리는 것이 다가 아니란 사실을 느껴보았으니 그것만으로도 됐다, 하는 마음이 든 것이었다.

나아가 혜민의 책도 누군가에게 위안을 주는 긍정적인 역할을 한 부분은 있을 것이란 생각을 했다.

석용산 스님, 도법 스님

석용산 스님, 도법 스님과 인연을 맺은 적이 있다.

– 석용산 스님

혜민 스님을 둘러싸고 '풀(Full)소유' 논란이 일면서 새삼스럽게 작고한 한 스님의 이름이 사람들의 입길에 오르내렸다. 석용산 스님이다. 사람들은 석용산을 '불교계의 치부'로 기억하고 있다.

내게 석용산은 기자 인생의 '흑역사' 가운데 하나로 남아 있다.

30년 기자 생활을 돌이켜보면 정확하고 냉철한 기사만 쓴 건 아니다. 인간적인 호소를 외면하지 못해서, 사정을 정확히 몰랐던 탓에 부끄러운 기사를 쓴 적이 더러 있었다. 그중 하나가 석용산과 관련이 있다. 내가 쓴 기사가 석용산의 '사이비(似而非) 중'

행각에 힘을 보태주었던 것이다.

1995년 서울의 출판사 '문학수첩'에서 소설책을 하나 냈다. 석용산의 《등신불》(전 2권)이었다. 석용산은 이태 전 《여보게, 저승 갈 때 뭘 가지고 가지》라는 수필집을 내 유명해졌다. 글의 수준이 참 한심하다는 평이 있었지만 판매부수는 무려 150만 부에 달했다.

그 덕에 석용산은 TV 예능 프로그램에 출연하고 여기저기 강연을 많이 다녀서 더더욱 유명해졌다.

직접 이야기를 나누었거나 강연을 들은 이들 가운데 내공이 깊다 여긴 사람은 거의 없다고들 했지만, 어쨌든 그는 '스타 스님' 대우를 받았다. 서울대 정치학과 출신, 배우를 울릴 법한 외모가 크게 작용했다는 말이 있었다.

그러던 차, 문학수첩 김종철 사장(작고)이 간곡히 책 소개를 부탁해왔다. 잘 지내던 사이였다. 나는 책 자체가 화제성도 있고 해서 출판면에 톱기사로 소개를 했다. 며칠 뒤 석용산한테서 전화가 왔다. 약간 떠 있는 목소리였다.

"이 기자님~. 뭘 이렇게 크게 소개를… 아무튼 정말 고맙습니다. 부산 가면 소주 한잔 살게요~."

듣기에 조금 야릇한 대사였다. 소주? 소탈한 분인가 보군. 그런데 어투가 스님 같지 않고 어째 좀 그러네?

석용산은 그러나 그 뒤로 아무런 연락이 없었다.

그러다가 1997년 TV 고발 프로인 〈PD수첩〉을 통해 그를 보게 되었다. 제목이 '석용산 스님은 뭘 가지고 저승 가지?'였다. 성폭행과 성추행, 횡령, 허위학력 등 각종 비리가 쏟아져 나왔다.

조계종은 여신도와의 부적절한 관계 등을 이유로 석용산의 승적을 박탈했다. 석용산은 속명 김영호로 되돌아갔다.

한동안 사람들의 뇌리에서 사라졌던 석용산 혹은 김영호는 1999년 한 여인과의 불미스러운 일(혼인빙자간음)로 유죄 판결을 받으면서 한 번 더 이목을 집중시켰다.

소주 한잔했더라면 어땠을까, 하는 의문이 한동안 남아 있었다.

– 도법 스님

오래전 지리산 실상사에서 주지 도법 스님을 만났다. 취재차였다.

도법은 조계종의 '해결사'였다. 조계종이 볼썽사나운 갈등을 노출할 때마다 자연스럽게 조정자 혹은 중재자로 추대돼 갈등을 해결했다. 그만큼 불교계의 신망이 두터웠다.

도법은, 눈빛은 선명했고 몸 전체에서 은은한 카리스마가 풍겼지만, 언뜻 보기에는 좀 허술해 보였고 못생겼다는 생각까지 들게 했다.

도법과 나는 경내와 주변을 거닐었다. 그는 불교귀농전문학교를 운영하고 있었다. 우리는 그 학교에서 경작하고 있는 '생태 밭

(유기농)'을 둘러봤다.

도법은 이와 연관된 '인드라망생명공동체'의 상임대표이기도 했다. 그는 인드라망(網)에 대해 이야기를 해주었다. 이야기를 요약하면 이러하다.

"인드라망은 불교의 우주관을 보여주는 말이다. 《화엄경》에 이 말이 나온다. (하늘나라) 제석천 궁전에는 투명한 구슬그물(인드라망)이 드리워져 있다. 그물코 마다의 투명구슬에는 우주 삼라만상이 휘황찬란하게 투영된다. 삼라만상이 투영된 구슬들은 서로서로 다른 구슬들에 투영된다. (…) 정신의 구슬은 물질의 구슬에 투영되고 물질의 구슬은 정신의 구슬에 투영된다. 인간의 구슬은 자연의 구슬에 투영되고 자연의 구슬은 인간의 구슬에 투영된다. (…) 동시에 겹겹으로 서로서로 투영되고 서로서로 투영을 받아들인다. 총체적으로 무궁무진하게 투영이 이루어진다."

나는 그의 말을 들으면서 인드라망을 상상해보았다. 내가 그려본 구슬그물의 구슬들은 완벽하게 둥근 것도 있고 이지러진 것도 있고, 색깔이 투명하고 맑은 것도 있고 탁하고 흐린 것도 있었다. 그것들은 자연스럽게 서로를 비추고 있었는데, 사람으로 치면 나이기도 하고 너이기도 했다. 나는 곧 너였고, 너는 곧 나였다.

나의 상상이 맞든 틀리든 그건 중요한 게 아니었다. 그런 생각을 해본다는 사실, 그 자체가 흥미로웠다.

우리는 잠시 티격태격하기도 했다. 불교가 종교냐 아니냐 하는 문제를 갖고서였다. 나는 불교는 종교가 아니라고 했고, 도법은 왜 종교가 아니냐며 살짝 역정을 냈다.

나는 흔히 일컫는 종교란 신에 대한 의존이 핵심인데, 불교는 달라이 라마가 그랬듯 '마음의 철학'으로서 개개인이 부처(붓다. 大覺者. 크게 깨친 자)를 지향하는 것이므로 종교보다 철학 쪽에 가깝다고 주장했다.

거기에 이르자 도법은 잠시 가만히 있더니 술을 하느냐고 물었다. 좋아한다고 하자 자신의 방으로 나를 이끌었다. 도법은 방구석에서 슬며시 병 하나를 꺼내더니, 빙긋 웃으면서 한잔하라고 권했다. 솔잎으로 만든 송주(松酒)였다. 그도 조금 마셨다. 그는 아까보다 즐거워 보였다.

술이 조금 들어가서 그랬던지 도법의 얼굴이 부처님상처럼 환하고 좋아 보였다. 잘생겨 보이기도 했다.

우리는 기분 좋게 헤어졌다가, 도법이 4대강 반대 전국 순례길의 마지막 지점인 을숙도까지 흘러왔을 때 다시 만나 반갑게 인사를 나누었다.

새삼 오래전의 기억들을 더듬다 보니 인드라망이란 말이 조금은 다른 의미로 다가오기도 한다. 석용산이 있어 도법이 있고, 도법이 있어 석용산이 있다. 빛이 있어 어둠이 있고, 어둠이 있

어 빛이 있다. 석용산의 비루한 행적도 실은 나를 성찰하게 하는
구슬이 아닐까, 하는 그런 의미 말이다.

수경 스님, 철산 스님

    이른바 '혜민 스캔들'이 터졌을 때 혜민 스님이 동안거와 하안 거를 한 번도 해본 적이 없다는 비판이 있었다. 그 말을 듣고 수 경 스님과 철산 스님 생각을 했다. 두 스님은 한국의 대표적인 선승(禪僧)이다.

    – 수경 스님

    오래전 도법 스님을 만나러 지리산 실상사에 간다고 하자 부산 의 한 불심 깊은 재가불자 한 분이 이렇게 당부했다.

    "실상사에 가면 수경 스님을 만나봐라. 한 번도 산문(절)을 벗 어나본 적이 없는 대단한 선승이다. 실상사에서 수행 중이니 꼭 만나보고 내 안부도 전해 달라."

이 재가불자는 광주일고를 나왔는데, 고교 시절에 교복 대신 승복을 입었다고 했다.

하여간 수경을 만나 이 재가불자의 안부를 전했더니 "자기는 한 번도 안 찾아오고 말이야" 하는 반어법으로 반가움을 드러냈다. 그 뒤로 수경과 나는 간간이 연락을 하며 지냈다.

그러다가 수경이 산문을 나섰다는 말을 들었다. 지리산댐 반대 운동에 동참한 것이었다. 사정을 알아보니, 도법이 "삽으로 땅만 한 번 파도 숱한 생명이 죽어나가는데 수행해서 혼자 득도만 하면 다냐"라고 말했고, 그로 인해 환경운동에 관심을 갖게 됐다고 했다.

수경은 지리산댐 반대 운동을 계기로 불교환경연대 상임대표를 맡아 활동했다. 선승답게 완전히 자신을 잊고 몰입을 한 듯 보였다.

수경은 전북 부안에서부터 서울까지의 새만금 개펄 살리기 삼보일배를 비롯해 1년 동안 1만 리를 걸은 탁발 순례, 4대강 반대 103일 도보 순례, 지리산에서부터 임진각까지의 '사람·생명·평화의 길'을 위한 오체투지 순례… 이런 고행을 자청해서 실행했다. 와중에 무릎이 망가져 지팡이를 짚고 다니는 상황이 됐다.

이야깃거리도 많이 남겼다. 순례 때 많은 사람이 동참하면 천막생활을 하게 되는데, 수경은 이른 새벽에 일어나 참가자들이 사용하는 공중화장실의 누런 소변기와 대변기를 맨손으로 깨끗하게 닦아냈다고 했다.

수경이 무조건 반대만 한 건 아니다.

2004년 '도롱뇽 소송'으로 유명한 천성산터널 문제가 불거졌을 때, 수경은 당시 문재인 청와대 시민사회수석의 부탁을 받고 터널 반대 단식투쟁 중이었던 지율 스님을 설득하기도 했다.

그 와중에 하루는 수경이 밤늦게 전화를 걸어와 내 의견을 묻기도 했다.

"이 기자님은 천성산터널 문제에 대해서 어떻게 생각하세요?"

나는 현실적인 문제를 들어 중단하기가 곤란한 상황이 된 게 아니냐고 반문했다. 수경은 "그렇죠… 이건 지리산댐하고는 다른 문제 같은데… 그런데 지율이는 말이 통하질 않네…" 하면서 난감해했다. 수경은 결국 지율을 설득해내지는 못했다.

이런 일도 있었다. 수경이 지리산~임진각 오체투지를 할 당시 나는 부산일보 사회부장이었고, 기자를 보내 르포기사를 쓰도록 했다. 기자는, 오체투지에 동참하면서 수경에게 내가 안부를 묻더라고 전했더니, 수경은 묵언수행을 겸하고 있었으면서도 오체투지 상태에서 짤막하게 "안부 전해주세요"라고 하더라고 알려주었다. 나는 그의 건강을 염려했다.

수경은 그러나 2010년 어느 날 홀연히 사라져버렸다. 문수 스님이 4대강 사업에 반대하며 소신공양을 한 게 계기였다. 수경은 속세의 사람들은 물론 자승 총무원장의 조계종까지 이 사안을 무심하게 대하자 극도의 실망감을 느낀 모양이었다. 그는 조계종 승적과 옷을 버린 뒤 어딘가로 가버렸다.

나는 한동안 그의 행적을 수소문하기도 했는데, 어느 토굴에서 혼자 수행한다는 말이 들려오기도 하고 그랬지만, 더이상의 수소문은 그만두었다. 사람들이 찾는 걸 원치 않으리란 생각이 들어서였다.

그런데 2년 뒤인 2012년 5월, 수경이란 이름을 다시 잠깐 듣게 되었다. 선승 10명이 자승 총무원장을 비롯한 조계종 지도부의 퇴진을 요구하는 성명서를 발표했는데, 거기에 이름이 올라 있었던 것이다.

이들은 그때 '부처님 오신 날 목 놓아 통곡하며'라는 제목의 성명서를 냈다.

"일반 종도들은 닭 볏보다 못한 권력에 오염되어 비불교적이며, 비승가적이며, 비도덕적인 아수라행을 확대재생산하고 있는 부류들이 총무원을 중심으로 한 지도층에 속해 있다는 사실을 명명백백하게 알고 있다."

그러면서 자승의 퇴진을 공개적으로 요구했다. 그러나 생각보다 파장은 크지 않았고, 자승과 지도부는 이 요구를 간단히 묵살했다. 나는 수경이 또 실망했겠다 싶어 마음이 어지러웠다.

그 뒤로는 수경에 관한 소식을 전혀 듣지 못했다. 다만 잘 지내길 바랄 따름이다.

– 철산 스님

철산을 만난 건 2006년, 그러니까 철산이 경북 문경에서 대승사 주지와 대승선원 선원장을 겸하고 있을 때였다.

나는 당시 부산일보 위크앤조이팀 팀장으로서 〈내 영혼의 쉼터〉란 기획물을 연재하고 있었다. 그때 취재를 위해서 대승사를 찾은 것이었다.

대승사는 '공부'에는 강하지만 살림살이는 가난한 절집이라고 했다. 그런데 가난에도 불구하고 선량하고 청정한 기운이 완연했다. 예를 하나 들어보겠다. 불이문을 지나자 독립 건물인 차실(茶室)이 보였다. 차실은 차실인데 지키는 이가 없었다. 누구든 와서 스스로 차를 마실 수 있도록 해놓았다. 싱크대와 다기, 나무로 만든 책상과 의자, 녹차와 뽕잎차 따위들이 보였다. 살림이 넉넉지 않다면서 내놓는 건 많았다.

대승사와 맞붙은 대승선원은 가열한 수행처였다. 동안거, 하안거 가릴 것 없이 잠자지 않고 먹지 않고 오로지 참선 수행에만 몰입하는 광경이 무시로 벌어지고 있었다. 이 선원의 일일 정진 시간은 14~16시간으로, 통상적인 정진 시간보다 2~4시간이 더 길었다. 성철 스님도 이곳에서 3년 동안 장좌불와(長坐不臥, 아예 눕지 않고 꼿꼿이 앉은 채로 수행하는 것) 용맹정진을 한 것으로 알려져 있다.

철산도 그런 선승이었다. 잠 안 자고 21일 동안 참선 수행, 음식을 끊은 상태에서 60일 동안 참선 수행… 같은 말들이 따라다녔다.

대승사에서 하룻밤을 보내고 나서 스님과 마주 앉아 차를 마셨다. 대승사에서 직접 만들었다는 녹차, 뽕잎차, 발효차 따위를 번갈아가며 마셨다. 맛이 좋아서 즐기면서 마셨다.

나는 그리 오랫동안 잠 안 자고 음식 끊고 참선 수행하는 게 가능하냐고 물었다. 그는 이렇게 말했다.

"목숨을 잊으면 다 됩니다. 깊이 잠들었을 때는 아무것도 못 느끼고, 존재 자체도 없는 셈이지요. 깨어 있을 때도 그럴 수 있어야 하는데… 하면… 됩니다."

마침 바깥에서 어린 남학생이 어른거렸다. '템플스테이' 하러 부산에서 온 중학교 2학년생이었다. 철산은 대승사의 템플스테이는 만만치가 않아서 부모한테 각서를 받는다고 말했다. 일단 한 달 이상을 머물러야 하는데 그동안에는 하루에 두 시간씩만 자면서 일정을 소화해내야 한다는 것이었다.

철산에게 "도시의 아이가 하루 두 시간 수면을 감당해낼 수 있을까요?"라고 물었더니 역시나 그는 이렇게 말했다.

"됩니다. 마음만 먹으면 다 되지요. 게다가 이곳은 기운이 무척 맑아서 잠을 적게 자도 별 무리가 없습니다."

그러고 보니 기운이 맑아서 적게 자도 괜찮다는 건 사실인 듯했다. 기실 나도 전날 사정이 있어서 두 시간 정도밖에 못 잤는데도 몸과 정신이 무척 맑고 개운했던 것이다.

하지만 철산은 한 가지 집착하는 게 있는 듯 보였다. 선승이라서 더 그랬는지 텅 비우는 일에 관심이 많았다. 그는 대웅전 앞마당에 홀로 서 있는 배롱나무 한 그루를 물끄러미 바라보면서 이렇게 독백을 했다.

"저 나무도 옮겨야 하는데… 다 비워야 하는데…."

둘러보니 마당에는 배롱나무 외에는 아무것도 없었다. 만약 배롱나무가 사람의 말과 마음을 감지할 줄 알았다면 깜짝 놀랐을 것 같았다.

나는 헤어지면서 과일 한 상자를 선물로 내놓았는데, 철산은 빙긋이 웃더니 절에서 만든 뽕잎차와 발효차를 잔뜩 안겨주었다.

나는 돌아오는 길에 대승사 인근의 묘적암과 윤필암에 들렀다. 둘 다 나옹선사(1320~1376, 고려 공민왕 시절)의 득도와 연관이 있는 절이었다.

문득 집에 걸려 있는 액자 생각이 났다. 한 서예가가 소나무 그림과 함께 글을 써서 준 것이었다. 글의 내용은 나옹선사의 선시였다. 이러하다.

청산은 나를 보고 말없이 살라 하고

창공은 나를 보고 티없이 살라 하네

탐욕도 벗어놓고 성냄도 벗어놓고

물같이 바람같이 살다가 가라 하네

보아하니 수경을 다시 만나기는 어려울 것 같고, 철산은 현재 고양 흥국사에서 계속 선풍(수행 분위기)을 일으키고 있다 하니, 조만간 고양 흥국사에 들러서 뽕잎차를 한잔 부탁드려봐야겠다는 생각이 든다.

무궁화꽃이 피었습니까?

넷플릭스에서 2021년 9월 17일 웹드라마를 하나 개봉했다. 〈오징어 게임〉. 이 웹드라마에는 여러 종류의 게임이 나온다. 그중에 '무궁화 꽃이 피었습니다'란 게임이 있다.

나는 게임보다 게임의 제목에 더 관심이 갔다. 동명의 소설 때문이었다. 김진명의 《무궁화꽃이 피었습니다》.

1990년대 중반, 부산일보 출판담당 기자 시절 생각이 났다. 출판사들은 작가보다도 더 책의 제목에 신경을 썼다. 함축과 상징으로 책의 성격을 절묘하게 드러내는 것은 물론, 입에 자주 쉽게 오르내려서 상업적 성공까지 거두어야 했기 때문이다. 내 생각에 《무궁화꽃이 피었습니다》는 정확히 이런 사례에 해당하는 것 같다.

이 소설이 막 베스트셀러 조짐을 보이기 시작했을 때 나는 김 진명과 해냄출판사 사장을 만나 저녁을 같이 했다.

김진명의 얘기로는 책 제목 정하느라 출간이 몇 달 미뤄졌다고 한다. 자신은 '나비야 청산가자'라는 제목을 제시했는데, 출판사 측에서 진부하다며 거절하더니 마침내 '무궁화꽃이 피었습니다' 를 뽑아냈다는 것이다. 희한한 건 책 속에 무궁화의 'ㅁ' 자도 등 장하지 않는다는 사실이었다.

김진명은 내게 이렇게 말했다.

"해냄 사장이 제목 때문에 몇 달 동안 고심하는 걸 보고 성공하 리란 확신을 가졌다."

하여간 이 책은 400만 부 판매라는 전무후무한 기록을 남겼는 데, 제목 덕이 결코 작지는 않았을 것이다.

이 소설처럼 제목이 내용과 아무런 관계가 없으면서도 이른바 대박이 터진 다른 사례로는 하일지의 소설 《경마장 가는 길》과 신경숙의 《풍금이 있던 자리》가 있다. 《경마장 가는 길》에는 경 마장이 없고, 《풍금이 있던 자리》에는 풍금이 나오지 않는다.

책 제목은 유행을 타기도 했다.

1950년대에 낙양의 지가를 올렸던 홍성유의 소설 《비극(悲劇)은 없다》는 한국 문학사에서 주어와 술어로 구성된 최초의 제목이 었다. 그전까지는 《무정》《천변일기》하는 식의 명사 하나만으로 된 제목이 기본이었다.

사족이 되겠지만 나는 1998년에 《지도를 들고 가는 길은 새로운 길로 들어서지 못한다》(지성사)라는 책을 냈다. 나는 '슬픈 산하'를 제안했지만, 출판사 측에서는 추천사에 들어 있는 이 문장을 가져와 책 제목으로 하자고 고집했다. 무엇보다 그때는 외우기도 힘들 정도로 제목을 길게 가져가는 게 유행이었다.

나는 책을 내고 나서 책 제목을 정확히 기억하는 사람을 단 한 명도 보지 못했는데, 그 때문에 내심 아쉬움을 안고 살아야 했다.

격문에나 등장할 법한 선동적인 제목으로 성공한 책들로는 진중권의 《네 무덤에 침을 뱉으마》, 김경일의 《공자가 죽어야 나라가 산다》, 서갑숙의 《나도 때론 포르노그라피의 주인공이고 싶다》, 김동훈의 《대학이 망해야 나라가 산다》, 전여옥의 《일본은 없다》 같은 것들을 들 수 있겠다. 이 책들은 제목이 선정적이란 비난을 많이 받았지만, 다들 베스트셀러 반열에 이름을 올렸다.

한국에서 오래 산 일본인 이케하라 마모루가 1999년에 내놓은 책 역시 위의 책들 이상으로 제목이 강렬했다. 《맞아 죽을 각오를 하고 쓴 한국, 한국인 비판》.

이 책은 지금도 생각을 키우는 데가 있으니, 사연은 이러하다.

그해에는 이른바 '옷 로비 사건'이 터졌다. 김태정 법무부 장관과 박주선 청와대 법무비서관이 부당하게 수사를 무마하려 했다는 이유로 나란히 옷을 벗었다. 이때 두 사람이 단순한 검사 선

후배 혹은 동향 선후배를 넘어 '형, 동생' 하는 각별한 사이란 사실이 입길에 올랐다.

그때 나는 이 책을 인용해 이들의 행태를 비판했던 것인데, 인용한 내용은 이러하다.

"한국 사회에 유난히 형님 동생이 많고 입만 열면 의리 운운하는 사람이 많은 것은 위험이 닥쳤을 때 빠져나갈 구멍을 만들어두거나, 비빌 언덕을 미리 준비해두기 위해서라고 생각한다."

이 이야기를 하는 이유를 눈 밝은 독자들은 이미 알아챘을 것이다. 그렇다. '대장동 도시개발사업 특혜 의혹'의 핵심인 전 언론인 김만배 씨가 유력 법조인 고문들을 두고 '좋아하는 형님들'이라고 한 게 생각났기 때문이다. 이케하라 마모루가 지금의 이런 장면을 접했다면 뭐라고 했을지, 그것이 궁금하다.

하형주의 손과
이만기의 논문 대필

2021년 10월, 한국 스포츠계가 불미스런 일로 소란스러웠다.

쌍둥이 배구선수 이재영·이다영 자매는 학교폭력 논란으로 국내 활동이 어려워지자, 그리스 PAOK 테살로니키 구단에 입단하기로 하고 16일 한국을 떠났다.

쇼트트랙 국가대표 심석희 선수는 평창올림픽 결승에서의 고의충돌, 승부조작, 도청 등의 의혹에 휘말렸다.

유쾌한 내용은 아니지만 스포츠계 소식을 듣다 보니, 오래전 부산일보 체육부 기자 시절의 이런저런 일들이 생각났다.

부산 소년의집기계공고(알로이시오전자기계고등학교, 2018년 폐교)는 부모 없는 학생들이 다닌 학교였다. 이 학교 축구선수들은 정교하고 깔끔한 축구를 구사했다.

하지만 주요 대회 때는 늘 결승 진출에 실패했다. 심판들이 노골적으로 편파판정을 한 탓이었다. 선량했던 젊은 감독은 그럴 때면 발을 구르며 억울해했지만 거친 언행을 보인 적은 없었다. 선수들도 매한가지였다. 그들은 오로지 성실하게 공만 찼다.

어느 대회 때는 취재하던 내가 오히려 화가 나서 축구협회 집행부에 항의를 했다. 그러자 집행부에서는 이런 반응을 보였다.

"다른 선수들은 대학 진학을 해야 합니다. 그래서 부모들이 4강에 들기만 학수고대하며 이 대회에 목을 매고 있습니다. 하지만 소년의집 애들은 그런 부모가 없고 졸업하면 곧바로 취업을 하지 않습니까. 이 기자님이 눈감아주세요."

나는 소년의집 감독에게 이 말을 전하면서 어떻게 생각하느냐고 물었는데, 그는 억울하지만 이해한다고 했다. 그래서 기사화하지는 않았는데, 그것 때문에 늘 마음이 편치 않았다.

한번은 동아대 태권도부 선수들 틈에 섞여서 축구를 했다. 동아대 태권도부는 올림픽 금메달리스트 김제경(1992년 바르셀로나)과 문대성(2004년 아테네) 등 기라성 같은 국가대표 선수들을 배출한 명문이다.

이 축구는 편을 갈라 15분씩 4쿼터를 뛰는 시합이었다. 장소는 실내체육관이었다. 나는 중학교 때 축구선수를 한 전력이 있는 터라서, 가벼운 마음으로 시합에 임했다.

그런데 시합이 시작되니 이건 마치 영화에서 본 '소림축구'의 다른 버전 같았다. 공수전환이 워낙 빨라 4쿼터 내내 단 1초도 쉬지 못할 정도로 끊임없이 뛰어다녀야 했다. 선수들끼리 공중볼을 다툴 때는 화려한 발차기가 시전됐다.

태권도학과 김우규 교수는 시합이 끝난 뒤 "생각하고 다르지요? 태권도 하는 친구들, 축구도 잘합니다"라면서 씩 웃었다. 아닌 게 아니라, 매우 특이하고 흥미로운 경험이었다.

나는 손이 큰 편이다. 나와 악수를 하면 대개 놀라곤 한다. 두껍고 가로 폭이 길다. 하지만 세상은 넓고 사람은 많은 법.

하형주 동아대 교수는 1984년 로스앤젤레스 올림픽 유도 −95㎏급 금메달리스트다. 별명이 '왕발'인데, 키, 얼굴, 눈, 코, 입이 다 크다.

체육부 기자 시절, 그와 처음 악수를 했을 때 나는 무슨 이런 손이 다 있나 싶었다. 내 손의 두 배는 되는 듯했다.

그러다가 김익수 부산체고 유도부 코치를 만났다. 그는 1986년 서울아시안게임 유도 +95㎏급 동메달리스트였다. 당시에는 몸무게가 130㎏ 정도 됐다. 어쨌든 서로 인사를 나누면서 악수를 했는데, 김익수의 손은 아예 내 손을 덮어버리는 수준이었다. 세상은 넓고 손은 많았다. 그다음부터는 어지간한 체구와 손을 봐도 그러려니 하게 되었다.

김익수는 술도 몸무게와 손 크기에 비례해서 마셨다. 하형주는 내가 어찌어찌 감당해볼 만했는데, 김익수는 아예 '대적불가'였다. 한번은 다른 경기인 출신 인사 몇 명과 함께 술자리를 가졌는데, 김익수가 맥주잔에 소주를 가득 붓더니 혼자서 10잔을 거푸 마셨다. 그러고 나서 "시작하입시더" 하더니 한 명 한 명을 찾아가 소주를 가득 채운 맥주잔을 내밀면서 쭉 들이켜라고 강권했다. 안 마실 수가 없었다. 그렇게 계속 마셨다. 그다음 일은 기억에 없다.

이만기 인제대 교수는 씨름 '천하장사' 출신이다. 나는 그가 인제대에 갓 부임했을 때 체육부 기자로서 잠깐 만났다. 그리고 10여 년 전부터 본격적으로 교류를 가졌다.

이만기는 여러 번 선거에 나왔으나, 신나는 결과를 얻지는 못했다. 그는 그 과정에서 치욕적인 말을 자주 들었다. 처음 마산에서 총선 출마를 했을 때는 자기 이름도 한자로 못 쓸 정도로 무식하다는 악소문에 시달렸다. 물론 사실이 아니었다.

2016년 총선 때는 김해을에 출마해 김경수 전 경남도지사와 맞붙었다. 이만기는 그때도 비슷한 마타도어를 겪었다. 박사학위 논문이 대필이란 것이었다. 나는 이만기와 점심을 하면서 단도직입적으로 물어봤다. "대필 맞냐?" 이만기는 묘하게 화가 난 듯한 표정을 짓더니, 논문 제목과 논문 내용 그리고 인용 자료 등을 좍 읊어댔다.

나는 살짝 놀라서 다시 이렇게 물었다.

"그런데 왜 대응을 안 하느냐?"

그러자 이만기는 약간 격앙된 목소리로 이렇게 대답했다.

"누가 논문 대필했느냐고 정식으로 물어본 적이 있느냐. 교묘하게 암암리에 퍼뜨리는 건데, 내가 먼저 나서서 논문 대필 아닙니다, 할 수는 없는 거 아니냐. 만약 방송 토론 등에서 공개적으로 묻는다면 박살을 내버릴 수 있다."

나는 그의 말을 들으면서 무사도(武士道)나 스포츠정신처럼 선거 분위기도 좀 정정당당하게 흘러가면 안 되나 하는 생각을 한 것이었다.

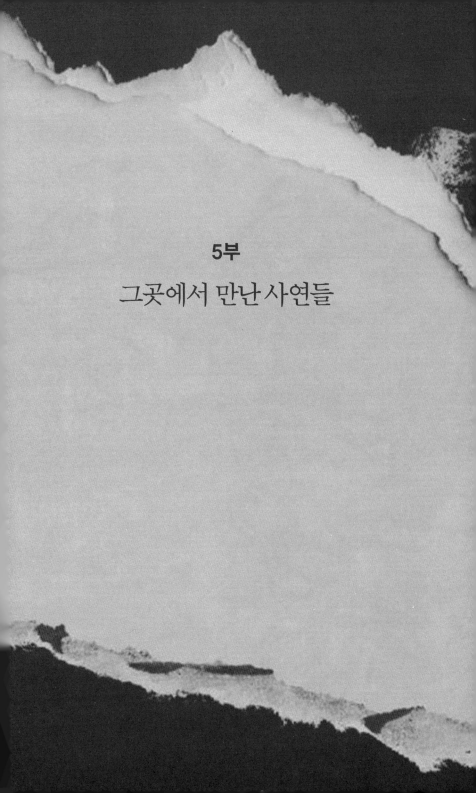

5부

그곳에서 만난 사연들

시베리아횡단열차를 탔다 ①
'철(鐵)의 실크로드'를 찾아서

　2020년 4월 27일, 강원도 고성군 제진역에서 행사가 하나 열렸다. 통일부와 국토교통부가 주관한 '동해북부선 추진 결정 기념식'이었다. 한반도종단철도(TKR, Trans-Korean Railways) 연결을 염두에 둔 행사였다.

　이 행사를 지켜보고 있자니 오래전 부산일보 기자 시절에 '밀레니엄 신년특집' 취재차 시베리아횡단열차(TSR, Trans-Siberian Railways)를 타고 한 달 가까이 시베리아 일대를 답사한 기억이 났다.

　한반도종단철도를 연결하려는 구상은 그전에도 있었다.

　2000년 8월 16일, 김대중 대통령은 광복회 간부들을 만난 자리에서 이렇게 말했다.

"9월에 경의선 연결 공사가 시작되는데, 내년 가을이면 끝날 것이다. 이렇게 되면 유럽, 아시아, 태평양을 연결하는 '철(鐵)의 실크로드' 시대가 열리게 된다."

김대중과 김정일 전 북한 국방위원장은 평양 정상회담에서 경의선 연결 문제에 대해 합의를 본 터였다.

그런데 김정일이 급서하는 바람에 국내외 상황이 급변했고, 이 문제는 시나브로 기억에서 잊혀버렸다.

하여간 김대중 정부 때는 '철의 실크로드'에 대한 기대감이 매우 컸다. 여기서 말하는 '철의 실크로드'란 한반도종단철도와 중국횡단철도(TCR, Trans-China Railways) 혹은 한반도종단철도와 시베리아횡단철도를 연결시킨 이른바 '꿈의 노선'을 말한다.

부산일보와 매일신문, 광주일보, 강원일보, 대전일보, 제주신문 등 6개 신문사(일명 춘추사)는 이런 분위기를 감안해 '철(鐵)의 실크로드를 가다'라는 제목의 공동 밀레니엄 신년특집을 마련했다.

이 기획물은 내가 제안한 것인데, 기획 취지는 이러했다.

"남북한의 경의선 연결 사업은 한반도의 물류 환경 개선에 기여함은 물론, 대륙과 해양을 동시에 지향해야 할 반도국가의 국민이면서도 분단 이후 대륙의 존재를 잊고 살아온 우리에게 웅혼한 대륙적 기상을 일깨워줄 것으로 기대된다."

부산일보에서는 6개 신문사를 대표해 1, 2진으로 취재팀을 구성했다. 1진은 시베리아횡단열차를 타고 중국에서 러시아까지, 2진은 중국횡단열차를 타고 중국에서 터키까지 가기로 했다. 나는 1진이었다.

나는 강원태 사진기자와 함께 영하 40도를 오르내린 12월 시베리아의 냉혹한 추위와 뼛속을 파고드는 막막함과 죽음에 대한 공포 속에서 27박 28일 동안 개고생을 해야 했다. 돌아와 보니 몸무게가 8㎏ 빠져 있었다. 하지만 찬바람이 불기 시작하는 11월이 되면 늘 시베리아를 떠올리게 만드는 특이하고 멋진 기억들도 적지 않다. 동화 속 궁전 같았던 크렘린궁, 철로변의 자작나무 행렬, 신령스러운 바이칼호, 한 데카브리스트(황제에게 반기를 들었던 혁명가)의 고독한 책상, 1.8㎞ 길이의 장대한 화물열차 등등.

해외취재란 게 간혹 그런 경우가 있긴 한데, 이 취재는 처음부터 어그러지기 시작했다.

애초의 계획대로라면 가장 먼저 중국 지린성(吉林省)의 변방인 훈춘(琿春)으로 가야 했다. 훈춘은 북한, 중국, 러시아 세 나라가 국경을 맞대고 있는 지역으로, 삼각 교역이 이루어지는 곳이다. 그걸 취재하고자 한 것이었다.

그런데 훈춘의 폭설이 우리를 가로막았다.

하는 수 없이 옌지(延吉)에서 1박을 하며 일정을 점검했는데, 어이없는 상황이 전개됐다.

모스크바까지 동행하기로 한 재중동포(조선족) 러시아어 통역 겸 안내원은 러시아어를 할 줄 모르는 건 고사하고, 기차 대신 비행기를 이용하자, 일정을 열흘로 줄이자, 정 안 되면 하얼빈(哈爾賓)까지만 동행하겠다, 고 엉뚱한 소리를 해댔다. 그러면서 수고비는 턱없이 높게 불렀고, 은근히 테러 위협을 가하기도 했다. 알고 보니 옌지에서 힘깨나 쓰는 집안 출신으로, 망나니 수준의 건달에 가까웠다. 나에게 "한국에서 좀 까부느냐?"고 묻기도 했다. ('까분다'는 사회적으로 힘깨나 쓴다는 뜻의 옌지 말이다.)

다행히 옌지에는 일제 때 헤어진 어머니의 오빠, 즉 외삼촌이 계셨다. 외삼촌은 지린성의 공산당 인사부장 출신이어서 힘이 무척 셌다. 그는 외삼촌 얘기가 나오고 외사촌 누나가 연락을 받고 달려오자 슬그머니 눈을 내리깔았다.

우리는 급히 하얼빈까지 안내할 사람을 다시 찾아낸 다음, 옌지에서 일반 쾌속열차 푸콰이(普快)를 타고 하얼빈으로 갔다. 11시간이 걸렸다. 하얼빈에서는 미리 예매해둔 시베리아횡단열차의 국제열차표를 받기로 되어 있었다.

하지만 하얼빈에서도 어처구니없는 일이 기다리고 있었다.

국제열차표를 구해놓기로 한 현지인은 연락두절이었다. 중국 정부에서 외국 기자와의 접촉을 금지했기 때문이란 말만 간접적으로 전해 들었다. 중국 정부는 외국 기자와 교수들을 꺼린다고 하는데, 그걸 실감하는 순간이었다.

현장에서는 국제열차표를 구할 수가 없어서, 하얼빈에서 1박을 해야 했다. 그리고 창춘(長春)에서 비행기로 베이징까지 간 뒤 역시 비행기로 모스크바까지 간 다음, 당초 계획의 역순으로 시베리아횡단열차를 타고 베이징까지 오는 일정으로 변경을 해야 했다. 국내에서 일정을 조율했던 대한무역투자진흥공사(KOTRA, 코트라) 모스크바사무소에 전화를 걸어 변경된 내용을 알렸다.

세상만사 '새옹지마 전화위복(塞翁之馬 轉禍爲福)'이고 '일득일실(一得一失)'인 것인가. 그 어처구니없는 상황 속에서도 뜻하지 않은 소득이 또한 있었다.

하얼빈까지 동행한 새 통역 겸 안내인은 외사촌 동생 친구였다. 그는 재중동포(조선족)였다. 마침 동생 친구의 대학 동기가 하얼빈에 공무상 파견 나와 있었다. 그는 한족(漢族)이었는데, 장인이 정치적으로 대단한 거물이었다.

동생 친구의 대학 동기는 뭘 도와드리면 되겠느냐고 물었고, 나는 안중근 의사가 이토 히로부미를 저격한 빈장(濱江)역을 보고 싶다고 말했다. 그는 흔쾌히 부탁을 받아들였고, 촬영이 금지된 곳이었지만 빈장역의 저격 현장을 사진에 담을 수 있도록 배려했다.

이곳 사정을 잘 아는 사람들은 신문에 그 사진이 실리자 어떻게 된 일이냐며 놀라워했다.

동생 친구의 대학 동기는 우리를 자신의 관사로 초대해서 저녁을 대접했다. 중국식 배달요리였는데, 양과 종류가 엄청났다. 이곳에서는 손님이 먹든 안 먹든 양껏 차려서 내놓는 걸 예의라 여긴다고 들었다. 동생 친구의 대학 동기는 식사 도중에 하얼빈이 포함된 둥베이(東北) 3성(지린성·헤이룽장성·랴오닝성) 자랑을 많이 했다. 그 내용은 대략 이러하다.

- 둥베이 3성에서는 항일 영웅이 많이 났다. 하얼빈의 명소인 '자오린 공원'은 항일 명장 리자오린의 이름에서 따온 것이다. 일제 때는 한족 과 조선인들이 합심해서 일본인들을 때려잡았다.
- 중국의 해방전쟁 때 둥베이 3성은 인민해방군의 주요 거점이었다. 인민해방군의 둥베이야전군 사령관 린뱌오(林彪)는 특히 전략적으로 이곳을 중시했다. 둥베이 사람들은 머리가 좋고 호방하며 당파의식이 거의 없었는데, 인민해방군에게 호의적인 태도를 보였기 때문이다.
- 경제적으로는 예로부터 공업 중심지였다. 지금도 하얼빈에는 국가 경제의 근간이 되는 국영기업이 많이 있다. 탱크와 헬리콥터 같은 군 수물자도 여기에서 생산된다. 수력발전소가 많아서 전기가 대량으로 생산되고 있는데, LG산전이 이곳에 터를 잡은 건 그런 이유 때문일 것 이다.

저녁을 먹고 나서 동생 친구와 우리는 소파가 여기저기 찢어져 있는 허름한 노래방으로 가 노래를 불렀다. 동생 친구는 러시아 식 춤을 추기도 했다. 나는 노찾사의 〈광야에서〉를 불렀다.

(…) 해 뜨는 동해에서 해 지는 서해까지/ 뜨거운 남도에서 광활한 만주벌판/ 우리 어찌 가난하리오/ 우리 어찌 주저하리오/ 다시 서는 저 들판에서/ 움켜쥔 뜨거운 흙이여.

노래가 끝나자 동생 친구는 벅차하면서 울먹였다. 화면에서는 만주벌판이 흐르고 있었다. 문득 일제강점기의 시인 이육사의 시 〈광야〉 생각이 났다.

(…) 지금 눈 내리고/ 매화 향기 홀로 아득하니/ 내 여기 가난한 노래의 씨를 뿌려라.// 다시 천고의 뒤에/ 백마 타고 오는 초인이 있어/ 이 광야에서 목놓아 부르게 하리라.

다음 날 우리는 베이징공항에서 러시아 국영 비행기 아에로플로트를 타고 아홉 시간을 날아 모스크바로 갔다.

시베리아횡단열차를 탔다 ②
"우리 러시아가 남북통일에 기여하고 있다"

중국을 제외한 러시아만의 여정은 모스크바–(우랄산맥)–예카테린부르크–노보시비르스크–이르쿠츠크–하바롭스크였다. 1만 km 정도.

당시에는 시베리아횡단열차에 대한 정보가 전무하다시피 했다. 부산에서 유럽까지 화물을 보낼 때, 배로는 30~40일 걸리지만 이 열차를 이용하면 10~11일밖에 걸리지 않는다, 는 정도만 풍문처럼 알려져 있었다. 시베리아횡단열차의 안전성, 열차의 모습 같은 기본적인 내용도 알려진 게 거의 없었다. 여행상품이 생기고 일반인들이 다니기 시작한 건 한참 뒤의 일이다.

따라서 우리는 일반 여행객의 감성과 화물 주인의 입장을 동시에 염두에 둔 채 취재를 해야 했다.

우선 자료를 확보해야 했다. 건설교통부(현 국토교통부) 산하 교통개발연구원에 문의를 했다. 안병민 부원장은 이렇게 말했다.

"자료가 없다. 취재를 잘해서 자료를 좀 챙겨 달라. 부탁드린다."

그전에 국내 언론이 취재를 안 한 건 아니었다. KBS가 답사를 한 적이 있는데, 취재가 안 됐다고 했다. KBS는 교통개발연구원의 조악한 자료화면을 빌려서 방영했다는 말을 들었다.

러시아 혹은 시베리아는 그런 곳이었다. 폐쇄적이었고, 위험한 곳이었으며, 가난했고, 겨울 날씨는 혹독했다. 하지만 우리는 시베리아로 가야 했다.

다행스럽게도 취재 결과는 만족스러웠다. 안병민은 기사를 보고 놀라워했다. 한동안 나는 시베리아에 관한 한 권위자 비슷한 대접을 받았다.

기실 취재원들은 협조가 잘되었고, 운도 좋은 편이었다. 귀국길에 중국 만저우리(滿洲里)에서 날벼락을 맞긴 했지만, 아무튼.

모스크바에 당도한 우리는 곧장 코트라(KOTRA) 모스크바사무소를 찾아갔다. 나는 해외취재를 할 때 주로 대사관과 코트라의 도움을 받곤 했다. 사전에 인터뷰 대상자와의 일정 조율과 통역 겸 안내인 섭외를 부탁하곤 했다. 이번엔 코트라였다.

코트라에서는 훌륭한 통역 겸 안내인을 섭외해두고 있었다. 신광희란 30대 재러동포였다. 러시아식 이름은 니키타 신. 첩보영화 주인공 이름 같다는 생각을 했는데, 실제로 그곳에서의 별명이 '러시아의 해결사'였다.

신광희는 충청도 출신으로, 단재 신채호 선생의 자손이었다. 고교 졸업 후 혈혈단신 모스크바로 건너가 스스로의 삶을 개척했다고 하니, 그 간난고초가 오죽했으랴 싶었다.

코트라의 자랑대로 신광희는 다부진 체격에다 명석했고, 배짱이 두둑했으며, 책임감이 강했고, 문제해결 능력이 뛰어났다. 그는 크고 작은 어려움을 저돌적으로 돌파하며 해결해냈다.

우리는 가장 먼저 러시아 철도부(MPS)를 찾아갔다. 철도부 제1차관 첼코 알렉산드르 비탈리예비치를 만나기로 되어 있었다. 참고로 러시아 철도부는 '제2의 국방부'라 불린다. 러시아는 전체 화물의 85%가 철도를 통해 운송되고, 국민 대다수가 열차로 이동을 하는 나라이다. 따라서 철도에 문제가 생겼다는 건 곧 전시 상황을 맞았다는 뜻이 된다.

첼코 차관은 유력 일간지인 이즈베스티야와 인테르팍스통신을 비롯한 주요 언론사 기자 7명, 일본 교도통신 특파원 1명과 함께 기다리고 있었다.

우리 취재팀의 존재를 알려줌으로써, 한국이 시베리아횡단열차에 관심이 많다는 사실을 전달하려는 의도로 보였다. 당시만 해도 러시아 정부는 한반도종단철도와 시베리아횡단철도를 연결하는 문제에 대해 관심이 많았다.

그래서 홍보에도 신경을 썼다. 화물 운임, 통관세, 관광 같은 데서 오는 경제적 이익 때문이었다. 내가 앞에서 '운이 좋았다'고 한 건 그런 배경 때문이다.

　일본 특파원이 참석한 부분도 인상적이었다. 일본은 오래전부터 '한일 해저터널' 혹은 '러일 해저터널' 개설을 희망해왔다. 해저터널과 대륙의 열차를 연결하면 '섬나라'로서의 한계를 벗어날 수 있다고 생각하기 때문인 것 같다. 그날 일본 특파원은 나와 첼코 차관의 대화를 조용히 경청하면서 메모만 했다.

　첼코 차관은 도발적인 첫마디를 던졌다.

　"한국은 러시아가 남북한의 통일에 기여하고 있다는 사실을 인정해야 합니다."

　이 말의 배경은 이러했다.

　첼코 차관은 1999년 10월 평양에서 당시 김정일 국방위원장을 만나 이렇게 당부했다.

　"철도와 관련된 모든 기술과 시설, 재정 등 제반 사항을 지원할 테니 반드시 경의선을 복원하라."

　요컨대 한반도종단철도와 시베리아횡단철도가 연결되면 세계 각국의 화물이 남북한을 무시로 드나들고 관광객 또한 급증하게 될 것이라서, 한반도의 긴장이 자연스럽게 해소될 터인데, 그 기초를 러시아가 놓고 있다는 뜻이었다.

　철도부에서는 인터뷰 겸 간담회가 끝나자 무엇을 도와드리면 되겠느냐고 물었다. 우리는 답사할 지역과 취재 내용을 설명하면서 지역 철도청들의 적극적인 협조가 필요하다고 말했다. 덕분에 우리는 각 지역 철도청에서 환대 수준의 협조를 받았고, 취재는 원활하게 이루어졌다.

시베리아횡단열차를 탔다 ③
'고려인 3세' 유리 텐 미하일로비치 두마 의원

이르쿠츠크는 '시베리아의 파리'라 불리는 도시다. 단아하고 아름답다. '바다 같은 호수' 바이칼호(湖)가 이곳에 있다.

이 이르쿠츠크에 '트루드(노동)'란 기업이 있다. 주력은 도로 건설이다. 시베리아 도시 치타와 하바롭스크 간 3000㎞에 고속도로를 놓았다. 공항도 건설했다. 쿠릴열도의 프리바이칼례 공항이다. 이 공항은 1994년 지진 당시 건재함을 과시해 성가를 높였다.

트루드는 재러동포가 운영하는 곳이다. 트루드의 댄 니콜라이 미하일로비치(한국 이름 정백남) 고문변호사 겸 부사장이 내게 이렇게 말했다. 그는 이르쿠츠크 검찰청 형사부 검사 출신이었다.

"의원님 전화를 받았습니다. 이 기자님 원하는 건 다 들어드리라고 하더군요. 의원님이 이러시는 분이 아닌데… 뭘 도와드리면 될까요?"

이때 트루드 부사장이 '의원님이 이러시는 분이 아닌데' 운운한 배경은 이러하다.

러시아 철도부에서 제1차관을 만나고 나서, 우리는 러시아 두마(국회 하원)를 찾아갔다. 유리 텐 미하일로비치 두마의원과 약속이 되어 있었다.

유리 의원은 재러동포(고려인) 3세로서 이르쿠츠크를 지역구로 둔 3선 의원이었다. 한국 이름은 정홍식.

유리 의원은 여러모로 거물급이었다. 3선 중진의원으로서 산업에너지 및 건설분과 위원장직을 맡고 있었고, 블라디미르 푸틴 대통령과 각별한 사이였다. 그는 '트루드'의 창업주이면서 회장이기도 했다. '러시아의 정주영'이라고 하면 이해가 쉬울까?

유리 의원을 만났을 때, 그는 "반갑습니다" 같은 의례적인 인사말도 러시아어로 했다. 한동안 계속해서 러시아어로 말을 이어갔다. 재러동포(고려인)라고 했는데? 약간 당황스러웠다.

하여튼 나는 통역을 맡은 신광희를 통해 계속 정중하게 질문을 했고, 유리 의원은 무표정하게 굵은 바리톤 음성으로 대답을 했다. 그러다가 반전이 일어났다.

나는 신광희에게 "의원님이 재러동포(고려인) 3세라고 들었다. 1세 되시는 분이 어디 출신인지 질문해 달라"고 요청했다. 그래서 신광희가 러시아어로 통역을 하려 하는데, 느닷없이 유창한 한국어 대답이 돌아왔다.

"할아버지 고향이 경북 안동입니다."

잠시 의아한 침묵이 흐른 뒤 내가 물었다.

"한국말을 잘하시는군요. 그런데….."

그러자 그는 "이 정도를 잘한다고 할 수는 없지요" 하더니, 자리에서 일어나 화이트보드에 그림을 그려가면서 한국어로 시베리아횡단철도에 대한 설명을 하기 시작했다.

"경의선이 연결되면 남한은 이르쿠츠크의 천연가스와 셀룰로이드, 원목 등 원자재를 손쉽게 공급받을 수 있다. 나는 푸틴 대통령과 함께 북한을 방문했을 때 김정일 국방위원장에게 '우리가 기술과 자본을 댈 테니 전쟁은 포기하고 경제를 생각하라. 경의선을 통해서 경제적 혜택을 누려라'라고 조언했다. 김 위원장은 적극적이었고, 긍정적인 답변을 내놓았다. 이젠 남북한이 잘해야 한다."

인터뷰는 처음의 딱딱한 분위기에서 벗어나 화기애애한 가운데 훌륭하게 끝났다.

유리 의원은 헤어지면서 필요하면 자기 명함을 활용하라고 했는데, 엉뚱한 데서 그럴 일이 생겼다.

보람찬 하루 일을 끝마치고서 술을 한잔하고 밖으로 나왔는데, 러시아 경찰 두 명이 우리를 상대로 불심검문을 했다. 한 명한테서는 보드카 냄새가 진하게 났다. 태도도 불량스러웠다.

우리는 일순 긴장했다. 그 얼마 전 술 취한 한국의 대기업 주재원이 길에서 소변을 보다 경찰에게 걸렸는데, 대들다가 맞아 죽었다는 말을 들었기 때문이다. 러시아 경찰은 외국인한테도 그런 사람들이었다.

두 경찰은 여권을 보여달라고 했다. 고참인 듯한 한 명이 여권을 들고 순찰차 안으로 들어가더니 한참 동안 나올 생각을 하지 않았다. 급기야 신광희가 내게 물었다.

"여권에 다른 건 아무것도 없죠?"

"여권 날개에 100달러짜리 6장이 꽂혀 있는데….."

"예? 왜 빨리 말씀 안 하셨어요!"

신광희는 황급히 순찰차로 달려갔고, 뭐라 뭐라 하더니 여권을 받아서 돌아왔다. 두 경찰은 불에 덴 듯 부리나케 차를 몰고 사라져버렸다. 이번엔 내가 물었다.

"어떻게 된 겁니까?"

"얘들은 외국인이나 불법체류자인 듯한 사람을 보면 일부러 불심검문을 합니다. 그러면 성가시니까 여권에 얼마간의 돈을 꽂아서 주지요. 그런데 이 기자님 여권에는 너무 큰 금액이 꽂혀있으니까 먹어도 되는 건지 헷갈려서 한참을 차 안에 앉아 궁리를 했던 겁니다."

"그런데 뭐라고 하고 여권을 받아왔습니까?"

"나는 유리 의원 보좌관이다. 저분들은 한국에서 온 기자들이다, 낮에 의원님과 인터뷰를 했는데 나더러 잘 모시라고 했다, 만약 저분들이 불쾌해하면 의원님이 가만 안 있을 거다, 나는 이 일을 그대로 보고하겠다, 라면서 의원님 명함을 내밀었지요. 그 랬더니 여권을 건네고는 도망치듯 가버린 겁니다."

우리는 씁쓸해하면서도 유쾌하게 웃었다.

그런 우여곡절을 겪으면서 이르쿠츠크에 당도했을 때 트루드 의 부사장이 앞에서 소개한 친절한 말을 했던 것인데, 덕분에 2박 3일 동안 차량을 비롯해 필요한 지원을 다 받았다.

저녁에는 현지 기관장 등과 함께 만찬을 하며 취재를 이어가기 도 했다. 만찬 때는 이르쿠츠크의 특산품이라는 '페퍼 보드카'가 나왔다. 빨간 고추의 캡사이신을 활용한 보드카였는데, 색깔이 빨갰고, 톡 쏘는 듯한 맛이 났다.

이곳 사람들은 술을 좋아했고 많이 마셨다. 다양한 주법으로 페퍼 보드카를 '부어'댔다. 술잔을 오른쪽 귀밑에 댄 다음 뺨을 따라 빙그르르 돌린 뒤 입술 앞에 오면 탁 털어 넣는 주법도 있었 다. 3일째 되던 날에는 페퍼 보드카의 'ㅍ' 자도 듣기 싫을 정도가 됐다.

생각하건대 유리 의원이 호의적이었던 이유는 거룩한 데 있는 게 아니었다. 인터뷰를 한 날 그는 가만히 관찰하듯 우리를 지켜 보고 있었다. 그가 느닷없이 한국말을 하기 시작했을 때, 나는 내가 말실수를 한 게 없었는지 퍼뜩 짚어보았다. 그러면서 안도했다. 만약 "저 사람한테…"라고 했다거나 무례한 태도를 취했다면 상황은 크게 달라졌을 수도 있었을 것이다.

그 당시 한국 사람들은 러시아나 중국 사람들을 함부로 대하거나, 한국말을 모른다 싶으면 "쟤가…" "그거 한번 물어봐라" 하는 식으로 시건방을 떠는 일이 잦았다. 한국의 '카레이스키 비즈니스맨(한국인 사업가)'들은 더도 말고 덜도 말고 그냥 '사기꾼'으로 인식돼 있었다. 나쁜 행동, 나쁜 짓을 많이 했다는 뜻이다.

유리 의원도 그런 한국인들의 모습을 적잖이 보았을 성싶었다. 그러니까 나는 예기치 않게 나름의 테스트를 잘 통과한 것이었을 수도 있을 테지.

시베리아횡단열차를 탔다 ④
막막했던 만저우리의 밤하늘

지금도, 막막하게 높기만 하던 만저우리(滿洲里)의 밤하늘을 잊을 수 없다.

만저우리는 러시아와 중국 북쪽의 국경도시로서, 중국 네이멍구자치구(內蒙古自治區) 소속이다. 우리가 흔히 농담 삼아 '왜정 때 말 타고 개 장사했다'는 그 만저우리(만주)는 남쪽 한반도의 국경 부근으로, 위치상 이 만저우리와는 완전히 다른 곳이다.

여기에서 나는 예기치 않은 날벼락을 맞아야 했다. 그래, 나의 잘못이었다.

이르쿠츠크 취재를 끝내고 중국 베이징행 국제열차 앞에서 트루드의 부사장과 작별 인사를 했을 때만 해도 세상은 아름다웠

다. 통역 겸 안내를 맡았던 신광희는 이틀 전 모스크바로 돌아가
버렸지만, 이틀 동안 내처 열차 안에만 있을 터이니 별다른 어려
움은 없을 것이었다.

예정대로라면 우리는 시베리아횡단철도의 몽골 분기점이자 라
마교의 총본산인 울란우데를 지난 뒤, 치타에서 아래로 몸을 틀어
중국으로 진입하고, 이어서 하얼빈을 통과한 뒤 창춘(長春)에서 비
행기로 귀국을 할 것이었다. 그러면 시베리아횡단열차와 만주종
단열차(TMR)를 함께 경험한 최초의 한국인이 되는 셈이었다.

그런데 러시아 측 국경지역인 자바이칼스크에서 사달이 났다.

국제열차는 자바이칼스크에서 두어 시간을 머물렀다. 바퀴를
바꿔 다느라 그랬다. 참고로 레일 폭의 경우 러시아는 광궤(152
㎝)이고 중국은 표준궤(143.5㎝)라서 국경지역에서 바퀴를 바꿔 달
게 돼 있었다.

승객들은 바깥출입이 통제된 채 대합실에만 머물러야 했다. 나
는 그러는 동안 재중동포(조선족) 모녀와 이런저런 이야기를 나누
었는데, 기자 신분을 밝힌 게 화근이 됐다.

열차가 바퀴를 바꿔 단 뒤 만저우리에 도착하니 밤 10시 정도
였다. 입국심사대 앞에서 새로 비자를 발급받기 위해 줄을 서 있
는데, 나와 자바이칼스크에서 이야기를 나누었던 재중동포(조선
족) 딸이 도움을 준답시고 공안원에게 가 '한국에서 온 기자'란 사
실을 말해버렸다.

그러자 조금 전까지만 해도 친절했던 그 공안원이 얼굴이 굳어져서 다가와 "기자냐?"라고 물었다. 중국 중앙정부가 외국 기자 접촉 금지령을 내렸다는 말이 퍼뜩 생각나, 취재는 하지 않을 것이고 창춘에서 비행기를 타고 곧바로 한국으로 돌아갈 것이라고 말했다.

내 말을 들은 공안원은 사무실로 가더니 중앙정부 쪽과 통화를 했다. 그러고 나서 나와 그 사이에 이런 대화가 오갔다.

"비자를 내줄 수 없다. 당신은 단수비자인데 이미 한 차례 쓰지 않았느냐."

"조금 전에는 내줄 수 있다고 하지 않았느냐. 필요하다면 웃돈을 주겠다. 기자라서 그런 거라면 취재는 절대 안 한다고 약속할 수 있다."

"상부의 엄중한 지시다. 이해해 달라. 러시아로 돌아가라."

"러시아 비자가 없다."

러시아는 여권에 도장을 찍어주는 게 아니라 종이로 된 별도의 비자증을 발급한 뒤 출국할 때는 회수하는 시스템이었다.

"우리가 러시아 비자를 받아주겠다."

"그게 가능한가?"

공안원은 그러더니 우리를 차에 태워 호텔로 데려갔고, 다른 공안원들이 문밖에서 보초를 섰다. 내가 이렇게까지 '감시(surveillance)'를 할 필요가 있느냐고 했더니 극구 '보호(protection)'라고 강조했다. 그러면서도 나와 사진기자를 상대로 별도의 방에서 취조 비슷한 조사를 했다. 국경지역이라서 그러는 것이라고 억지로 이해를 했는데, 사실 별 뾰족한 수도 없었다.

다음 날 공안원들은 러시아 비자와 치타행 플라츠카르트(6인실) 야간 완행열차 기차표를 건네주었다. 비자를 보니 '치타−하바롭스크'라고 찍혀 있었다. 치타에 가서 표를 사 하바롭스크로 가라는 뜻이었다. 참고로 러시아에서는 비자를 발급받을 때 체류 지역을 명시하고 해당 지역에만 머물러야 한다.

그래도 공안원들이 끝까지 정중하고 친절해서 심적 압박은 덜했다. 헤어지면서 "당신들의 친절을 기억하겠다"고 했더니, 공안원은 밝게 미소 지으면서 악수를 청했다.

문제는 지금부터였다. 이젠 통역도 안내인도 없었다. 시베리아는 영어가 통하지 않는 곳이었다. 내가 할 수 있는 러시아어는 '1'이란 뜻의 아진, '2'란 뜻의 트바, '건배'란 뜻의 다바이 정도였다.

다행히 전날 공안원의 전화로 베이징 주재 한국대사관을 통해 하바롭스크 한국어교육원 원장을 연결했고, 기본적인 협조를 받기로 되어 있었다. 어떻게든 하바롭스크까지만 가자.

그냥 죽으란 법은 없는 것인지, 치타역 매표소에서 내가 아는 러시아어가 먹혀들었다. 나는 매표원에게 큰 소리로 "하바롭스크, 트바!"라고 외쳤다. 강원태 사진기자는 초조하게 기다리고 있다가 내가 표를 두 장 짠 하고 보여주자 쓰러질 듯 기뻐했고,

표를 끊어 온 능력에 대해 찬사를 아끼지 않았다.

이제 심적인 여유가 조금 생겨서 우리는 역 부근 마을을 어슬렁거리며 돌아다녔다. 영하 30도여서 반쯤 찬 플라스틱 물통의 물은 얼어버렸지만, 황인종과 백인종 아이들은 얼음판 위에서 레슬링을 하며 놀고 있었다. 보기에 좋았다.

시베리아횡단열차를 탔다 ⑤
차이콥스키와 '코리안 KGB'

시베리아횡단열차를 타고 한 달 가까이 시베리아 지역을 답사하면서 제법 다양한 사람들을 만났다. 이번에는 러시아 두마^(국회)의원, 철도부 제1차관 같은 공적인 사람들 말고 일반인들에 얽힌 얘기를 하려고 한다.

우여곡절 끝에 러시아 치타에서 하바롭스크행 국제열차에 몸을 얹었다. 직행으로 35시간 걸렸다. 이 열차의 종착지는 중국 베이징이었다.

시베리아횡단열차 객실은 2인실인 에스베, 4인실인 쿠페, 6인실인 플라츠카르트 세 종류다. 우리는 쿠페를 이용했다. 위와 아래에서 각각 두 개의 침대가 마주 보는 구조다.

열차 안은 겨울에도 난방이 잘돼 있어서 차창 밖은 영하 70도 지만 안에서는 속옷 차림으로 지낼 수 있다.

안전문제는 걱정하지 않아도 된다. 방은 안팎에서 잠글 수 있 고, 열차 안에 경찰이 타고 있다.

국제열차 안에는 우크라이나에서 육체노동으로 돈을 벌어 귀 국하는 재중동포(조선족), 벌목 일을 하다 귀국하는 북한 노동자, 중국인 소규모 무역상(보따리장수) 등 다양한 사람들이 뒤섞여 있 었다.

처음에는 우리 객실에 두 명의 여성이 탔다. 모스크바에서 베 이징으로 여행을 가는 레냐 자매였다. 국제열차를 타면 남녀가 한 객실에 드는 일이 간혹 생긴다. 옷을 갈아입을 때는 바깥에 나가 있어야 했다.

이들은 러시아어-영어 사전을 가지고 있어서 기초적인 대화 가 가능했다. 언니는 세관 직원, 동생은 교사였다. 두 사람 다 체 구가 우리 두 배는 돼 보였다. 팔씨름을 해도 질 것 같았는데, 심 성은 고와 보였다. 언니는 이 열차로 몇 차례 베이징을 다녀왔다 고 했다.

자매는 중간에 내렸고, 이어서 장신의 남성 두 명이 탔다. 영어 가 조금 가능했다. 블라디보스토크의 소방관들이었다.

이들은 소금에 절인 돼지고기와 생선통조림을 안주로 내놓으 면서 보드카와 맥주를 권했다. 니콜라이는 차이콥스키를 좋아했다. 러시아에서는 차이콥스키를 '치콥스키'로 발음했다. 마침 강원태 사진기자가 피아노를 잘 쳤는데, 차이콥스키의 〈호두까기 인형〉을 입으로 연주해 찬사를 받았다.

술기운이 오르자 니콜라이는 나에게 '코리안 KGB' 운운하면서, 너 들켰지, 하는 듯한 표정을 지었다. 너 기자란 건 거짓말이고 실은 한국 안기부 직원이지, 하는 뜻이었다. 표정이 굳어 있어서 그러는 것 같았다. 아, 이곳에서는 정보기관 사람에 대한 어떤 선입견이 있구나, 하는 생각을 했다.

러시아 사람들은 기자와 한국인에게 호의적인 편이었다. 한국에서 온 기자란 사실이 알려지자, 여러 사람이 호기심을 드러내며 객실을 찾아와 머물다 갔다. 귀대하는 포병장교, 벌목기술자, 몽골과 소규모 무역을 하는 30대 여성 올가, 대학생….

올가는 영어를 잘해서 통역 구실을 했다. 그는 어느 순간 눈물을 살짝 비치면서 이렇게 푸념했다.

"중국은 잘사는 나라가 되었는데 러시아는 너무 가난하고, 앞으로도 나아질 기미가 별로 보이지 않는다."

나는 마음이 아팠다.

우리는 하바롭스크에서도 올가와 비슷한 말을 들었다. 하바롭스크에서 만난 50대 재러동포(고려인) 안내인은 늘 역한 술 냄새를 풍겼다. 싸구려 보드카 냄새였다.

그는 일을 너무 하고 싶은데 일자리가 아예 없어서 인생이 막막하고 허전하다고 했다. 겨울에는 오후 2~3시만 되면 어둑어둑해지는데다 딱히 할 일은 없으니 정부에서 주는 적은 돈으로 싸구려 보드카만 사서 마시게 된다고 말했다. 듣자니 이런 이유로 인해 알코올에 중독되는 사람들이 자꾸 늘어나고 있었다.

이 안내인은 공항까지 배웅을 나왔다가 눈시울을 적시면서 내게 이렇게 사정했다.

"한국에 돌아가면 아무 일이라도 좋으니 일자리를 하나 구해서 나를 불러줄 수 없겠느냐. 인생은 한 번뿐인데 이토록 무력하게 보내고 있으니 너무 아깝고 안타깝다."

나로서는 딱히 할 말이 떠오르지 않았다.

요즘도 찬바람이 불면 시베리아와 시베리아에서 만났던 사람들 생각이 나곤 한다. 모두가 안녕하길 바랄 따름이다.

▶덧붙이는 말

한반도종단철도와 시베리아횡단철도가 연결되면 열차가 북한지역을 통과하게 된다. 북한은 폐쇄적인 나라여서 승객들이 차창으로 바깥 구경하는 걸 달가워하지 않을 것이란 말을 하는 이들이 있다. 이 문제는 북한지역 통과 시간을 심야로 설정하고, 의무적으로 커튼을 치게 하는 방법이 있다. 분단 시절의 동독과 서독이 그렇게 했다.

"인도 경찰은 누구든 차별 없이 때려요"

후진국일수록 경찰이 시민들에게 난폭하다는 말이 있다. 하지만 '조지 플로이드 사건'을 보면 반드시 그런 것만도 아니란 생각이 든다. 인도와 미국에서 겪은 경찰에 관한 일화를 소개한다.

'신(神)의 나라' 인도의 경찰은 어떨까?

인도 경찰은 힘없는 백성 혹은 민중에게 무자비하기로 정평이 나 있다. 경찰이 길거리에서 몽둥이로 시민을 두들겨 패는 장면이 아무렇지도 않게 노출된다. 그야말로 '민중을 향한 몽둥이'인 것이다.

나는 2000년 3월 보름 동안 네팔과 인도를 취재여행 한 적이 있다. 그때 인도 경찰의 난폭함을 직간접적으로 보고 들을 수 있었다.

북인도 바라나시의 혼잡한 길거리에서 무슨 일 때문이었는지 건장한 경찰이 남루한 성인 남성을 몽둥이로 두들겨 패고 있었다. 사람들은 둘러서서 별 동요 없이 구경을 하고 있었다.

그 곁을 지나치면서 통역과 안내를 맡았던 델리대 대학원생 한국인 A씨가 자신이 겪은 일을 들려줬다. 웃기기도 하고 씁쓸하기도 한 그런 일화였다.

"한번은 오토바이를 타고 가는데 경찰이 제지하더군요. 낮술을 조금 한 상태라서 불응하고 달아났는데, 막다른 골목에 갇혀버린 겁니다. 경찰도 오토바이를 타고 뒤쫓아왔는데, 제 앞에 오더니 다짜고짜 몽둥이로 헬멧을 후려치는 거예요. 멍했죠. 그런데 헬멧을 벗었더니 경찰이 놀라는 표정을 짓는 겁니다. 외국인인 줄 몰랐던 거죠."

이 대목에서부터 얘기는 무슨 코미디처럼 반전된다.

"순간, 아 얘가 지금 당황하고 있구나, 하는 판단이 서서 이렇게 소리쳤죠. 'My father is ambassador!'(우리 아버지가 주인도 한국 대사야!)' 물론 저도 왜 그랬는지 모르겠고 당연히 '뻥'이었는데 이게 먹혀든 겁니다. 그 경찰은 쩔쩔매면서 비굴한 표정으로 사과를 했죠. 구경꾼들은 자꾸 모여들었고 경찰은 정말 어쩔 줄 몰랐습니다. 한참 만에 앞으로 잘하라고 하고는 집으로 돌아왔는데, 어쩐 일인지 이게 교민 사회에 소문이 나서 한동안 무슨 영웅 대접을 받았죠."

언젠가 한 인도 사람은 한국 TV에 나와 "인도 경찰은 사람을 안 가리고 차별 없이 때린다"고 했는데, 글쎄, 외국인에게는 좀 다른 모양인가?

그러던 차, 2020년 3월 신종코로나바이러스(코로나19) 사태 속에서 인도 경찰이 외출금지령을 어긴 시민들에게 몽둥이세례를 안겨주고 있다는 외신 보도가 줄을 이었다. 제 버릇 어디 개 주겠나 싶었다.

이른바 '선진국'이라는 미국은 어떨까?

2020년 5월 25일 '백인 경찰'이 '비무장 흑인 시민' 조지 플로이드를 과잉 제압해 죽음에 이르게 했다. 그때 보통사람들 사이에서 나온 말은 '또!'라는 것이었다. 아닌 게 아니라, 미국 경찰은 난폭한 인종차별 행위 탓에 자주 비난을 받고 있다.

개인적으로는 동영상을 통해 백인 경찰들의 표정과 위압적인 태도를 보면서 오래전 경험한 LA경찰을 떠올렸다.

나는 '9·11 테러'가 발생한 2001년 가을 '한미언론교류' 사업의 일환으로 미국 워싱턴–뉴욕–LA를 방문했다. 미 국무부가 주관한 행사였는데, 당시의 장관은 콜린 파월이었다.

우리 일행은 LA에서 저녁 식사를 마친 뒤 인도를 걷고 있었다. 그때 경찰 두 명이 갓길에 주차돼 있던 승용차로 다가가더니 신분증 제시를 요구했다. 차에는 아랍계 젊은 남녀 두 명이 타고 있었다. 운전석의 남성이 문을 열며 내리려 하자, 경찰은 안으로 밀어 넣더니 창문만 조금 내리라고 주문했다. 남녀는 차 안에서 경찰에게 뭐라 뭐라 격하게 항의를 했고, 경찰도 소리를 질러댔다.

그걸 본 우리 일행 중 한 명이 경찰에게 다가가 무슨 일이냐고 물었던 것인데, 경찰은 대답 대신 험상궂은 표정을 지으면서 경찰봉에 손을 갖다 댔다. 우리 일행 중 다른 한 명이 황급히 겸손한 자세를 취하면서 "한국에서 온 기자들이다. 뭐 도와줄 게 없는가 해서 그런 것이다. 언짢아하지 마라"라고 사과 아닌 사과를 했다. 그런데도 경찰은 얼굴을 일그러뜨린 채 가던 길을 가라고 소리쳤다.

우리는 "경찰이 9·11 테러 때문에 예민해져 있는 것이다" "아니다. 미국 백인 경찰 놈들 원래 인종차별주의자라서 그렇다"라며 갑론을박하면서 현장을 벗어났는데, 정말이지 당시에는 경찰봉이 바로 날아오는 줄 알았다. 분위기가 그 정도로 험악했었다.

다시 '조지 플로이드 사건' 동영상을 돌려보니 플로이드는 "I can't breathe(숨을 쉴 수가 없다)"라며 호소하고 있다. 목소리가 꺼져가고 있다. 미국이 '경찰의 수준이 그 나라의 수준'이라는 말을 염두에 두었으면 한다. 미국은 늘 다른 나라의 '인권'을 문제 삼는 명색 '선진국'이 아닌가.

영화 〈캐스트 어웨이〉와
프랑스 응급의료 시스템 '사무'

2020년 한 해 동안 '덕분에 챌린지'란 국민 참여형 캠페인이 전개됐다. 신종코로나바이러스(코로나19) 사태 속에서 혼신의 노력을 기울이고 있는 의료진을 격려하기 위한 것이었다.

이 캠페인은 사회적관계망서비스(SNS) 등에 '존경'과 '자부심'을 뜻하는 수어 동작 사진이나 영상을 올린 뒤, '#덕분에캠페인' '#덕분에챌린지' '#의료진덕분에' 등 3개의 해시태그를 붙이고, '덕분에 챌린지'를 이어갈 다음 참여자 3명을 지목하는 방식으로 진행됐다.

나는 '덕분에 챌린지'를 보면서 영화 〈캐스트 어웨이(Cast Away)〉와 프랑스의 응급의료 지원 서비스인 '사무(SAMU, Service d'Aide Medicale Urgente)' 생각을 했다.

〈캐스트 어웨이〉는 택배회사 FedEx(페덱스) 직원 척 놀랜드(톰 행크스 분)가 비행기 사고로 무인도에 표류해 가 1500일 동안 생존을 위해 분투하는 모습을 그리고 있다. 실화를 소재로 했다.

나는 영화를 보면서 주인공의 치아질환을 걱정했다. 그는 무인도 생활에 적응해갈 즈음 치아 통증에 시달린다. 그러다 스케이트 날로 이를 깨뜨려버린 뒤 실신하고 만다.

경남 김해 윤봉한치과의 윤봉한 원장에게 물어보니, 척 놀랜드의 질환은 '급성화농성치수염'인데, 충치로 인해 고름이 생기면서 압력이 발생하고 이 압력이 극심한 통증을 유발한다.

이어지는 윤 원장의 설명이다.

"영화를 보면 놀랜드가 치아를 깨버리는데, 통증의 원인인 압력을 없앨 수 있다는 점에서 응급처치 효과가 분명히 있다. 치과에서는 응급조치로 치아에 구멍을 내는데 그것만으로도 고름이 쑥 빠져나오며 통증이 거의 없어진다."

그때 무인도에 치과의사가 있었더라면 얼마나 좋았을까!

하여간 나는 영화를 보고 난 뒤, 만약 무인도로 가야 하고 한 사람만을 선택해야 한다면 어떤 사람을 지목할 것인가, 하는 생각을 해보았다.

결론은 '의사'였다. 무인도에서 두 다리가 부러지는 사고를 당했을 때 의사 말고 대통령, 재벌, 농부나 어부, 권투선수, 시인, 교수나 교사가 무슨 소용이 될까 싶은 것이었다.

나는 오래전 부산일보 의료담당 기자 시절에 '무인도의 의사' 같은 경우를 직간접적으로 다양하게 경험할 수 있었다. 그중 김 양제 부산 고운세상김양제피부과 원장의 사례가 가장 뚜렷이 남아 있다. 사연은 대략 이러하다.

김 원장은 미국에서 비행기로 귀국을 하던 참이었다. 이륙한 지 얼마 되지 않아 스튜어디스가 다급하게 의사를 찾았다. 한 승객이 화장실에서 목을 맨 것이었다. 비행기 안에는 의사가 김 원장밖에 없었다. 김 원장은 무려 7시간 동안이나 바닥에 쪼그려 앉은 채 승객의 기도를 확보하고 응급처치를 하면서 비행을 해야 했다.

그는 내게 말했다.

"무릎이 안 좋아서 고스톱도 안 치는데, 7시간을 쪼그려 앉아 있었더니 죽을 맛이더군요. 하지만 어쩌겠습니까. 직업이 의사인데."

의사란 직업의 사명감과 자긍심에 관해서 이야기할라치면 프랑스 사무(SAMU)에서의 에피소드가 떠오르곤 한다.

2004년 나는 전국의 응급의학과 의사 몇 분과 프랑스, 독일, 영국을 방문했다. 선진 응급의료 시스템을 살펴보기 위해서였다.

프랑스 파리에서는 '사무'를 방문했다. 보건사회부가 관장하는 응급의료 지원 서비스 기구였다. 우리는 '사무'에서 미구엘 마르

티네즈 박사를 만났다. 그는 현대식 응급의료 체계를 태동시킨 인물이었다.

그가 이 일에 관심을 쏟은 이유는 의사로서의 사명감 때문이었다. 그는 1950년대 중반 프랑스에서 바이러스에 의한 어린이 소아마비가 만연할 당시 환아들이 병원에 도착하기도 전에 죽음에 이르는 상황을 보고 충격을 받았다고 했다. 그런데 정작 흥미로웠던 건 프랑스와 한국의 문화적 토대와 가치관 차이였다.

아, 이 말을 먼저 해두도록 하자.

전 일정을 안내하고 코디했던 가이드는 박사와의 인터뷰를 앞두고 우리에게 색다른 주문을 했다. 인터뷰 통역원이 별도로 올 것이다, 프랑스 대통령에게 경제 분야 자문을 해주는 지식인이다, 한국인이지만 프랑스에 산 지 오래돼서 한국어가 서툴다, '사람이 성실하다'를 '사람이 실성했다'로 통역하기도 하니 문맥상 이해가 잘 안 되면 내게 다시 물어 달라, 고 당부했다.

막상 인터뷰가 시작되자 통역원의 우리말 실력 때문이 아니라 문화적 토대와 가치관 차이 때문에 대화가 자주 막혔다.

박사는 응급의학 분야에 대한 정부의 특별한 재정적 뒷받침은 없다, 종사자들은 봉급이 적어 투덜대기도 한다, 고 전했다. 그러면서도 응급의학 분야에 종사하려는 의사들이 넘쳐난다고 말했다. 모순되는 말이 아닐 수 없었다.

우리는 "박사의 말대로라면 조건은 안 좋지만 지원자가 많다는 건데, 그게 가능한가?"라고 의심스럽다는 듯 물었다. 박사는 의아해하면서 "사명감만으로도 얼마든지 그럴 수 있다"고 강조했다. 우리가 계속 이해가 안 된다고 하자 통역원이 끼어들었다. 그는 말했다.

"돈을 따졌다면 내가 뭐가 아쉬워서 여기에 와 통역을 하고 있겠느냐. 다른 데서 이 정도 시간을 할애하면 훨씬 많은 돈을 받는다. 중요한 건 그 일의 의미다. 여기는 사고방식이 그렇다."

보아하니 '성실'을 '실성'으로 통역하고 있는 것 같지는 않았다.

하지만 박사통역원과 우리는 인터뷰를 마칠 때까지 서로 자주 고개를 갸웃했다. 우리로서는 그럴 수밖에 없었다. 대한민국에서는 병원 개설이 쉽지 않고 근무 환경도 좋은 편이 못 되어서 응급실 의사 충원율이 40%에 불과했기 때문이다.

그런데 코로나19라는 사태가 터지고 보니, 대한민국에도 사명감만으로 '질병과의 공적 전쟁'에 나선 의료진이 부지기수로 나왔다. 현장에 못 간 의료인들은 SNS 등을 통해 지식과 지혜를 보태며 안타까워하고 서로를 격려하기도 했다. 덕분에 챌린지!

다만, 정부와 일부 지자체가 의료진의 사명감과 희생을 당연시하면서 무례를 범한 사례가 적지 않다고 하는데, 기필코 반성하고 개선해야 하리란 생각을 한다.

마돈나가 그랬다,
언론의 자유는 섹스보다 낫다고

2001년 10월, 한국기자협회 부회장이었던 나는 '한미언론교류' 대표단의 일원으로서 보름 동안 미국 워싱턴-뉴욕-LA의 언론 관련 기구들을 방문했다.

우리는 언론자유 수호를 위한 비정파적 민간재단인 프리덤 포럼(The Freedom Forum), 언론인보호위원회(The Committee Protect Journalist), 퓰리처상위원회, 세계언론자유위원회(World Press Freedom Committee) 등에서 관계자들과 대화를 나누었다.

프리덤포럼은 워싱턴 시내가 한눈에 내려다보이는 전망 좋은 건물에 들어서 있었다. 창밖을 보니 저 앞에서 워싱턴의 상징인 포토맥강이 흐르고 있었고, 건너편으로는 오벨리스크와 국회의 사당이 보였다.

거기에서 우리는 진 메이트란 홍보담당자를 만났다. 신문과 방송을 다 경험한 언론인 출신이었다. 그는 미국의 언론자유에 대해 자랑스럽게 이야기했다. 메모해둔 걸 보니 이렇게 되어 있다.

– 다 아는 얘기일 테지만, 미국은 전 세계에서 언론의 자유를 가장 만끽하는 나라이다.

– 미국의 선조들은 유럽의 철학자, 이를테면 존 로크*와 몽테스키외** 같은, '개인'을 존중하는 철학자들로부터 강한 영향을 받았다.

– 그러니 미국 사회의 근저에는 '통치자는 피통치자의 허락을 받아야 한다'는 철학이 자리 잡게 되었다. 그것은 언론의 자유와 일맥상통하는 것이며, 미국의 핵심 공공문서인 헌법은 그런 점을 정확하게 반영하고 있다.

– 의회는 언론의 자유를 제한하는 어떠한 법률도 만들 수 없으며, 잘 알다시피, 미국의 유일한 언론법은 언론법을 만들어서는 안 된다는 것이다.

– 대법원도 그 정신을 철저히 존중하고 있다. 대법원은 지금까지 언론의 자유를 침해하려는 시도를 저지하는 책무를 잘 수행해오고 있다.

메이트 씨는 그러면서 이런 말도 했다.

"그러나 언론의 자유는 끊임없는 투쟁의 산물이다. … 미국의 정치인들과 한국의 정치인들은 아마도 공통점이 있을 것인데,

미국의 정치인 중에서 언론의 자유를 제한하려는 자들은 늘 존재해왔다."

메이트와 헤어진 뒤 우리는 건물 안에 있는 '뉴지엄(Newseum)'이란 곳으로 안내를 받았다. 일반인들이 언론의 중요성을 이해하고 친밀감을 갖도록 하기 위해 마련한 '언론전시관'이었다.

뉴지엄의 한 벽면에는 명사들이 쓴 언론 관련 '명언'들이 적혀있었다. 그중 세계적인 팝가수 마돈나(2021년 현재 63세)의 말이 특히 인상적으로 다가왔다.

"Freedom of speech is better than sex(언론의 자유는 섹스보다 낫다)."

새삼 마돈나의 말을 상기한 이유는 '언론중재 및 피해구제 등에 관한 법률(일명 언론중재법) 개정안' 파동 때문이다.

2021년 8월 여당인 더불어민주당은 '가짜뉴스 피해구제법'이라며 이 개정안을 통화시키기 위해 온 힘을 다했다.

반면 야당과 국내외 언론단체들은 '언론재갈법'이라며 격렬하게 반대했다. 전국언론노동조합, 방송기자연합회, 한국기자협회, 한국PD연합회, 관훈클럽, 한국신문방송편집인협회, 한국신문협회, 한국여기자협회, 한국인터넷신문협회, 대한변호사협회, 민주언론시민연합, 민주사회를위한변호사모임 등 거의 모든 단체들이 매우 불온한 법안이라고 지적했다. 심지어 정부 기구인 국가인권위원회도 헌법상 언론의 자유를 위축시킬 우려가 있다는 입장을 내놓았다.

국제사회에서도 세계신문협회(WAN), 국제언론인협회(IPI), 국경없는기자회, 유엔 인권최고대표사무소 등 해외 언론단체들은 물론 유엔까지 나서서 이 개정안을 규탄했다.

이 개정안은 현재 슬그머니 수면 아래로 가라앉아 있는 상태다.

아닌 게 아니라, 이 개정안에는 독소조항이 많이 들어 있다. 대표적인 것이 '악의를 가진 허위·조작 보도'로 피해를 초래한 경우 해당 언론사는 손해액의 5배까지 손해배상을 해야 한다는 조항이다. 이른바 '징벌적 손해배상'이다.

문제는 '허위·조작'의 범위가 불명확하고 '손해액의 5배'라고 한 배상 책임 설정의 근거가 모호해서, '귀에 걸면 귀걸이 코에 걸면 코걸이' 식의 막무가내 소송이 발생할 수 있다는 사실이다.

또 다른 문제는 법률의 '과잉금지의 원칙'에 위배된다는 것이다. 현재도 잘못된 보도로 인해 피해를 입었을 경우 형법상 명예훼손죄를 물을 수 있고 민사소송을 통해 손해배상을 실현할 수 있으므로, 불필요한 '옥상옥 법률'이란 뜻이다.

그렇다면 민주당은 왜 이토록 허술하고 황당하기까지 한 법안을 통과시키기 위해 혈안이 되었던 것일까?

국민들은 민주당이 대통령선거와 문재인 대통령의 퇴임 이후를 염두에 두고 폭로 기사와 비판 기사를 차단하기 위해 이런 행태를 보인 것이라 보고 있다.

그렇다면 반대쪽에서는 단지 민주당의 이런 의도를 분쇄하기 위해 반대를 한 것인가? 아니, 그런 정도를 한참 넘어서 있었다. 반대쪽에서는 언론자유 침해, 언론의 자본·권력 비판·감시 기능 위축, 위헌 가능성 등 보다 근본적인 부분을 고민하고 있었다. 나아가 정권마다 이 법을 악용함으로써 사회적 갈등과 부작용이 일상화하는 사태를 우려하고 있었다.

그때 나는 대한민국도 미국 수정헌법 1조를 원용해서 아예 '국회는 종교의 자유, 표현의 자유, 언론의 자유, 결사의 자유, 정부에 대한 불만 청원의 자유를 제한하는 법을 만들 수 없다'는 내용의 법을 만들 필요가 있겠다는 생각을 했었다.

그렇지 않으면 헌법상의 '표현의 자유'가 무의미해지고, 마돈나의 말에서 유추해볼 수 있듯이, '섹스'조차도 사악한 권력에 의해 통제받게 될지 모를 일이라 여겼던 것이다.

농담이겠지, 라고? 아닐걸?

---

*존 로크(1632~1704) : 영국의 계몽사상가, 정치철학자. '사회계약론'을 체계화해 미국 독립선언문에 영향을 끼쳤다.
**몽테스키외(1689~1755) : 프랑스의 계몽사상가, 정치철학자. 《법의 정신》을 통해 삼권분립을 주장했다. 미국 헌법과 프랑스혁명에 영향을 미쳤다.

에필로그

'학이시습지'와 '촛불혁명'

"어디 책에 쓰인 게 전부 사실이겠어요?"

(조지 오웰, 《1984》)

공부란 무엇인가? 매사 의문을 품고 물어보는 것이란 생각을 한다. 수학자이자 밀교 교주였던 피타고라스는 제자들의 질문을 용납하지 않은 것으로 유명하지만, 공자·부처·예수·소크라테스 같은 분들은 심지어 제자들의 질문을 유도했고, 친절하게 답을 한 것으로 돼 있다.

'물음은 곧 답'이라고들 한다. 물음이 정확하면 답이 정확하게 나오고, 물음에 격조가 있으면 답에 격조가 있다는 뜻이다.

이런 물음은 어떤가?

먼저 《논어》의 제1장 제1절 〈학이〉편을 보자. 이런 말이 나온다.

人不知而不慍(인부지이불온)

不亦君子乎(불역군자호)

흔히들 "남이 나를 알아주지 않아도 성내지 아니하면 이 또한 군자 아닌가"로 해석한다. '온(慍)'을 '성내다, 노여워하다, 원망하다'로 해석하는 것이다.

이 대목에서 물음이 나온다. 이런 정도의 태도가 과연 그토록 대단하고 어려운 것인가? 유교 경전의 첫 구절치고는 지나치게 시시하고 세속적이지 않은가?

물음이 나왔으니, 1절 전체를 찬찬히 살펴보면서 답을 찾아봐야 하겠다.

子曰(자왈)

學而時習之 不亦說乎(학이시습지 불역열호)

有朋自遠方來 不亦樂乎(유붕자원방래 불역낙호)

人不知而不慍 不亦君子乎(인부지이불온 불역군자호)

흔히들 "배우고 때로 익히면 기쁘지 아니한가, 벗이 있어 멀리서 찾아오면 즐겁지 아니한가…"로 해석한다. 공부, 벗, 마음 다스림 따위의 중요성에 관한 진술로 보인다.

그런데 "아침에 천하가 올바르게 돌아가고 있다는 말을 들으면 저녁에 죽어도 좋다(朝聞道夕死可矣)"는 말까지 한 대철학자가, 작심하고 내뱉는 일성치고는 초라하기 짝이 없다.

혹시 우리는 그동안 그릇된 해석을 접하고 있었던 건 아닐까?

내가 동의하는 해석(안성재 인천대 교수의 《논어》 참조)에 따르면, 이 부분을 이해하기 위해서는 중국 고대사에 대한 일정한 지식이 필요하다. 정리정돈을 해보겠다.

공자는 '도(道)'를 절대시했다. 수상한 남녀가 행인을 붙잡고 물어보는 그런 종류의 도나, 불교의 해탈 같은 종류의 도를 말하는 게 아니다.

'공자의 도'는 중국 고대의 태평성대, 즉 '요순시대'를 이끈 요 임금과 순 임금 같은 성인들의 통치이념을 말한다. 이 성인들은 겸손한 마음으로 열심히 덕을 닦았고, 생활은 검소했으며, 백성을 내 몸같이 사랑했다. 공자는, 지도자란 이러한 성인들의 통치이념을 열심히 배우고 익혀야 한다고 생각했다. 요컨대 '학이시습'은 이러한 통치이념을 배우고 때로 익히는 것을 말한다. 단순히 지식을 쌓는 공부를 말하는 것이 아니다.

'유붕자원방래'에서 '붕'은 벗이 아니라 '백성의 무리'를 뜻한다. '민족'이란 개념은 근대에 생겨난 것이다. 기원전 시대의 사람들은 지도자를 좇아 이리저리 나라를 옮겨 다녔다. 회사를 옮기는 일과 같았다. 따라서 이 구절은 한 나라의 지도자가 도를 실현한 사실을 알고 주위의 백성들이 자연스레 몰려드는 장면을 보여주는 것이다.

마지막 '인부지이불온 불역군자호'는 자신이 도로써 태평성대를 이루었지만 백성들은 그런 사실을 몰라볼 수 있는데, 이에 전혀 개의치 않는 경지를 말한다. 공자는, 세상의 평판에 초연하고 다만 부단히 노력할 것을 지도자들에게 당부하고 있는 것이다.

공자는 아마도 요 임금의 사례를 염두에 두었던 것 같다. 요 임금은 세상을 다스린 지 50년이 되었을 때, 그 결과가 궁금해서 미행을 나갔다. 한 노인이 배를 두드리고 땅을 치면서 이런 노래를 불렀다.

해가 뜨면 일하고, 해가 지면 쉰다. 우물을 파서 마시고, 밭을 갈아 먹는다. 임금의 힘이 어찌 내게 있을까.

이 노래가 저 유명한 〈고복격양가(鼓腹擊壤歌)〉이다. 이때 요 임금은 선정(善政)이 이루어지면 지도자의 존재나 지도자가 한 일 자체를 모르게 되는 것이라면서 오히려 기뻐하고 있다.

자, 지금까지의 공부를 토대로 〈학이〉편 제1장 제1절을 해석해보면 이렇게 될 수 있을 것이다.

"성인들의 통치이념을 배우고 익혀서 마침내 내 것으로 만든다면 기쁘지 않겠는가. 성인들의 통치이념이 구현돼 주위의 백

성들까지 자연스레 몰려든다면 즐겁지 않겠는가. 남이 알아주거
나 말거나 하는 것은 아무런 의미가 없는 것이니, 이런 데 전혀
마음을 쓰지 않는다면 진실로 훌륭한 지도자라 할 수 있지 않겠
는가."

　돌아보니 '온'이란 글자 하나에 대한 의문과 물음이 제법 폭넓
은 세상을 펼쳐 보여주었다.

　농업혁명, 분서갱유, 프랑스혁명, 삼국통일, 기미독립선언서,
일왕 히로히토의 종전조서(항복선언이 아니다), 한반도 비핵화,
5·18 유공자, 촛불혁명 등 우리가 당연한 듯이 인용하는 많은 것
들에 대해서도 한 번쯤 의문을 제기해보면 어떨까 한다. 그 물음
들이 생각지도 않은 답으로써 더 폭넓은 세상을 알게 해줄지 어
떻게 알겠는가.

나는 진실이 궁금했다

2022년 2월 28일 초판 1쇄 발행
지은이 · 이광우
펴낸이 · 정법안

책임편집 · 정법안 | 디자인 · 김지현
마케팅 · 양근모, 권금숙, 양봉호, 이주형, 신하은, 유미정, 정문희
디지털콘텐츠 · 김명래 | 해외기획 · 우정민, 배혜림
경영지원 · 홍성택, 이진영, 임지윤, 김현우
펴낸곳 · 마음서재 | 출판신고 · 2006년 9월 25일 제406 - 2012 - 000063호
주소 · 서울시 마포구 월드컵북로 396 누리꿈스퀘어 비즈니스타워 18층
전화 · 02 - 6712 - 9800 | 팩스 · 02 - 6712 - 9810 | 이메일 · info@smpk.kr

ⓒ 이광우(저작권자와 맺은 특약에 따라 검인을 생략합니다)
ISBN 979-11-6534-474-0 (03340)

쌤앤파커스(Sam&Parkers)는 독자 여러분의 책에 관한 아이디어와 원고 투고를 설레는 마음으로 기다리고
있습니다. 책으로 엮기를 원하는 아이디어가 있으신 분은 이메일 book@smpk.kr로 간단한 개요와 취지, 연
락처 등을 보내주세요. 머뭇거리지 말고 문을 두드리세요. 길이 열립니다.